GRIECHENLAND
FESTLAND

Reisen mit **Insider Tipps**

Die Landschaft ist grandios. Fast immer hat man Hochgebirge und Meer zugleich vor Augen, Land und Wasser durchdringen sich wie nirgendwo anders.

MARCO POLO Autor
Klaus Bötig
(siehe S. 187)

Spezielle News, Lesermeinungen und Angebote zu Griechenland (Festland):
www.marcopolo.de/griechenland-fest

GRIECHENLAND

> SYMBOLE

Insider Tipp **MARCO POLO INSIDER-TIPPS**
Von unserem Autor für Sie entdeckt

★ **MARCO POLO HIGHLIGHTS**
Alles, was Sie in Griechenland kennen sollten

SCHÖNE AUSSICHT

WLAN-HOTSPOT

▶▶ **HIER TRIFFT SICH DIE SZENE**

> PREISKATEGORIEN

HOTELS

€€€ ab 110 Euro
€€ 65–110 Euro
€ bis 65 Euro

Die Preise gelten für zwei Personen im Doppelzimmer ohne Frühstück in der Hauptsaison pro Nacht

RESTAURANTS

€€€ ab 16 Euro
€€ 10–16 Euro
€ bis 10 Euro

Die Preise gelten für ein Essen mit Fleischgericht, Beilagen und einem Viertelliter Wein

> KARTEN

[172 A1] Seitenzahlen und Koordinaten für den Reiseatlas Griechenland

[U A1] Koordinaten für die Athen-Karte im hinteren Umschlag

Zu Ihrer Orientierung sind auch die Orte mit Koordinaten versehen, die nicht im Reiseatlas eingetragen sind

INHALT

> SZENE

S. 14–17: Trends, Entdeckungen, Hotspots! Was wann wo in Griechenland los ist, verrät der MARCO POLO Szeneautor vor Ort

> 24 STUNDEN

S. 148/149: Action pur und einmalige Erlebnisse in 24 Stunden! MARCO POLO hat für Sie einen außergewöhnlichen Tag in und um Nauplia zusammengestellt

> LOW BUDGET

Viel erleben für wenig Geld! Wo Sie zu kleinen Preisen etwas Besonderes genießen und tolle Schnäppchen machen können:

Essen in den Markthallen S. 42 | Museumsbesuch im Doppelpack S. 58 | Sparen beim Inseltrip S. 85 | Ein Platz für Wohnmobile S. 96 | Immer wieder werktags S. 113 | Umsonst radeln S. 140

> GUT ZU WISSEN

Was war wann? S. 12 | Spezialitäten S. 30 | Das Athener Festival S. 44 | Bücher & Filme S. 68 | Ali Pascha S. 88 | www.marcopolo.de S. 158 | Was kostet wie viel? S. 159 | Blogs & Podcasts S. 160 | Wetter in Athen S. 163 | Schrift und Umschrift S. 166

AUF DEM TITEL
Moscheen, Hamams und byzantinische Kirchen S. 54
Klettern mit Mönchen S. 91

ENTDECKEN SIE GRIECHENLAND!

Unsere Top 15 führen Sie an die traumhaftesten Orte und zu den spannendsten Sehenswürdigkeiten

Die Highlights sind in der Karte auf dem hinteren Umschlag eingetragen

1 Akrópolis
Vier Tempel auf einem Fels über der Altstadt von Athen haben Griechenlands antiken Glanz bewahrt (Seite 36)

2 Archäologisches Nationalmuseum
Auch für Museumsmuffel ein Muss in Athen, denn hier gehen Sie durch 5000 Jahre Kunstgeschichte (Seite 38)

3 Áthos
Zutritt haben nur Männer mit speziellem Visum, aber eine Bootsfahrt entlang der Küste wird niemandem verwehrt (Seite 58)

4 Sithonía-Halbinsel
Badeparadies für Individualisten und wildester Finger der Chalkidikí (Seite 64)

5 Víkos-Schlucht
Die eindrucksvollste Schlucht Griechenlands können Sie in sieben Stunden durchwandern. Bester Ausgangspunkt ist das schöne Dorf Monodéndri (Seite 83)

6 Metéora-Felsen
Die alten Klöster auf steilen Felsen bieten Kunstgenuss und ein einmaliges Landschaftserlebnis. Hier sollten Sie mindestens zwei Nächte bleiben (Seite 91)

7 Pílion-Rundfahrt
145 km Kurvenfahrt, die sich lohnen: herrliche Natur, grandiose Strände, uralte Dörfer und stimmungsvolle Hotels. Wanderer fühlen sich hier besonders wohl (Seite 98)

> DIE BESTEN MARCO POLO HIGHLIGHTS

8 Delphi
Schöner können antike Stätten nicht liegen. Und das kleine archäologische Museum genießt Weltruf (Seite 102)

9 Kanal von Korinth
Das technische Meisterwerk ist auch ein Schwindel erregendes Fotomotiv (Seite 118)

10 Nauplia (Náfplio)
Die schönste Stadt auf dem griechischen Festland wird von zwei mächtigen Burgen überragt (Seite 118)

11 Epidauros (Epídavros)
Griechenlands besterhaltenes Theater, in dem jeden Sommer antike Tragödien und Komödien aufgeführt werden (Seite 122)

12 Olympia
In dieser lieblichen Landschaft fanden über 1000 Jahre lang die Olympischen Spiele statt (Seite 127)

13 Mystrás
Kirchen, Klöster, eine Burg und ein Palast zu Füßen des wilden Taigéttos-Gebirges ganz in der Nähe des berühmten Sparta (Seite 134)

14 Máni
Wehrdörfer wie im Mittelalter und historische Wohntürme, in denen Sie übernachten können (Seite 138)

15 Pírgos Diroú
Eine Tropfsteinhöhle, in der Sie über einen unterirdischen Fluss gerudert werden (Seite 139)

WAS
FÜR
EIN
LAND!

AUFTAKT

> Griechenland sprengt alle Klischees. Schöne Strände, antike Tempel, mittelalterliche Burgen und Klöster erwartet man. Die vielen Gebirge, wilden Schluchten, dichten Wälder, Höhlen, Flüsse und Seen überraschen die meisten Besucher. Pelikane und Adler gehören ebenso zur Fauna wie Wölfe und Bären, zur Kulturlandschaft zählen auch Moscheen und alte Industriearchitektur. Die Zahl stimmungsvoller kleiner Hotels wird immer größer, die regionale Küche gewinnt an Einfluss. Zum riesigen Wassersportangebot treten Outdoor-Aktivitäten wie Wintersport und Klettern, und zahllose Kulturfestivals füllen den Sommer.

> Endlich Urlaub in Griechenland! Die einen freuen sich auf Sonne, Sirtáki und Strand, die anderen auf Theater, Tempel und Museen. Die Vorfreude ist berechtigt, denn das alles hat Griechenland zu bieten – und noch viel mehr.

Das Land, das Goethe mit der Seele suchte und für das Lord Byron sein Leben gab, ist eins der schönsten und abwechslungsreichsten Europas. Wer es durchquert, erlebt keine Stunde, in der nicht zumindest in der Ferne hohe Berge aufsteigen. Griechenland wird von endlos scheinenden Gebirgsketten durchzogen, von denen viele über 2000 m hoch sind. Ihre spärlich bewachsenen Hänge und Hochebenen sind wie vor Jahrtausenden das Reich der Hirten mit ihren Schafen und Ziegen.

Einige Berge sind eng mit der Mythologie verwoben. Auf dem Olymp (2917 m) hielten Zeus und die anderen elf olympischen Götter bei Nektar und Ambrosia ihre Ratsversammlungen ab; an den Hängen des Parnass (2458 m) tummelte sich der Wein- und Fruchtbarkeitsgott Dionysos mit seinem ausgelassenen Gefolge bei orgiastischen Vergnügungen. Heute laufen die Griechen in den Gebirgen im Winter Ski; im Sommer sind die Berglandschaften Ziel für Wanderer und Ruhe suchende Feriengäste.

Im Frühjahr blühen die Feigenkakteen

Immer wieder durchbrochen wird die Bergwelt von grandiosen Schluchten oder kleinen und großen Ebenen, in denen Getreide und Mais, Baumwolle und Tabak wachsen. Vor allem im Norden sind die Flussmündungen wichtige europäische Vogelparadiese. Griechenlands Küsten sind

> Die Griechen sind das älteste Kulturvolk Europas

über 15000 km lang, 4000 davon entfallen aufs Festland. Unzugängliche Steilküsten, manchmal durchsetzt mit nur von See her erreichbaren Strandbuchten, wechseln mit langen Sand- und Kiesstreifen ab, an denen sich buntes Badeleben entfaltet. Von den meisten dieser Strände aus sind aber wiederum die hohen Berge zu sehen, viele von Dezember bis in den Mai hinein schneebedeckt. Wasser und Land durchdringen sich in Hellas; man fühlt sich oft am Meer und im Gebirge zugleich. Ein Fünftel Griechenlands machen seine Inseln aus. Fast einhundert sind ständig bewohnt. Auf Kreta, der größten, lebt eine halbe Million Menschen, auf einigen der kleinsten sind es noch nicht einmal einhundert. Auch wer seinen

Urlaub auf dem griechischen Festland geplant hat, kann einige Inseln besuchen. Nach Léfkas und Euböa führen Brücken, andere Inseln, wie Ägina, Póros und Hydra, sind bequem auf Tagestouren zu erreichen.

Die Griechen sind das älteste Kulturvolk Europas. Politiker, Dichter und Philosophen des antiken Griechenland haben die Grundlagen des europäischen Denkens geschaffen. Alle Epochen der über 5000-jährigen Geschichte Griechenlands haben im Land mehr oder minder deutliche Spuren hinterlassen. In den Ausgrabungsstätten stammen weit mehr Mauern und Säulen aus hellenistischer und römischer Zeit als aus dem klassischen Hellas. Oft sind sie auch mit frühchristlichen Monumenten überbaut; bereits der Apostel Paulus hatte ja die ersten christlichen Gemeinden auf europäischem Boden in Griechenland begründet. Byzantinische Kirchen und Klöster schließlich übertreffen die Zahl antiker Stätten bei weitem. Nur von den Türken gibt es wenige architektonische Spuren, auch, weil die Griechen viele von ihnen nach der Befreiung wütend zerstörten. Dafür ist der 500-jährige Einfluss der Türken auf vielen anderen Gebieten nicht zu übersehen. Die griechische und die türkische Küche ähneln sich sehr. Typisch griechische Musik klingt nicht wie Sirtáki, sondern hört sich für unsere Ohren oft wie türkische Musik an. Die historischen Trachten erinnern an die Kleidung, die auch anderswo im Osmanischen Reich getragen wurde. Und selbst in die Sprache sind türkische Wörter eingegangen. Es gibt freilich nicht wenige Stimmen, die meinen, dass die Türken all das, was sich in beiden Kulturen ähnelt, von den Griechen übernommen hätten oder aber, dass es gemeinsame Wurzeln in Byzanz gebe.

Weltkulturerbe: Prachtvoll ausgestattet sind die Metéora-Klöster

> *Ein Land mit vielen ethnischen Minderheiten*

Nur ungern sprechen die Griechen über eine andere Folge ihrer so bewegten Geschichte: die ethnischen Minderheiten, die in Hellas leben.

Urlaubern fallen mit Sicherheit die vielen Roma auf. Sie fahren mit großen und kleinen Lastwagen durchs ganze Land, verkaufen Melonen und Eier, Teppiche, Haushaltswaren und Plastikstühle. Im Nordosten Griechenlands, insbesondere in Thrakien, leben noch viele sunnitische Moslems. Im Landkreis Xánthi sind es überwiegend Pomaken, deren Muttersprache Bulgarisch ist. Sie sind an ihrer ausgesprochen bunten Kleidung zu erkennen. Im übrigen Thrakien sind die Moslems vorwiegend Türken. Sie haben ihre eigenen Schulen, an denen Griechisch jedoch Pflichtfach ist. Seit dem Zusammenbruch der sozialistischen Staatenwelt Ende der 1980er-Jahre strömen Hunderttausende von Albanern ins Land. Weiteren Zuzug erhält Griechenland durch Griechen von der einst sowjetischen Schwarzmeerküste. Trotz all dieser Minderheiten fühlen sich die Griechen mehr denn je als ein Volk. Separatistische Bestrebungen wie in Spanien, Frankreich oder gar im ehemaligen Ostblock gibt es nicht.

> Griechen haben ihren ganz eigenen Lebensrhythmus …

Als Europäer fühlen sich die Griechen dabei nur ganz am Rand. Reisenden fallen die häufigen Schilder mit den 15 Sternen der Europaflagge auf. Sie geben bekannt, mit welcher Summe die Europäische Union ein Straßenbauprojekt oder eine Sanierungsmaßnahme, einen Hafenausbau oder eine neue Kanalisation bezuschusst. Die meisten Griechen aber gehen immer noch davon aus, dass ihr Land der sechste Kontinent ist –

Ein Felsen wie ein Pottwal: Küste von Sithonía, mittlerer „Finger" der Halbinsel Chalkidikí

anders als der Rest der Welt. Sie schätzen es, dass Europa ihnen den Wegfall vieler Zölle brachte, Haushaltsgeräte und vor allem Autos billiger machte. Sie hassen aber die vielen Brüsseler Vorschriften, die ihren Gewohnheiten und ihrer Mentalität widersprechen. Die meisten Griechen möchten unbedingt ihre Eigenarten bewahren. Davon haben sie wahrlich genug. Die Urlauber plagen sich mit der griechischen Schrift ab. Sie bemerken selbst im Straßenbild, dass sie in einem orthodoxen Land reisen. Überall fällt auf, dass sich die griechische Folklore weit besser gegen angloamerikanische Einflüsse behaupten kann als das Brauchtum anderswo in Europa.

Die Griechen halten an ihrem Lebensrhythmus fest. Der Tag ist viergeteilt. Von morgens früh bis mittags wird gearbeitet. Dann folgt eine lange Siesta; Nachmittag nennt man die Zeit nach 17 Uhr. Der Abend beginnt mit dem Abendessen gegen 21 oder 22 Uhr; Nachtlokale machen meist erst gegen 23 Uhr auf und präsentieren beste Stimmung selten vor Mitternacht. Vorher geht auch kaum jemand schlafen. Auch die Lebensziele sind andere als in Mitteleuropa. Die Arbeit ist kein Selbstzweck, ein Wort für Beruf gibt es im Griechischen nicht. Man fragt „welche Arbeit machst du", nicht „welchen Beruf hast du". Die Arbeit dient dem Lebensunterhalt und dem Kauf von Statussymbolen, vor allem aber dem Erwerb von Immobilien. Die gewährleisten den Menschen die soziale Absicherung, die ein mangelhaftes staatliches Sozialversicherungssystem nicht zu geben vermag. Um diese Sicherheit zu erwerben, wandern Griechen schon seit Jahrhunderten von Inseln und Dörfern in die Städte ab oder emigrieren ins Ausland. Den Lebensabend jedoch wollen sie im Heimatdorf verbringen, und liegt es noch so weltabgeschieden in den Bergen. Deswegen sieht man so viele Dörfer, die außerhalb der Hochsommermonate fast menschenleer scheinen, in denen aber prächtige Häuser stehen: vorausplanend gebaute Altersruhesitze. Gerade in solchen Dörfern erlebt man als Urlauber oft die schönsten Stunden. Abseits der Strände und Touristenzentren sind Fremde noch Gäste, die

> ... und sie möchten sich ihre Identität in Europa bewahren

WAS WAR WANN?

Geschichtstabelle

3200–2000 v. Chr. Kykladische Kultur auf den Ägäischen Inseln

2000–1450 v. Chr. Minoische Kultur auf Kreta

1450–1150 v. Chr. Mykenische Kultur. Die Zentren der achäischen Griechen liegen auf dem Peloponnes

1150–750 v. Chr. Ionische, äolische und dorische Griechen dringen ein

750–490 v. Chr. Entwicklung der Stadtstaaten, Gründung von Kolonien. Sparta, Korinth und dann Athen werden zu Machtzentren Griechenlands

492–79 v. Chr. Perserkriege. Die Griechen bleiben siegreich, Athen wird zur stärksten Macht in der Ägäis

338–146 v. Chr. Hellenismus. Philipp II. unterwirft ganz Griechenland, sein Sohn Alexander d. Gr. gründet ein Weltreich

146 v. Chr.–395 n. Chr. Römische Zeit

395–1204 Oströmisch-byzantinische Zeit. Reichshauptstadt ist Konstantinopel

1204–1453 Fränkische Zeit. Griechenland zerfällt in mehrere kleine Reiche

1453 Die Türken erobern Konstantinopel, Griechenland wird Teil des Osmanischen Reichs

1821–29 Griechischer Freiheitskampf, Gründung des neugriechischen Staates

1881–1920 Nach mehreren Kriegen ist das griechische Festland befreit

1940–45 Besetzung durch deutsche, italienische und bulgarische Truppen

1967–74 Militärdiktatur in Griechenland

1981 EU-Beitritt Griechenlands

2004 Olympische Spiele in Athen

2006 Patras ist Kulturhauptstadt Europas

man neugierig betrachtet. Oft findet sich ein Einheimischer, der die Muttersprache der Gäste oder ein wenig Englisch beherrscht, ein Gespräch entwickelt sich. Dann zeigt sich auch die Gastfreundlichkeit der Griechen, die in den Touristenzentren nicht mehr so leicht zu finden ist.

> *Ganz in Ruhe im Kaffeehaus sitzen oder ...*

Von den Highways des Massentourismus abzuweichen ist ohnehin der beste Tipp, den man Reisenden mit auf den Weg geben kann. Es gibt Kirchen und Klöster, Museen und archäologische Stätten, Landschaften und Dörfer, die man gesehen haben muss. Nicht minder reizvoll ist ein Besuch der unbekannteren Schönheiten, auf die in diesem Reiseführer auch hingewiesen wird. Darüber hinaus gibt es aber eine Vielzahl von Orten, die nichts Besonderes zu bieten haben – und die Ihnen dennoch besonders in Erinnerung bleiben werden, weil Sie sie selbst entdeckt haben.

Kreuz und quer durch Griechenland zu reisen ist kein Problem. Sprachprobleme lassen sich immer irgendwie lösen, und hilfsbereit sind die Griechen allemal: Wer nach dem Weg fragt, wird oft ein Stück weit begleitet. Unterkünfte gibt es fast überall, weil sich viele Griechen durch Zimmervermietung ein Zubrot verdienen. Eines allerdings ist in Griechenland schwierig: korrekte Antworten auf Fragen zu bekommen, die sich nicht auf den gegenwärtigen Aufenthaltsort selbst beziehen. Im

Ort A kennt niemand den Busfahrplan von Ort B; 20 km abseits des Fährhafens weiß niemand, wann dort die Schiffe ankommen und abfahren. Griechen denken, gefördert durch Geografie und Geschichte, weiterhin kleinräumig. Schließlich sind viele Landschaften noch immer durch Berge von der Außenwelt getrennt, und schließlich zählt das Wohl der eigenen Gemeinde wie im alten Hellas noch immer mehr als das des Staates.

Der nämlich hat es schwer im heutigen Griechenland. Die griechische Nation wird in Ehren gehalten und im Notfall begeistert verteidigt, doch der Staat nur als lästig empfunden. Er schluckt Steuern und Zölle, ohne viel dafür zu geben. Er versucht durch immer neue Gesetze und Ausführungsbestimmungen das Leben des Einzelnen zu reglementieren – und stört damit die Kreise der Griechen, die eines vor allem sein wollen: Individualisten. Daran sollten auch die Urlauber denken, wenn sie wirklich einmal Grund haben, sich zu beklagen. Mit Drohungen, Beschimpfungen und gesteigerter Lautstärke wird man nie etwas erreichen. Die Aussicht auf den Erfolg einer Beschwerde ist viel größer, wenn man einen Griechen bei seiner Ehre packt. Er hat keinen Fehler gemacht, doch man braucht ganz einfach seine Hilfe. Schließlich ist er ja klug, gewitzt und stark genug, um etwas verändern zu können …

> … die dörfliche Gastfreundlichkeit genießen

Entspannt im Café sitzen und das Leben an sich vorbeifließen lassen: Teil der Lebenskultur

TREND GUIDE GRIECHENLAND

Die heißesten Entdeckungen und Hotspots! Unser Szene-Scout zeigt Ihnen, was angesagt ist

Barbara Kleineidam
ist verliebt – in Griechenland! Ihre Arbeit als freie Reisejournalistin gibt ihr die Möglichkeit, immer wieder dorthin zu fahren. Das Highlight jeder Reise ist für sie ein Abstecher nach Athen. Mittlerweile verbringt sie fast die Hälfte des Jahres in ihrem Lieblingsland, die andere in München. Und so ist es ganz natürlich, dass sie die Trends und die griechische Szene kennt. *www.barbarakleineidam.de*

MIKROSPOTS

Underground statt Mainstream

Vergessen sind die Songs, die auf Heavy Rotation laufen! Musikalische Trends werden in Griechenland in den Underground-Clubs der Hauptstadt gesetzt. Maximal 90 trendbewusste Zuhörer passen ins *Small Music Theatre (Veíkou 33, Koukáki, Athen, www.smallmusictheatre.gr)*, in dem Live-Acts von Electro bis Independent auftreten. Die hoffnungsvollsten Neuentdeckungen findet man im *Vinyl Micro Store*. Der Laden ist Musik-Hotspot und featured Newcomer aus der Szene. Im November findet hier das *Yuría Festival* statt: Die Performances gibt's dann im Laden, das Publikum – mangels Platz – auf der Straße davor *(Didótou 34, Athen, www.vinylmicrostore.gr)*. Einen Vorgeschmack auf die angesagtesten griechischen Bands hört man am besten auf der hauseigenen Welle *www.vmradio.gr* oder den jungen und trendigen Radiostationen *(www.athensalternative.com* und *www.postwave.gr)*.

SZENE

▶▶ WATERPROOF

Abenteuer im Wasser

Wasser als Magnet für Adrenalin-Junkies: In Griechenland sind Rafting (Foto) und Canyoning die Outdoorsportarten Nummer eins. Je wilder das Wasser, je tiefer die Schluchten, desto größer der Kick. Im Víkos-Aoós-Nationalpark wird der Traum vom Abenteuer wahr, denn die Víkos-Schlucht gilt laut Guinness-Buch der Rekorde mit 900 m als der tiefste Canyon der Welt. Wer sich hier runter traut, ist entweder Profi oder verrückt. Für Adrenalinschübe sorgt auch *Riverland (Hajistavroú 8, Xanthí, www.riverland.gr)*. Der Rafting- und Canyoningspezialist lässt auf dem Fluss Nestos das Schlauchboot zu Wasser und bezwingt darin die Stromschnellen. It's rafting time, heißt es auch bei *Scoutway (Adrianoú 105, Pláka, Athen, www.scoutway.gr)*. Die Trips versprechen Abenteuer und Fun!

▶▶ KLEIN & FEIN

Boutique-Hotels in alten Gemäuern

Der Hotelbunker hat ausgedient – das neue Konzept der griechischen Hoteliers setzt auf kleine, intime Häuser in alten Gemäuern, die in ganz Griechenland eröffnen. Historische Architektur paart sich im *Kyrimái Hotel* mit Design. In dem 1870 erbauten Wehrturm auf dem Peloponnes erlebt man beim Bad im Outdoorpool Geschichte und Wellness zugleich *(Gerolimanes, Máni, www.yadeshotels.gr)*. Romanisch-byzantinische Architektur vereint sich im *Imaret* in Kavála. Die imposanten Gemäuer aus dem Jahr 1817 beherbergen 30 Zimmer *(Odós Th. Poulidou 6, www.imaret.gr,* Foto*)*. Relaxen und von den Göttern träumen ist im *Cape Sounio* angesagt, das vis-à-vis vom Poseidon-Tempel liegt. Alle Minibungalows mit Privatgärten überblicken das attische Meer – auch architektonisch ist eine Zeitreise in die griechische Antike angesagt *(Attika, www.grecotel.gr)*.

POLITISCHE SONGS

Lieder mit Tiefgang

Die alternative Szene entdeckt die politische Kraft der Liedermacher wie Manolis Rasoulis *(www.rasoulis.gr)* oder Giorgos Dalaras *(www.dalaras.gr)* für sich. In den *Bouáts*, den Musikbars, erlebt man noch unbekannte Musiker live. Mit ihren Liedern setzen sich die jungen Sänger gegen jede Art von Diktatur ein. Einige Musiker sind mittlerweile über die Grenzen des Landes hinaus bekannt und sorgen international für Furore. Hotspots der Szene sind das *Apanemía (Thólou 4, Pláka, Athen)* und das *Mousikés Epafés (Kosmá Aitoloú 9, Karpeníssi)*.

MODEMACHER

Chiffon meets Future

Echte Fashionistas ziehen einheimische Designer den internationalen Labels vor. Wie griechische Göttinnen schweben die Models von Mákis Tsélios *(www.makistselios.gr)* über den Catwalk. Schwingender Chiffon, Empirestil und klare Farben sind seine Markenzeichen. Für Herren gibt es strenge Linien im hippen Nautik-Style und figurbetonte Anzüge für den selbstbewussten Trendsetter. Nichts für Modemuffel! Weniger alltagstauglich sind die Entwürfe von Christofóros Koténtos *(www.christoforoskotentos.com)*. Kreationen in schillernder Metalloptik und ultraknappe Glitzerbodys setzen auf Figur und sind in der High-Fashion-Szene der letzte Schrei.

BEAUTY AUS BÄUMEN

Zurück zur Natur

Ein Harz begibt sich auf Schönheitsfeldzug durch Griechenland und scheint ihn zu gewinnen. Beheimatet auf Chios, avanciert das weiße Harz des Pistazienbaums – auch Mastix-Harz genannt – zum Beautyprodukt der Stunde. Wer es hat, kann sich glücklich schätzen, denn die „weißen Tränen" versprechen strahlende Schönheit. Edel in silbernen Döschen verpackt, gibt es sie ganz pur bei *Mastiha Shop (zum Beispiel am Flughafen Athen Eleftherios Venizelos, Spata, Athens-Spata, www.mastihashop.gr)* zu kaufen. Auf dem Vormarsch sind auch Cremes und Lotions, die Mastix-Öl beinhalten. Stylish verpackt, wird so das Bioprodukt zum Must have aller Beautyvictims.

ECO-LUXUS

Das neue Bewusstsein

Der Trend der Stunde heißt Öko. Von Guesthouses, die aus Natursteinen und Holz gebaut sind und sich in die Landschaft einfügen, als ob sie ein Teil von ihr wären, bis hin zu geführten Trekkingtouren, die dazu dienen, die Natur zu schützen, zieht sich das Ökothema durch alle Bereiche. Doch wer glaubt, Öko und Luxus lassen sich nicht miteinander verbinden, der wird im *Palio Eleotrivio (Agios Lavrentios, Pílion, www.palioeleotrivio.gr,* Foto*)*, einem großzügigen Landhaus, eines Besseren belehrt. Außen präsentiert es sich rustikal, innen edel und ist somit das Highlight für alle Fans von Bio & Co. Für Furore in Sachen Umweltschutz sorgt auch die Organisation *Oikoperiigitis*, die sich den Erhalt der Natur zur Aufgabe gemacht hat und Interessierten auf Exkursionen ihre Arbeiten und Projekte erläutert *(Centre Kerkinís-Mpélis, Kerkiní, www.oikoperiigitis.gr)*.

ZEITGENÖSSISCHE KUNST

Moderne kontra Antike

Bei Kunst aus Griechenland denken die meisten an die Antike. Dabei können die griechischen Künstler so viel mehr als nur in der Erinnerung schwelgen: Nikos Navridis zum Beispiel. Die Video-Installationen des Künstlers thematisieren das Element Luft bzw. die Atmung als essenziellen Bestandteil unserer Existenz: Luftballons dienen als Pendant der Haut, ziehen sich zusammen, dehnen sich mit der Luft und sind ebenso verletzbar wie der menschliche Körper. Seine Werke sind dauerhaft im Athener *Museum Of Contemporary Art* ausgestellt *(Amv. Frantzi 14, www.emst.gr)*. Ein weiteres Aushängeschild der griechischen Modern Art ist die *Contemporary Art Biennale* in Thessaloníki. Newcomern der Szene wird hier eine Plattform geboten, um ihre Werke einem breiten Publikum zugänglich zu machen *(Kolokotroni 21, www.thessalonikibiennale.gr,* Foto*)*. Kunst der besonderen Art ist die Comic-Kultur, die sich vor allem in den letzten Jahren stark entwickelt und mit dem *Gigantobooks-Verlag (www.gigantobooks.gr)* einen Förderer gefunden hat.

VON DEN ALTEN GÖTTERN BIS ZUR GEGENWART

Das moderne Griechenland bereitet ebenso viele Überraschungen wie die Antike und Byzanz

ANTIKE GÖTTER

Die meisten antiken Bauten, deren Überreste wir heute gern bestaunen, wurden zu Ehren von Göttern erbaut. Die Götter waren den alten Griechen allgegenwärtig. Sie residierten auf dem Olymp, dem höchsten Berg des Landes, mischten sich in Kriege und das Alltagsleben der Menschen ein, hatten Liebschaften mit Irdischen und legten großen Wert darauf, dass die Menschen sie gebührend ehrten. Sie waren in den Tempeln präsent, die für sie nicht nur in den Städten, sondern auch auf einsamen Bergen und auf hohen Kaps am Meer errichtet wurden.

Die Römer übernahmen viele Götter der Griechen und gaben ihnen lateinische Namen. Da diese bei uns oft bekannter sind, stehen im Folgenden die lateinischen Götternamen in Klammern:

Bild: Akrópolis, Parthenon

STICH WORTE

Göttervater *Zeus* (Jupiter) galt als mächtigster der Götter. Ihm zu Ehren wurden die Olympischen Spiele veranstaltet. Zeus' Bruder *Poseidon* (Neptun), dem ein bedeutendes Heiligtum auf Kap Soúnion bei Athen geweiht war, war für das Meer und die Erdbeben zuständig. *Hades* (Pluto), sein zweiter Bruder, hütete die Unterwelt; ihn ehrte man im Totenorakel Nekromanteíon bei Mesopótamo in Epirus.

Gemahlin des Zeus war *Hera* (Juno), deren Hauptheiligtum auf der Insel Sámos lag. Sie beschützte die Ehe. Ihr einziger gemeinsamer Sohn war *Hephaistos* (Vulcanus), der Gott der Schmiedekunst, dem ein Tempel auf dem Marktplatz von Athen geweiht wurde. Hephaistos' Gattin *Aphrodite* (Venus) war die Göttin der Liebe, ihr Hauptheiligtum lag auf der Insel Zypern. Ihr Geliebter war der Kriegsgott *Ares* (Mars).

Aus einem der häufigen außerehelichen Verhältnisse des Zeus soll *Apollon* (Apollo) hervorgegangen sein, der Gott der Schönheit und des Lichts. Seine bedeutendsten Heiligtümer standen in Delphi sowie in Bassae auf dem Peloponnes. Seine Zwillingsschwester *Artemis* (Diana) war die Göttin der Jagd, die in Brauron bei Athen einen schönen Tempel hatte. *Dionysos* (Bacchus) war der Gott der Fruchtbarkeit und des Weins. Als Gott des Theaters wurden ihm in jedem griechischen Theater vor der Aufführung Opfer gebracht.

BYZANZ

Byzanz ist in Griechenland präsenter als die Antike. Man besichtigt byzantinische Kirchen und Klöster, Wandmalereien und Ikonen, Burgruinen und Stadtmauern. Man hört von byzantinischen Traditionen, die in der Musik, der Volkskunst und im Denken der Menschen fortleben. In nahezu allen Gotteshäusern trifft man auf den byzantinischen Doppeladler, Symbol der weiter bestehenden Kirche und des untergegangenen Reichs. Byzanz wurde 1204 von den Venezianern und den Teilnehmern des vierten Kreuzzuges geplündert. Weite Teile des Festlands und der Inseln gerieten damals unter die Herrschaft fremder Herren. Byzanz selbst ging jedoch erst 1453 endgültig unter, als die Türken die Stadt eroberten und sie in Istanbul umbenannten. Die Griechen nennen sie weiter mit ihrem spätantiken Namen *Konstantinoúpolis*, Konstantinopel.

FAUNA

Vor allem im Norden Griechenlands leben noch große Säugetiere wie Braunbären, Wölfe, Goldschakale,

Olivenhaine, wie hier bei Ligoúrio, kennzeichnen die Kulturlandschaft

Wildschweine, Hirsche und Rehe. Im übrigen Griechenland sind sie schon lange ausgerottet. Neben der Verstädterung und verheerenden Waldbränden hat dazu vor allem die Jagdleidenschaft der Griechen beigetragen, die nur schwer in gesetzliche Bahnen zu lenken ist.

Inzwischen wurden freilich einige Nationalparks eingerichtet, die auch von großem touristischen Interesse sind. Dazu gehören der Olymp in Makedonien und der Víkos-Aoós-Nationalpark in Epirus. Naturschützer unternehmen beachtliche Anstrengungen zum Schutz der von der Landwirtschaft bedrohten Naturparadiese des Néstos- und des Évros-Deltas im Nordosten des Landes.

Zu den besonders auffälligen, aber seltenen Großvögeln in Griechenland gehören Adler und Geier, Uhus, Flamingos und Pelikane. Noch häufiger zu sehen sind Reiher und vor allem Störche. Mit ein wenig Glück sieht man auch Wiesel, Land- und Sumpfschildkröten sowie Schlangen. Skorpione hingegen sind selten und ebenso wenig wie die Schlangen eine Bedrohung für die Menschen.

Die Meere Griechenlands sind stark überfischt und durch die immer noch betriebene Dynamitfischerei sowie die bedrohlich wachsende Sportfischerei mit Harpunen zunehmend gefährdet. Nur noch selten sieht man Delphine; vor Haien braucht beim Schwimmen niemand Angst zu haben.

FLAGGEN

Neben der weiß-blauen Nationalflagge Griechenlands findet man vor Kirchen, aber auch vor Privathäusern häufig eine zweite Flagge. Auf gelbem Grund ist auf ihr der schwarze byzantinische Doppeladler dargestellt. Das ist die offizielle Fahne der griechischen Orthodoxie.

FLORA

Im Frühjahr bedecken Blütenteppiche einen Großteil Griechenlands. Im Sommer und Herbst hingegen sind Felder und Wiesen braun und ausgedörrt, im Winter sprießt wieder das erste Grün. Griechenlands Flora ist nicht nur mediterran, sondern in den Bergen auch kontinental; über zehn Prozent aller hier wachsenden Pflanzen sind endemisch, kommen also nur in Griechenland vor.

Olivenhaine prägen die griechische Kulturlandschaft. In fruchtbaren Ebenen, insbesondere auf dem Peloponnes, wachsen Orangen und Zitronen in großen Plantagen. Bedeutende Nutzpflanzen sind außerdem Baumwolle und Tabak, Weizen, Gerste und Mais. Platanen und Oleander säumen viele im Sommer oft ausgetrocknete Bachläufe. Macchia aus Steineichen, Kermeseichen, Mastixsträuchern, Ginster, Lorbeer, Erdbeerbäumen und allerlei Kräutern wie Thymian und Oregano bedeckt viele Kahlflächen. In Höhen über 500 bis 800 m wird sie abgelöst durch die *phrygana,* eine Trockenmacchia aus Kräutern, Wacholder, Heide und Wolfsmilchgewächsen.

Häufig anzutreffen, aber erst in den letzten Jahrhunderten eingeführte Pflanzen sind Agaven, Feigenkakteen und, besonders viel an Straßen, Eukalyptusbäume.

IKONEN

Darstellungen von Heiligen und biblischen Ereignissen auf Tafelbildern nennt man in der orthodoxen Kirche Ikonen. Man findet sie in allen Gotteshäusern, aber auch in vielen Autos, Bussen, Geschäften, Restaurants und Wohnungen. Sie sind etwas ganz anderes als fromme Bilder in unseren Kirchen. Ikonen sind „Tore zum Himmel". Sie bringen die Heiligen ins Haus, machen sie präsent. Deswegen genießen sie auch große Verehrung, werden geküsst, mit Edelmetall, Vorhängen, Edelsteinen, Ringen und Uhren geschmückt. Als „Konsulate des Himmels" auf Erden werden Ikonen behandelt, als wären sie der Heilige selbst.

Der Ikonenmaler muss sich ebenso wie der Schöpfer von Wandmalereien in den Kirchen auch heute noch streng nach uralten Regeln richten. Er hat nur wenig Freiheiten, seine Fantasie und künstlerische Kreativität sind nicht gefragt. Das führt dazu, dass sich so viele Ikonen gleichen, ganz egal, aus welchem Jahrhundert sie stammen. Die Maler halten sich streng an den byzantinischen Formenkanon. Er hat sich während und vor allem nach dem Bilderstreit, dem Ikonoklasmus (726–843), herausgebildet. In jener Zeit kam es über die Frage, ob Ikonen verehrt werden dürfen, zu einem regelrechten Bürgerkrieg im Byzantinischen Reich. Die Ikonenfreunde siegten. Fortan aber musste es für jede Darstellungsweise eine theologische Bedeutung und Rechtfertigung geben und damit Malvorschriften, die bis heute eingehalten werden.

KAMÁKI

Allein reisende Frauen müssen in Griechenland nicht lange allein bleiben. Dafür sorgen die *kamákia* (wörtlich übersetzt: „Harpunen"). Schick gekleidet und mit einem Goldkettchen auf der halb entblößten Brust, vermögen sie in vielen Sprachen ein Gespräch zu beginnen. Man trifft sie vor allem in den Touristenzentren an; viele von ihnen sind im Hauptberuf Kellner oder Souvenirhändler. Zu ihrer Ehrenrettung sei gesagt, dass sie es nicht nur auf eine möglichst hohe „Trefferzahl" anlegen: Aus so manchem *kamáki* ist der Ehemann einer Ausländerin geworden.

KIOSKE

Kioske, auf Griechisch in der Einzahl *períptero* genannt, stehen auf jedem Platz und in Städten an fast jeder Straßenkreuzung. Meist sind sie sieben Tage pro Woche von frühmorgens bis spätnachts geöffnet und bieten alles, was der Mensch eventuell dringend brauchen könnte: Zeitungen und Illustrierte, Portionsbeutel mit Instantkaffee, Zigaretten und Rasierapparate, Zahnbürsten und Kämme, einzelne Aspirintabletten, Kondome und noch vieles mehr.

KOMBOLOI

Vor allem ältere griechische Männer tragen stets ein *komboloi* bei sich, ein Kettchen, dem Rosenkranz ähnlich. Es hat jedoch keinerlei religiöse Bedeutung, sondern dient einzig und allein dem Zeitvertreib. Wahrscheinlich haben es die Griechen in Abwandlung der islamischen Gebetskette übernommen.

PRÍKA

Bis 1983 stand es im griechischen Gesetzbuch: Der Vater hatte seinen Töchtern eine Mitgift – die *príka* – zu verschaffen. Normalerweise gehörte dazu ein Haus, mindestens aber eine Wohnung. Das Gesetz ist abgeschafft worden, Haus oder Apartment als Mitgift der Braut sind aber immer noch üblich. Nur dass jetzt häufig neben dem Vater und den Brüdern auch die jungen Frauen selbst arbeiten, um das dafür notwendige Geld zu verdienen. Das Haus bleibt während der Ehe im Besitz der Frau und dient ihrer sozialen Absicherung. Der Bräutigam soll in die Ehe eine gute Ausbildung und einen einträglichen Beruf mitbringen, denn er ist verpflichtet, die Familie zu ernähren.

RELIGION

Außer in Thrakien, wo es eine starke islamische Minderheit gibt, bekennen sich fast alle Griechen zum griechisch-orthodoxen Christentum. Den Urlaubern fallen zunächst die Kirchen und die vielen kleinen Kapellen auf, die anders aussehen als bei uns. Viele sind überkuppelt, innen sind sie meist prunkvoll ausgestattet. Statuen, Beichtstühle und Weihwasserbecken fehlen im Gegensatz zu römisch-katholischen Kirchen.

Überall in Griechenland begegnet man den orthodoxen Priestern, die lange, dunkle Gewänder, einen üppi-

Períptero heißt in Griechenland der gute, alte Kiosk, der überall die Grundversorgung sichert

gen Bart und eine Kopfbedeckung tragen, unter der nur ein Zopf herausschaut. Die orthodoxen Priester dürfen vor der Priesterweihe heiraten und haben oft große Familien. Sie werden vom Staat bezahlt.

Orthodoxe Gottesdienste dauern häufig zwei und mehr Stunden. Nur wenige Kirchenbesucher harren diese lange Zeit über aus. Es herrscht ein ständiges Kommen und Gehen; man plaudert auch während des Gottesdienstes gelegentlich miteinander. Predigten sind kaum üblich; formeller Hauptinhalt ist der Wechselgesang der täglich anderen Liturgie, die vom Priester und einigen Laien vorgetragen wird. Gesangbücher für die Gemeinde gibt es nicht.

Die orthodoxen Christen erkennen den Papst nicht als Oberhaupt der Christenheit an. Sie fühlen sich den Aposteln und frühen Christen eng verbunden, weil sich ihre Glaubensgrundsätze aus dem Urchristentum heraus entwickelt und seit dem 9. Jh. nicht mehr verändert haben. Zur offiziellen Kirchenspaltung, dem Schisma, kam es bereits 1054. Dogmatische Unterschiede gibt es viele; zur Spaltung kam es, weil die Orthodoxen glauben, dass der Heilige Geist nur von Gottvater ausgeht, während die „Papisten" verkündeten, er ginge von Vater und Sohn zugleich aus. Bei der Taufe halten die Orthodoxen am vollständigen Untertauchen des Täuflings fest. Und für sie ist Maria nach ihrem Tod nicht leiblich gen Himmel gefahren, Christus trug nur ihre Seele davon. Darum wird am 15. August auch nicht Mariä Himmelfahrt gedacht, sondern Mariä Entschlafung.

TAGESLICHT

In Griechenland sind die Wintertage spürbar länger und die Sommertage deutlich kürzer als bei uns. Damit Sie die Urlaubstage besser planen kön-

Eigenwilliger Stilmix: die postmoderne Kirche in Mantínea, erbaut im Jahr 1972

nen, hier einige Sonnenauf- und -untergangszeiten: Anfang Januar 7.45 Uhr und 17.15 Uhr, Anfang April 7.05 Uhr und 19.55 Uhr, Anfang Juli 6.10 Uhr und 20.55 Uhr, Anfang Oktober 7.25 Uhr und 19 Uhr (die Sommerzeit ist jeweils berücksichtigt).

UMWELTSCHUTZ

Ein Umweltbewusstsein entsteht in Griechenland erst ganz langsam. Natur- und Umweltschutzorganisationen, darunter seit 1991 auch ein griechischer Ableger von Greenpeace, haben einen sehr schweren Stand. Eine ökologische Partei gibt es zwar, aber die griechischen Grünen sind mit keinem Abgeordneten im 300-köpfigen Parlament vertreten.

Müll wird überall in unübersehbaren Mengen produziert. Trotz angedrohter Strafen kippt man ihn gern irgendwo ins Gelände. Die Gemeinden machen es kaum anders: Sie verbrennen den Müll unter offenem Himmel. Sondermüllsammlungen oder gar -deponien sind unbekannt. Nahezu jeder Wirt zieht Getränkedosen Glasflaschen vor, Plastikwaren haben die alten Materialien Holz und Ton ersetzt. Die Menschen aber scheinen nicht verstanden zu haben, dass Plastik, anders als Holz und Ton, nahezu unvergänglich ist.

Die größten Fortschritte beim Umweltschutz hat das einst von Smog geplagte Athen gemacht. Im Vorfeld der Olympischen Spiele 2004 wurden Schnellbahnen, eine Straßenbahn und U-Bahn-Linien gebaut, moderne Elektro- und mit Biogas betriebene Busse gekauft und selbst vierspurige Hauptverkehrsachsen in Fußgängerzonen umgewandelt. Die Athener Luft ist dadurch erheblich sauberer geworden. Im ganzen Land haben die Griechen viel in den Ausbau der Eisenbahnstrecken investiert, sodass der Zug jetzt eine echte Alternative zu Auto, Bus und Flugzeug ist.

Ägäis und Ionisches Meer sind weitgehend sauber. Nur in den Ballungsgebieten von Athen und Thessaloníki macht sich bemerkbar, dass die Industrie Abwässer ungeklärt ins Meer leitet. In der Nähe beider Städte ist das Meer schwermetallverseucht. Die privaten Haushalte sammeln ihre Fäkalien hingegen in Sickergruben, sodass sie nicht in die See gelangen. Die Besatzungen der Fährschiffe sind durch ein freiwilliges Programm der Reeder zu umweltbewusstem Handeln erzogen worden und werfen Müll kaum noch einfach über Bord.

Wegen der hohen Stromkosten gehen immer mehr Haus- und Hotelbesitzer dazu über, zur Warmwasseraufbereitung Sonnenkollektoren auf ihren Dächern zu installieren. Strom wird in Griechenland noch zu 90 Prozent aus einheimischer Braunkohle oder importiertem Dieselkraftstoff gewonnen. Mithilfe der EU entstehen jedoch vor allem auf den Inseln immer mehr Windkraftwerke. Atomkraftwerke gibt es nicht.

Gegen Lärm scheinen Griechen nahezu unempfindlich zu sein. Das zeigt sich nicht nur an den vielen knatternden Mopeds und der lauten Musik in Lokalen und Privathäusern bis weit nach Mitternacht, sondern auch daran, dass Nachtlandeverbote auf den Flughäfen noch nicht einmal in Erwägung gezogen werden.

FOLKLORE, FESTIVALS, JAHRMÄRKTE

Irgendwo findet immer ein Kirchweihfest statt, und Kulturfestivals bereichern den Sommer

> Für jeden Tag im Jahr gibt es einen Heiligen – und damit immer dort, wo ihm eine Kirche geweiht ist, auch ein Kirchweihfest. Diese *panigíria* sind häufig mit traditionellen Musik- und Tanzveranstaltungen verbunden, manchmal auch mit Prozessionen und kostenloser Verköstigung mit örtlichen Spezialitäten, Wein und Oúzo für alle. Im Sommer veranstalten viele Gemeinden Kulturfestivals mit Theateraufführungen, Folklore, Popkonzerten, Kunst- und Kunsthandwerksausstellungen. Wo die Archäologen es zulassen, werden in antiken Theatern antike Tragödien gezeigt. Urwüchsig sind die großen ländlichen Jahrmärkte, die mehrere Tage dauern. Da kann man dann sogar noch traditionelle Viehmärkte miterleben.
Rosenmontag, Ostern und Pfingsten werden oft ein bis fünf Wochen nach unseren Terminen gefeiert!

GESETZLICHE FEIERTAGE

1. Jan. *Neujahr;* **6. Jan.** *Epiphanias;* **Rosenmontag** (10. März 2008, 2. März 2009); **25. März** *Nationalfeiertag;* **Karfreitag** (25. April 2008, 17. April 2009); **Ostern** (27./28. April 2008, 19./20. April 2009); **1. Mai** *Tag der Arbeit;* **Pfingsten** (15./16. Juni 2008, 7./8. Juni 2009); **15. Aug.** *Mariä Entschlafung;* **28. Okt.** *Nationalfeiertag;* **25./26. Dez.** *Weihnachten*

FESTE UND VERANSTALTUNGEN

Letzte zwei Sonntage vor Rosenmontag

Traditioneller Karneval in Náoussa mit Masken aus Bienenwachs, Musik, Tanz und vielen altertümlichen Bräuchen. Insider Tipp

Faschingssonntag

Karnevalsumzug brasilianischer Art in Patras mit über 16 000 kostümierten Teilnehmern.

Rosenmontag

In ganz Griechenland fährt man mittags in die Berge oder ans Meer, lässt Drachen steigen und picknickt ausgiebig, oft mit Livemusik und Tanz. Besonders

> EVENTS FESTE & MEHR

eindrucksvoll: das *Drachensteigen* am Philopáppos-Hügel in Athen.

Karfreitag
Abends gegen 21 Uhr *Prozessionen* in allen Städten und Dörfern.

Ostersamstag
Gegen 23 Uhr Beginn des feierlichen *Ostergottesdienstes,* nach Mitternacht meist großes Feuerwerk.

Ostersonntag
Überall in den Vorgärten werden Lämmer am Spieß gegrillt.

Anfang Juni–Ende September
Athener Festival mit zahlreichen Konzerten, Ballett- und Theateraufführungen im römischen Herodes-Attikus-Theater.

25./26. Juni
Großes *Kirchweihfest* im Eichenwald bei Arnéa mit Folklore und Jahrmarkt.

Ende Juni–Ende August
Kassándra-Festival mit etwa 20 Veranstaltungen im modernen Freilichttheater beim Dorf Síviri auf Kassándra.
Aufführung antiker Tragödien im antiken Theater von Epidauros.

Anfang August
River Party, größtes Open-Air-Festival Griechenlands in Nestório bei Kastoriá.

Erstes August-Wochenende
Sardinenfest am Hafen von Préveza. Wein kostenlos, Sardinen superpreiswert, dazu viel Musik.

Mitte August
Große *Kirchweihfeste* am 14./15. Aug. in vielen Städten und Dörfern.
Einwöchiger Jahr- und Viehmarkt im Park von Paléo Episkopí bei Trípoli.

1.–3. Sept.
★ *Kirchweihfest* mit großem Jahrmarkt beim Dorf Ágios Mámas auf der Halbinsel Chalkidikí.

> TAFELN WIE DIE GRIECHEN

Tavernen gibt es wie Sand am Meer.
Wählen Sie zwischen Dorfatmosphäre und moderner Romantik

> Souvláki-Spießchen, Moussaká, Gýros und Bauernsalat bekommen Sie auch beim Griechen zu Hause. Die echte griechische Küche hat jedoch viel mehr und ganz anderes zu bieten, das zu kosten sich lohnt. In den meisten Restaurants und Tavernen gibt es mehrsprachige, gedruckte Speisekarten. Die tagesaktuellen Angebote sind darauf jedoch überhaupt nicht oder nur handschriftlich auf Griechisch vermerkt. Also macht man es lieber so wie die Griechen, geht in die Küche und schaut in die Töpfe oder in Warmhaltetresen und Kühlschrank, um zu sehen, was es wirklich gibt. Bestellen Sie beim Kellner aber nicht gleich ein ganzes Menü. Was das ist, wissen die wenigsten und servieren oft alles gleichzeitig. Ordern Sie besser schrittweise.

Noch besser nimmt man sich auch in dieser Hinsicht ein Beispiel an den Einheimischen. Die lieben es, möglichst viele Teller mit verschiedenen

Bild: Néa Fókea auf der Kassándra-Halbinsel (Chalkidikí)

ESSEN & TRINKEN

Gerichten gleichzeitig auf dem Tisch zu haben. Sie gehen allerdings abends auch selten allein zum Essen aus. Für sie ist die fröhliche Tischgemeinschaft, die *paréa,* ebenso wichtig wie der kulinarische Genuss.

In einer *paréa* bestellt man viele verschiedene Speisen. Sie werden in die Mitte gestellt, und jeder nimmt sich, was und wie viel er mag. Meist werden auch Fleisch und Fisch auf großen Platten serviert. Üblicherweise bestellt man viel mehr, als man essen kann. Alles restlos zu verputzen gilt als Blamage, zeigt es doch, dass man offenbar nicht genug geordert hat. Beim Bezahlen übernimmt meist einer die Rechnung für alle.

In allen Restaurants und Tavernen zahlt man 40 Cent bis 3 Euro für das Couvert, also für Besteck, Servietten und Brot. Darauf zu verzichten ist unmöglich. Trinkgeld hingegen sollten Sie nur geben, wenn Sie zufrieden waren: Griechen geben entweder gar nichts oder eine Summe, mit der sie sich nicht blamieren.

Nahezu alle Restaurants und Tavernen sind ohne Ruhetag von mittags bis Mitternacht durchgehend geöffnet. Für den kleinen Hunger oder für Tage, an denen man sparsam sein will, bilden zudem die *psistariá* genannten Imbissstuben und die vielen Bäckereien, die mit Käse, Würstchen, Spinat und anderem gefüllte Blätterteigtaschen anbieten, eine gute Alternative.

Liebhaber süßer Leckereien sind im *zacharoplastío*, der griechischen

> SPEZIALITÄTEN

Genießen Sie die typisch griechische Küche!

arnáki fassolákia – geschmortes Lammfleisch mit grünen Bohnen
arsinósalata – Seeigelsalat
briám, briamé – Ratatouille mit viel Auberginen
chtapódi ksidáto – in Essig und Öl eingelegter Krakensalat
fáva – Püree aus gelben Erbsen, dazu Olivenöl, Zwiebeln und Zitronensaft
jourvalákia – Klopse aus Rinderhack

jouvétsi – überbackene, Reis ähnlich sehende Nudeln mit Rindfleisch
kakaviá – Fischsuppe. Der Fisch wird auf einem separaten Teller serviert
karidópitta – Walnusskuchen
kléftiko – mit Kartoffeln im Backofen gegartes Lamm- oder Ziegenfleisch
láchanodolmádes – mit Reis und Schweinehack gefüllte Kohlblätter (Foto)
loukanikó – gebratene, meist sehr fette Wurst
loukanikópitta – Würstchen im Schlafrock
manitária – Pilze
márides – knusprig ausgebackene Sardellen, die man mit Haut und Gräten, Kopf und Schwanz verzehrt
milópitta – Apfelkuchen
papoútsi – gefüllte Aubergine
patsá – deftige Kuttelsuppe, in der auch Schweins- und Lammfüßchen mitgekocht werden können
pikilía – Teller mit verschiedenen kalten Vorspeisen
revithókeftedes – Reibekuchen aus Kichererbsenmehl
rewáni – Grießkuchen
sikóti – gebratene Leber
skordaljá – Knoblauchsauce zu Fisch oder Schweinefleisch, auf der Basis von püriertem Weißbrot
spanakópitta – mit Spinat gefüllte Strudelteigtaschen
spetsofaí – Rauchwürste, in ölreicher Tomatensauce mit viel grünen Paprika gekocht
stifádo – Rinds- oder Kaninchengulasch mit Zwiebelgemüse

Konditorei, am richtigen Platz. Neben Cremetörtchen und Sandkuchen gibt es hier überwiegend orientalische Spezialitäten mit Nüssen und Honig wie zum Beispiel *baklavá* und *kataífi.*

Griechisches Nationalgetränk ist Wasser. In abgelegenen Regionen bekommt man es sogar häufig zu Bier und Eis serviert. Offenen Wein bekommen Sie in fast allen Lokalen. Die Auswahl an guten Flaschenweinen ist groß. Eine Besonderheit ist der mit dem Harz der Aleppokiefer versetzte Weißwein *retsína.*

Unter den einheimischen Spirituosen ist der Anisschnaps Oúzo am verbreitetsten. Nach dem Essen mundet auch der Weinbrand Metaxá; den gibt es in vier Qualitätsstufen, mit drei, fünf, sieben und zwölf Sternen.

Kaffee trinken die Griechen den ganzen Tag über. Man hat die Wahl zwischen einem Mokka, *kafés ellinikós,* heißem Instantkaffee, generell *ness sestó* genannt, und kaltem, schaumig geschlagenem und mit Eiswürfeln serviertem Instantkaffee, *frappé.* Den gewünschten Süßegrad muss man beim Bestellen gleich mit angeben: *skétto*, ohne Zucker; *métrio,* mit etwas Zucker; *glikó*, süß. Mokka trinkt man ohne Milch, bei anderen Kaffees hat man die Wahl zwischen *mä gála,* mit Milch, und *choris gála*, ohne Milch.

Regionale Unterschiede in der Küche werden Fremde kaum bemerken. Am ehesten fällt auf, dass im Norden neben dem klassischen griechischen Salat aus Tomaten, Gurken, Oliven und Zwiebeln häufig auch *saláta pikantík* gegessen wird, ein leicht saurer, gut gewürzter Krautsalat. Außerdem gehören im Norden *piperjés*, sehr scharfe, grüne gebratene Paprikaschoten, zu den beliebtesten Vorspeisen.

Als Paradies für Fischesser gilt die Chalkidikí, frische Miesmuscheln gibt es zum Beispiel zu Füßen des Olymp und in Itéa bei Delphi. Den in Salzlake eingelegten Fétakäse aus Schafs- und Ziegenmilch gibt es überall. Köstlich sind auch der *metsovóne,* ein geräucherter Kuh-Rohmilchkäse aus Métsovo im Epirus, und der nordgriechische *manoúri* aus Schafskäsemolke und Sahne.

In Griechenland ist die *paréa,* die Tischrunde, genauso wichtig wie das Essen

VON DER ANTIKE INSPIRIERT

Viele der anspruchsvolleren Souvenirs nehmen antike Themen auf, aber auch Modernes ist zu finden

> Industrielle Massenproduktion beherrscht auch in Hellas die Läden in den Urlaubszentren. Kunst und Kunsthandwerk findet man vor allem in den Städten und Dörfern des Binnenlandes.

Die Ladenöffnungszeiten sind von Region zu Region unterschiedlich. Reine Souvenirgeschäfte haben meist täglich 9–22 Uhr, Supermärkte Mo–Sa 8–20 Uhr geöffnet. Andere Geschäfte sind meist Mo–Sa 9–14 Uhr und zumindest Di, Do, Fr, Sa auch ca. 17–20 Uhr offen.

ANTIQUITÄTEN

Für Antiquitäten und Trödel sind die Athener Stadtviertel Psirrí, Kolonáki und Monastiráki sowie die Odós Tossítsa in Thessaloníki die besten Adressen. Das größte Antiquitätengeschäft auf dem Peloponnes befindet sich in Gíthio.

KERAMIK

Von einfacher Gebrauchskeramik bis zu kunstvollen Skulpturen reicht das Angebot griechischer Keramikwerkstätten. Ein ausgesprochenes Töpfereizentrum gibt es nicht, besonders groß ist die Auswahl in der Athener Pláka.

KULINARIA

Jede griechische Region ist stolz auf ihre kulinarischen Besonderheiten und ihre Weine. Deutlich feststellbar ist ein Trend zu Ökoprodukten. Die besten Speiseoliven wachsen bei Kalamáta auf dem Peloponnes, das beste Öl kommt aus Messenien auf dem Peloponnes. Für in Sirup eingelegte Früchte ist vor allem der Pílion bekannt, aus Attika bringt man den geharzten Weißwein *retsína* mit. Das Dorado der Käseliebhaber ist Métsovo im Epirus, griechischer Safran stammt aus Kozáni in West-Makedonien. *Oúzo,* der Tresterschnaps *tsípouro,* Brandys und Liköre werden in kleinen Destillerien überall im Land produziert. Aus Patras stammt ein köstlicher Zimtlikör.

LEDER & PELZE

Griechische Lederwaren kauft man am besten in Athen und Thessaloníki. Große, traditionsreiche Zentren des griechischen

> EINKAUFEN

Kürschnerhandwerks sind Kastoriá und Siatítsa in West-Makedonien.

MUSEUMSKOPIEN

Authentische Museumsreplikate vom Ohrring bis zur Ikone oder Statue kauft man am besten in den Museumsläden der großen Museen in Athen und Thessaloníki. Kopien bemalter antiker Vasen erhält man auf Wunsch sogar nach eigener Vorlage in privaten Ateliers in Archéa Kórinthos. Eine große Auswahl nicht offizieller Museumskopien ist an den Hauptstraßen von Olympia und Delphi zu finden. Neue Ikonen werden in Kalambáka an den Metéora-Klöstern und in Ouranópoli auf der Áthos-Halbinsel in besonders großer Zahl angeboten.

SCHMUCK

Ein Zentrum griechischer Silberschmiede, die insbesondere Filigranarbeiten herstellen, ist Ioánnina im Epirus. Künstlerischen und antiken Schmuck kauft man in Nauplia auf dem Peloponnes gut ein. International renommierte griechische Goldschmiede und Juweliere konzentrieren sich in Athen im Kolonáki-Viertel.

SCHUHE

Schuhe sind ein wichtiger Exportartikel Griechenlands. Die aktuelle Schuhmode griechischer Designer wird besonders an der Odós Ermoú in Athen angeboten.

SEIDE

Naturseide wird noch in Soúfli in West-Thrakien produziert und dort auch in Geschäften und Webereien verkauft. Top-Qualitäten darf man nicht erwarten.

VOLKSKUNST

Web- und Stickarbeiten sowie Schnitzereien aus Olivenholz sind die bedeutendsten Volkskunstartikel. Sie werden inzwischen jedoch oft von Billigimporten verdrängt. Ein gutes Mitbringsel sind *komboloía*, die Perlenketten, die griechische Männer so gern durch die Finger gleiten lassen. Es gibt sie ganz billig an jedem Kiosk oder in Edelvarianten insbesondere in Nauplia auf dem Peloponnes.

> DIE PERLE DER ANTIKE IST MODERNER DENN JE

Eine Stadt voller Altertümer und Museen, Tavernen und Szenetreffs

> Die griechische Hauptstadt, in deren Großraum fast die Hälfte aller Griechen lebt, hat sich in den letzten Jahren herausgeputzt.

Kein anderer Ort in Griechenland hat vergleichbare Museen und Altertümer zu bieten, kaum irgendwo in Hellas sind Antike und Gegenwart so miteinander verzahnt wie hier. Hier wurden das europäische Theater und die Demokratie geboren, hier entstanden mit den Tempeln der Akrópolis Meisterwerke der Architektur. Auch das kulturelle Leben der Gegenwart, die Märkte und Tavernen, Einkaufsstraßen und Häfen sind attraktiv.

Athen richtig schätzen wird freilich erst, wer es mit den Griechen hält und die Möglichkeit nutzt, von hier aus in die nahen Berge, an die Küsten Attikas oder auf die Inseln im Saronischen Golf zu fahren. Die Stadt ist ein idealer Standort für eine

Bild: im Archäologischen Nationalmuseum

ATHEN & ATTIKA

Vielzahl interessanter Ausflüge per Auto, Schiff und Linienbus. Ausführlich informiert der MARCO POLO Band „Athen“.

ATHEN

KARTE IN DER HINTEREN UMSCHLAGKLAPPE

[179 D5] **Das weiße Häusermeer des hauptstädtischen Ballungsraums breitet sich in einer großen Ebene zwischen Bergketten aus, die bis über 1400 m hoch sind und die griechische Metropole wie ein Amphitheater umschließen.** Nach Süden öffnet sich die Bühne zur weiten Bucht des Saronischen Golfs. Gegenüber liegen die bis in den April hinein schneebedeckten Berge des Peloponnes. Dazwischen liegen Inseln – Ägina ist die größte von ihnen –, ziehen Yachten, Fähren, Highspeed-Katamarane, Tragflügelboote und Frachter ihre Bahn.

SEHENSWERTES

Die meisten Sehenswürdigkeiten liegen recht dicht beieinander im Altstadtviertel *Pláka* oder sind vom Zentrum aus in ein paar Minuten zu Fuß zu erreichen.

Insider Tipp AGÍA DÍNAMI [U C4]

Die winzige Kirche aus dem 17. Jh. steht unter einem modernen Hochhaus, das man eigens dieser Kapelle wegen zum Teil auf Pfeilern erbaute. *Tagsüber offen | Odós Mitropóleos*

AKRÓPOLIS ★ [U B5]

Athens bedeutendste Tempel standen auf einem 156 m hohen Felssockel mitten im Stadtgebiet. Was heute zu sehen ist, stammt zumeist aus dem 5. Jh. v. Chr. Die *Propyläen* bildeten das Eingangstor zum heiligen Bezirk. Es besteht aus einer dreiflügeligen Halle mit sechs dorischen Säulen auf der Längs- und einer Doppelreihe von je zwei mal drei ionischen Säulen auf den Schmalseiten. Durch die Säulen führte der Weg in eine Halle mit fein bemalter Kassettendecke. Wiederum sechs dorische Säulen, parallel zu den sechs vorderen stehend, wiesen Besucher in das Heiligtum.

Geht man die breiten Stufen zu den Propyläen hinauf, sieht man rechts über sich den kleinsten Tempel der Akrópolis, den *Nike-Tempel*. In dem Tempelchen mit je sechs zier-

Die Korenhalle ist Teil des Erechteions, des jüngsten Bauwerks auf der Akropolis

lichen ionischen Säulen an Vorder- und Rückseite wurde das Kultbild der Siegesgöttin verehrt.

Das bekannteste Merkmal des *Erechteion* ist der Vorbau der Korenhalle, deren Dach von sechs Karyatiden, anmutigen Mädchenstatuen (Koren), getragen wird. Heute sieht man moderne Kopien; die Originale stehen im Britischen Museum in London und im Akrópolis-Museum.

Der größte und immer noch glanzvollste Bau auf der Akrópolis ist der *Parthenon*. Der gewaltige Tempel entstand 447–432 v. Chr. Zwar fehlen ihm heute das Dach, die Wände des Innenraums und die Bemalung von Dachgebälk und Giebeln, sodass der jetzige Eindruck nicht der gleiche ist wie in der Antike, doch seine Eleganz und Harmonie sind nach wie vor zu spüren. *April–Okt. tgl. 8–19 Uhr, Nov.–März tgl. 8–17 Uhr | Eintritt 12 Euro*

AKRÓPOLIS-MUSEUM **[U B5]**

In neun Sälen zeigt das Museum ausschließlich antike Funde von der Akrópolis, darunter einige der schönsten Skulpturen und Reliefs des Landes. Es soll wahrscheinlich 2008 bis 2010 in einen Neubau verlagert werden. *April–Okt. tgl. 8–19 Uhr, Nov.–März Mo 10–15 Uhr, Di–So 8.30–15 Uhr | Akrópolis | kein Extraeintritt*

ARCHAÍA AGORÁ ★ **[U A–B 4–5]**

Das Herz der antiken Stadt Athen schlug auf ihrem Markt- und Versammlungsplatz zu Füßen der Akrópolis. Hier hatten politische Institutionen ihren Sitz, Götter ihre Tempel, Helden ihre Statuen, Händler ihre Geschäfte. Hier provozierte der Philosoph Sokrates die Athener, verbrachten Denker wie Plato und Aristoteles viele Stunden. Die Agorá bildete vom 5. Jh. v. Chr. bis 580 n.

MARCO POLO HIGHLIGHTS

★ Akrópolis
Sie muss man gesehen haben (Seite 36)

★ Archäologisches Nationalmuseum
Schatzkammer Griechenlands (Seite 38)

★ Markthallen (Kentrikí Agorá)
Hier brodelt das Athener Leben (Seite 40)

★ Pláka
Athens Altstadt ist abends am schönsten (Seite 41)

★ Kerameikós
Ausgrabungsstätte mit viel Atmosphäre (Seite 39)

★ Archaía Agorá
Wo Sokrates philosophierte (Seite 37)

★ Ägina
Schöne Insel vor den Toren Athens (Seite 44)

★ Likavittós
Athen, Akrópolis, Piräus und das Meer aus der Vogelperspektive (Seite 39)

★ Nationalgarten (Éthnikos Kípos)
Ideal für eine ruhige Stunde (Seite 40)

★ Kap Soúnion
Klassisches Ausflugsziel zum Sonnenuntergang (Seite 45)

Chr., den Mittelpunkt des kommerziellen und sozialen Lebens. Was davon übrig blieb, stammt freilich aus unterschiedlichen Jahrhunderten.

Zwei Bauten bestimmen den heutigen Eindruck. Im Osten steht die 116 m lange, zweigeschossige Säulenhalle der *Stoa des Attalos* aus dem 2. Jh. v. Chr., die von amerikanischen Archäologen rekonstruiert wurde.

AGORÁ-MUSEUM [U B4–5]

Das Museum in der nach antikem Vorbild errichteten Attalos-Stoa zeigt die Funde von der antiken Agorá, Objekte aus dem Alltag der Menschen vor über 2000 Jahren, und illustriert das politische Leben. *April–Okt. Mo 12–19 Uhr, Di–So 8–19 Uhr, Nov.–März Di–So 8.30–15 Uhr | Archaía Agorá | kein Extraeintritt*

Ansehnlich als Museum restauriert: die zweigeschossige Stoa des Attalos auf der Agorá

Weitgehend original ist der *Hephaistos-Tempel* (*Thissío*), Griechenlands besterhaltener Tempel. Er stammt aus dem 5. Jh. v. Chr. und wurde bis 1834 als Kirche genutzt. 34 dorische Säulen bilden eine Ringhalle um den Tempelkern, dessen Decke reich verzierte Kassetten schmückten. *April–Okt. tgl. 8–19.30 Uhr, Nov.–März tgl. 8–17 Uhr | Eintritt 4 Euro*

ARCHÄOLOGISCHES NATIONALMUSEUM ★ [U C1]

Die hier ausgestellten Schätze aus dem antiken Griechenland begeistern alle Besucher. Zu den Höhepunkten gehören die ganz modern anmutenden Kykladenidole aus dem 2. Jt. v. Chr., die Goldfunde aus den Königsgräbern von Mykene, die Fresken aus dem minoischen Santorin und viele

Meisterwerke der Vasenmalerei und der Bildhauerkunst, wie die am Kap Artemision gefundenen Bronzestatuen. *April–Okt. Mo 10.30–19, Di–So 8.30–19 Uhr, Nov.–März Mo 10.30–17, Di–So 8.30–15 Uhr | Leofóros Patisíon/Odós Tosíta 1 | Eintritt 6 Euro*

AREOPAG [U A–B5]

Nahe dem Eingang zur Akrópolis führen glatte Stufen auf den kahlen Felsen hinauf, der während der ganzen Antike Versammlungsort des obersten Athener Gerichtshofs war. Der Blick über die Stadt ist bei Tag und vor allem bei Nacht grandios. *Frei zugänglich*

BENÁKI-MUSEUM [U E4]

Objekte aus der Antike und dem koptischen Ägypten, der byzantinischen, islamischen und chinesischen Kunst. Besonders interessant ist die volkskundliche Sammlung. *Mo, Mi, Fr, Sa 9–17, Do 9–24, So 9–15 Uhr | Leofóros Vas. Sofías/Odós Koumbári 1 | Eintritt 6 Euro*

DIÓNISOS-THEATER [U B5–6]

Unterhalb des Akrópolis-Felsens entwickelte sich im 6. Jh. v. Chr. die Urform des Theaterspiels. Seine heutige Form erhielt dieses älteste griechische Theater aber erst um 330 v. Chr. *April–Okt. tgl. 8–19 Uhr, Nov.–März tgl. 8–15 Uhr | Eintritt 2 Euro*

HADRIANSBOGEN (PYLÍ ADRIANOÚ) [U C6]

An der verkehrsreichen Straße Leofóros Amalías steht ein fast 1900 Jahre altes, 18 m hohes Tor. Der römische Kaiser Hadrian ließ es als Denkmal für sich selbst errichten, als er zwischen 124 und 129 Athen erweiterte. *Frei zugänglich*

KERAMEIKÓS ★ [U A4]

Die deutschen Archäologen, die den antiken Friedhof von Athen freilegten, stellten Kopien zahlreicher Grabdenkmäler anstelle der Originale auf, die heute im Archäologischen Nationalmuseum zu sehen sind. Außerdem erkennt man hier die Grundrisse zweier bedeutender Stadttore. Dazwischen blieb ein Teil der antiken Stadtmauer erhalten. *April–Okt. Di–So 8–19.30 Uhr, Nov. Di–So 8–15 Uhr | Eingang Odós Ermoú | Eintritt 12 Euro*

KLEINE MITRÓPOLIS [U C4]

Athens reizvollste mittelalterliche Kirche steht unmittelbar neben der modernen orthodoxen Kathedrale. Als man sie im 12. Jh. erbaute, lagen überall in Athen noch zahllose Bauteile antiker und frühchristlicher Gebäude herum. Die bereits Jahrhunderte zuvor sorgfältig behauenen Marmorquader dienten als schönes und kostengünstiges Baumaterial; uralte Figurenfriese und Reliefs bildeten einen willkommenen Schmuck. *Unregelmäßig geöffnet | Odós Mitropóleos*

LIKAVITTÓS ★ [U E3]

Über das Athener Häusermeer erhebt sich der 277 m hohe Kalksteinfelsen mit einem grünen Gartenkragen, aus dem ein kahler Felskopf ragt. Angenehme Spazierwege und eine Standseilbahn im Innern des Berges führen zum Gipfel mit seiner strahlend weißen Georgskapelle. *Standseilbahn tgl. 10–3 Uhr | Talstation am oberen Ende der Odós Plutárchou | Ticket 4 Euro | Bus 60 ab Kolonáki-Platz* [U E4] *und Platía Káningos* [U C2]

MARKTHALLEN (KENTRIKÍ AGORÁ) ★ [U B3]

Athens über 100 Jahre alte Markthallen liegen im Zentrum der Stadt zwischen Omónia- und Monastiráki-Platz. Unter ihren Dächern werden vor allem Fleisch und Fisch verkauft. Um die Hallen herum sorgen zahlreiche Läden, Obst-/Gemüsestände und Straßenhändler für buntes Treiben. *Mo–Sa ca. 6–15 Uhr | Odós Athínas*

MUSEUM FÜR KYKLADISCHE KUNST [U E4]

Privatsammlung mit Meisterwerken der kykladischen Kunst des 2. Jts. v. Chr. *Mo, Mi–Fr 10–16, Sa 10–15 Uhr | Odós Neofítou Doúka 4 | Eintritt 3,50 Euro*

NATIONALGARTEN (ÉTHNIKOS KÍPOS) ★ [U D4–6]

Der ehemalige Königliche Privatgarten aus dem 19. Jh. ist eine Oase der Ruhe mit hohen Palmen, schattigen Laubengängen und einem idyllischen Ententeich im Herzen der Stadt. Am Eingang an der Odós Iródou Attíkou lädt ein Gartencafé zur Rast. *Frei zugänglich | Eingänge auch am Leofóros Vas. Amalías und am Leofóros Vas. Sofías*

Insider Tipp

NUMISMATISCHES MUSEUM IM SCHLIEMANN-HAUS [U D4]

Insider Tipp

Eine Vielzahl hervorragend erhaltener Münzen aus Antike und Mittelalter im exzellent restaurierten ehemaligen Wohnhaus Heinrich Schliemanns. Auch wer sich nicht für Münzen interessiert, wird von der Pracht der Räume beeindruckt sein. *Di–So 8.30–15 Uhr | Leofóros Panepistimíou 12 | Eintritt 3 Euro*

Odeon des Herodes Attikus: 5000 Zuschauer finden auf den Rängen Platz

Der übliche Andrang in den Markthallen: Hier kauft man Fisch und Fleisch

ODEON DES HERODES ATTIKUS [U B5]
Das mächtige Amphitheater von 161 am Südhang der Akrópolis ist Hauptschauplatz der Athener Sommerfestspiele. *Nur für Aufführungen geöffnet, aber guter Blick auf das Odeíon Iródou Attikoú von der Akrópolis aus*

PANATHENÄISCHES STADION [U E6]
An der Stelle des antiken Stadions entstand für die ersten Olympischen Spiele der Neuzeit 1896 dieses Marmorstadion nach antikem Vorbild. *April–Okt. Mo, Mi 9–15 und 18–21, Do–Sa 9–15, So 10–14 Uhr, Nov.–März Mo, Mi 9–15 | Leofóros Vas. Konstantínou | Eintritt frei*

PIRÄUS (PEIRAÍEFS) [173 F3]
Filmromantik finden Sie in Griechenlands größtem Hafen nicht mehr. Der Handelshafen *Kantharáos* dient vor allem dem Fährverkehr zu den Inseln. Schöner sind der ausgedehnte Yachthafen *Zéa Marína* und der kleine Yacht- und Fischerboothafen *Mikrolímano* mit vielen guten Fischrestaurants. Das *Archäologische Museum* ist klein, aber eindrucksvoll *(Di–So 8.30–15 Uhr | Odós Har. Trikoúpi 31| Eintritt 3 Euro)*. Das *Schifffahrtsmuseum* am Hafen Zéa Marína illustriert die griechische Seefahrtsgeschichte seit der Antike *(Di–Fr 9–14, Sa 9–13 Uhr | Eintritt 2 Euro). Ab Athen Metro bis Endstation am Kantharáos-Hafen, von dort Trolleybus 20 bis Zéa Marína und Mikrolímano*

PLÁKA ★ [U B–C5]
Im Altstadtviertel gibt es viele malerische Winkel, bis zu 150 Jahre alte Wohnhäuser und zahllose Tavernen. Im Gassengewirr stößt man immer wieder auf kleine Kirchen, antike Ruinen und Denkmäler. Die meisten Souvenirgeschäfte liegen an der *Odós Adrianoú.* Besonders viele Tavernen finden Sie an der *Odós Kidathinéon,* die meisten griechischen Musiklokale an der stufenreichen *Odós Mnisikléous.*

SÍNDAGMA-PLATZ [U C–D4]
Am oberen Rand wird Athens Hauptplatz vom Parlamentsgebäude be-

grenzt, das 1834–38 als Königspalast entstand. Davor halten Ehrengardisten Wache am *Grabmal des Unbekannten Soldaten (große Wachablösung So 11 Uhr | kleine stündlich)*. In der prachtvollen U-Bahn-Station unter dem Platz sind archäologische Funde ansprechend präsentiert, die bei den Ausschachtungsarbeiten in den 1990er-Jahren zutage gefördert wurden. *Platía Sintagmátos*

TEMPEL DES OLYMPISCHEN ZEUS (STÍLES OLYMPÍOU DIÓS) [U C6]

Die 15 höchsten Säulen Athens gehören zu einem Tempel, den einst 104 fast 17 m hohe Marmorgiganten mit einem Gesamtgewicht von 15 500 t umgaben. Begonnen wurde der Bau bereits 550 v. Chr., vollendet jedoch erst knapp 700 Jahre später unter dem römischen Kaiser Hadrian. *April–Okt. tgl. 8–19 Uhr, Nov.–März tgl. 8.30–15 Uhr | Leofóros Vas. Ólgas | Eintritt 2 Euro*

TURM DER WINDE (NAÓS AIÓLOU) [U B5]

Der 12 m hohe Turm am Rand der römischen Agorá stammt aus dem 1. Jh. v. Chr. Er diente mit einer Sonnen- und einer Wasseruhr der Zeitmessung. *April–Okt. tgl. 8–19.30 Uhr, Nov.–März tgl. 8–17 Uhr | Odós Pelopída | Pláka | Eintritt 2 Euro*

>LOW BUDGET

- *24-Stunden-Tickets* für alle öffentlichen Verkehrsmittel in Athen und Piräus kosten 3 Euro, für 7 Tage 10 Euro. Sie sind an allen Metrostationen erhältlich, berechtigen allerdings nicht zur Fahrt vom und zum Flughafen. *www.amatero.gr*
- Die Eintrittpreise zu den archäologischen Stätten sind nur scheinbar erschreckend hoch. Das *12-Euro-Ticket* für Akropolis und Kerameikos gilt für beide Stätten und zudem für das Diónysos-Theater und die Archaia Agorá samt jeweiliger Museen!
- Rund um die Uhr kann man in den *Tavernen* direkt in den *Athener Markthallen* aus einer Vielzahl gekochter Fleisch- und Gemüsegerichte zu Preisen wählen, die auch der Durchschnittsathener als günstig empfindet.

ESSEN & TRINKEN

DAPHNE'S [U C6]

Feinschmeckerrestaurant mit kreativer und klassischer griechischer Küche, in dem auch schon Hillary Clinton und Meryl Streep gegessen haben. Reservierung empfehlenswert. *Tgl. 19.15–23.45 Uhr | im Juli ca. 2 Wochen geschl. | Odós Lisikratoús 4 | Tel. 21 03 22 79 71* | €€€

NÉON

Restaurantkette mit Marché-Charakter. Kern der Lokale sind viele Selbstbedienungstresen mit Speisen aller Art, Kuchen und Getränken. Auch eine Bar und eine Abteilung mit Bedienung sind integriert. Gut fürs schnelle Mittagessen. *Tgl. 8–24 Uhr | Odós Mitropóleos 3* [U C4] | €€

TO GERÁNI/KOUKLÍS [U B5]

Insider Tipp

Ouzerí auf zwei Etagen eines klassizistischen Hauses. Der Kellner kommt mit einem Tablett voller Spezialitäten an den Tisch, aus denen man auswählt. *Tgl. ab 11 Uhr | Odós Tripódon 14* | €

TO KAFENÍO [U C5]
Innen klein und romantisch, außen Tische auf stiller Gasse. Man serviert viele kleine Köstlichkeiten aus ganz Griechenland, auch erlesene Weine und ausgefallene Liköre wie den Zimtlikör *tentúra. Tgl. ab 10 Uhr | Odós Epichármou 1/Ecke Odós Tripódon* | €

Insider Tipp **TO KIOÚPI** [U E4]
Gepflegte Kellertaverne im Nobelviertel Kolonáki. Große Auswahl an gekochten Gerichten, viel Gemüse, auch Suppen; schneller Service. *Mo–Sa ab 11 Uhr | Platía Kolonáki* | €

EINKAUFEN

Bezahlbare Mode und Accessoires finden Sie in der *Odós Ermoú* zwischen Síndagma-Platz und Kapnikaréa-Kirche, die schicksten Geschäfte im *Kolonáki-Viertel* zwischen Síndagma-Platz und Likavittós. Bunter ist das Leben in der *Odós Athínas* mit ihren Markthallen. Rund um die Metrostation *Monastiráki* findet jeden Sonntagmorgen ein ausgedehnter Flohmarkt statt.

ÜBERNACHTEN

CENTRAL [U C5]
Einfaches, ruhig in der Pláka gelegenes Hotel mit kleiner Tiefgarage. *84 Zi. | Odós Apóllonos 21 | Tel. 21 03 23 43 57 | Fax 21 03 22 52 44 | www.centralhotel.gr* | €€

ELECTRA PALACE [U C5]
Modernes Hotel, ruhig, im Herzen der Pláka. Pool, Garage, Dachgarten. *158 Zi. | Odós Nikodímou 18 | Tel. 21 03 37 00 00 | Fax 21 03 24 18 75 | www.electrahotels.gr* | €€€

NEFÉLI [U C5] Insider Tipp
Einfach, sauber, ruhig, sehr zentral gelegen, familiäre Atmosphäre, gutes Preis-Leistungs-Verhältnis. *18 Zi. | Odós Iperídou 1/Ecke Odós Kekrópos | Tel. 21 03 22 80 44 | Fax 21 03 22 58 00* | €€

Kirchenkunst als Konsumkulisse

AM ABEND

Zentren des Nachtlebens sind die im Sommer sehr touristische *Pláka* mit zahlreichen Tavernen und mehreren

Musiklokalen vor allem in der *Odós Mnisikléous* [U B5], das von jungen Leuten bevorzugte Viertel ▶▶ *Exarchía* [U D2] mit vielen Bars und Musikclubs, der vom Arbeiter- zum Schickeriaviertel avancierte Stadtteil Insider Tipp *Psirrí (www.psirri.gr)* mit exklusiven Bars und Restaurants [U B4] sowie die *Odós Iraklídion* [U A4] mit originellen Bars, Musikclubs und Galerien.

Insider Tipp CÍNE PARÍS ▶▶ [U C5]
Dachgartenkino mit Akrópolis-Blick. *Odós Kidathinéon 22*

DÓRA STRÁTOU [U A6]
Volkstanztheater unterm Sternenhimmel. *Ende Mai–Sept. Di–So 22.15, Mi und So auch 20.15 Uhr | Philopáppos-Theater | Odós Antéou*

VRÉTTOS ▶▶ [U C5]
Bar in einer ehemaligen traditionsreichen Weinhandlung, sehr fotogen. *Tgl. ab 10 Uhr | Odós Kidathinéon 43*

AUSKUNFT

ZENTRALE FÜR FREMDENVERKEHR (EOT)
Mo–Fr 9–15.30 Uhr (im Sommer evtl. länger) | Leofóros Amalías 26 | nahe dem Síndagma-Platz [U D5] | *Tel. 21 08 70 70 00 | und auf der Ankunftsebene des Flughafens* [173 D6] | *Tel. 21 03 54 51 01*

ZIELE IN DER UMGEBUNG

ÄGINA (ÉGINA) ★ [178 C6]
Wer mit den sehr häufig verkehrenden Autofähren oder Tragflügelbooten in 90 bzw. 40 Minuten zu dieser Insel (13 500 Ew.) übersetzt, erlebt so zugleich auch eine Art Hafenrundfahrt in Piräus. Hauptsehenswürdigkeit Äginas ist der gut erhaltene *Aféa-Tempel* aus dem 5. Jh. v. Chr. Er wird auch im Rahmen der sehr empfehlenswerten in Athen angebotenen Tageskreuzfahrten besucht, bei denen außer Ägina die Inseln *Póros* und *Hydra* angelaufen werden.

DAFNÍ [179 D5]
Die 76 Mosaike in der Klosterkirche von Dafní gehören zu den größten Schätzen der byzantinischen Kunst in Hellas. Sie stammen ebenso wie das Kloster aus der Zeit um 1100 *(wegen Restaurierung geschl., Termin der Wiedereröffnung noch nicht bekannt). 11 km westlich*

ELEUSIS (ELEFSÍNA) [178 C5]
Eléfsis ist eine unter Umweltverschmutzung leidende Industriestadt

> DAS ATHENER FESTIVAL

Konzerte, Ballett- und Theateraufführungen

Zwischen Anfang Juni und Ende September lädt Athen renommierte Künstler aus aller Welt ins römische Herodes-Attikus-Theater unterhalb der Akrópolis ein (Programm und Karten: *www.athen-festival.de*). Karten sind meist auch noch kurzfristig erhältlich beim *Hellenic Festival Office (Mo–Fr 8.30–16, Sa 9–14.30 Uhr | Stóa Pesmazóglou | Odós El. Venizélos 39 (zwischen Síntagma- und Omónia-Platz) | Tel. 21 03 22 14 59)* sowie an der Tages- und Abendkasse am Odeon des Herodes Attikus.

(21 000 Ew.) am inneren Ende des Saronischen Golfs. Vor dem Ufer ankern stillgelegte Tanker und Frachter. Inmitten dieser eher abschreckenden Szenerie wurde eine der wichtigsten Mysterienstätten der Antike freigelegt. Von den Gebäuden der heiligen Stätte sind jedoch nur Grundmauern erhalten *(Di–So 8.30–15 Uhr | Eintritt 3 Euro). 21 km westlich*

Kap Soúnion: vor den imposanten Säulen des Poseidon-Tempels den Sonnenuntergang erleben

KAP SOÚNION ★ **[179 D6]**

Die 16 Säulen des antiken *Poseidon-Tempels* erheben sich auf der äußersten Spitze der Halbinsel Attika in 60 m Höhe über der Ägäis. Den um 445 v. Chr. erbauten Tempel besuchen Sie am besten am späten Nachmittag, denn dann können Sie einen der meistgerühmten Sonnenuntergänge der Ägäis miterleben *(April–14. Mai u. Sept., Okt. tgl. 8–19 Uhr, 15. Mai–Aug. tgl. 8–20 Uhr, Nov.–März tgl. 8 Uhr bis Sonnenuntergang | Eintritt 4 Euro). 63 km südöstlich*

MARATHON **[179 D5]**

In der Ebene von Marathon entschied sich vor fast 2500 Jahren das Schicksal Europas. Hier kam es 490 v. Chr. zur ersten großen Schlacht zwischen Persern und Athenern. Nach dem Sieg der Athener rannte ein Krieger in voller Rüstung nach Athen, um davon Nachricht zu geben. Er brachte sie noch über die Lippen, dann fiel er um und starb. In Erinnerung daran wurde 1896 der Marathonlauf ins Leben gerufen. Auf dem Schlachtfeld ist bis heute der Grabhügel zu sehen, in dem die Athener ihre 192 Gefallenen beisetzten *(Di–So 8.30–15 Uhr | Eintritt 2 Euro). 42 km nordöstlich*

> TRAUMSTRÄNDE UND EIN HAUCH VON ORIENT

Hier überrascht Griechenland mit ungewöhnlichen Bildern, stillen Seen und Ursprünglichkeit

> Zwischen dem Olymp an der Südgrenze Makedoniens (neugriechisch: Makedonía) und der Évros-Mündung an der Grenze Thrakiens mit der Türkei liegen 450 Straßenkilometer. Zwischen Thessaloníki, dem wirtschaftlichen und kulturellen Zentrum Nordgriechenlands, und den Dörfern Thrakiens liegen Welten.

In weiten Teilen von Thrakien (neugriechisch: Thráki) leben überwiegend bulgarisch- und türkischstämmige Moslems. Sie unterscheiden sich vor allem in den ländlichen Gebieten noch immer durch ihre Kleidung von den christlichen Griechen.

Ausländische Urlauber sind in Thrakien ein seltener Anblick. Auch in den bis über 1800 m hohen Rhodopen, die Thrakien und Ostmakedonien gegen Bulgarien abschirmen, sind Fremde kaum anzutreffen. Sie tummeln sich vor allem auf der Halbinsel Chalkidikí mit ihren traumhaft schönen Stränden und in den Badeor-

Bild: Sithonía-Halbinsel, Chalkidikí

MAKEDONIEN & THRAKIEN

ten unterhalb des Olymp. Besichtigungsziele sind die Zentren des antiken Makedonien, Pélla und Vérgina. Philíppi und Thessaloníki, beide Wirkungsstätten des Apostels Paulus, sind vor allem durch ihre christlichen Monumente attraktiv.

Mit dem Néstos-Delta, dem Flusslauf des Évros und dem Olymp finden auch Naturliebhaber attraktive Ziele. Die Ebenen an den Flussläufen Makedoniens und Thrakiens werden intensiv genutzt. Hier werden Mais und Baumwolle, Reis und Getreide angebaut. Thrakien ist ansonsten das bedeutendste Tabakanbaugebiet des Landes. Bergbau wird auf der Halbinsel Chalkidikí betrieben, die auch für ihren Honig bekannt ist und von der die meisten griechischen Weihnachtsbäume stammen.

Makedonien und Thrakien sind für viele ungewöhnliche Urlaubserlebnisse gut. Kajakfahrer können Boote

mieten und die Néstos-Schlucht bezwingen, Marathonschwimmer an Rennen zwischen den chalkidischen Halbinseln Kassándra und Sithonía teilnehmen. Die Binnenseen sind Vogelparadiese. Heiße Thermen und Schlammbäder laden zu Kuren ein. Männer, die in sich gehen und eine völlig andere Welt kennenlernen wollen, bemühen sich um ein Visum für die Mönchsrepublik Áthos.

KASTORIÁ

[172 A3] ★ **Kastoriá (14 800 Ew.) ist das Zentrum des griechischen Pelzhandels und der Kürschnerei, seine Kürschner und Händler sind weltweit tätig.** Der wirtschaftliche Erfolg ihrer Arbeit zeigt sich in den vielen großen und gepflegten, architektonisch angenehm der Tradition verbundenen Villen der Stadt. Kastoriá liegt wahrhaft malerisch auf einem Hügel und einer Halbinsel am Ufer eines großen Sees und ist voller mittelalterlicher Kirchen, Gassen und Häuser. Schließlich war Kastoriá jahrhundertelang eine der bedeutenden Städte Makedoniens.

SEHENSWERTES

Hauptsehenswürdigkeiten sind die über 70 byzantinischen und nachbyzantinischen Kirchen in der Altstadt. Viele sind noch in Privatbesitz und stehen nur manchmal zufällig offen. Die drei im Folgenden genannten, bedeutendsten Kirchen der Stadt kann man zusammen mit einem Wärter des *Byzantinischen Museums (Di–So 8.30–15 Uhr | Eintritt frei)* ansehen, das man also zuerst aufsuchen muss.

AGÍI ANÁRGIRI

Die den Arztheiligen Kosmas und Damian im 10. Jh. geweihte Kirche, eine dreischiffige Basilika, besitzt außen schöne Ziegelsteindekorationen und an der Westfassade Malereien. Die Wandmalereien im Inneren stammen aus dem 12. Jh.

ÁGIOS STÉFANOS

In der Kirche sind drei Schichten von Wandmalereien zu erkennen, die zwischen dem 9. und 12. Jh. entstanden und teilweise im 14. Jh. ausgebessert wurden.

BYZANTINISCHES MUSEUM

Das moderne Museum präsentiert über 80 Ikonen aus Kirchen der Stadt. Die älteste stammt aus dem 12. Jh. *Di–So 8.30–15 Uhr | Eintritt frei | schlicht als „Museum" ausgeschildert, auf dem höchsten Punkt der Altstadt*

PANAGÍA I KOUMBELÍDIKI

Die Marienkirche aus dem 11. Jh. mit ungewöhnlich hohem Tambour

Reichtum, geschaffen aus Fell und Pelz, zu sehen im Volkskundlichen Museum von Kastoriá

(Kuppelunterbau) ist innen mit Fresken aus dem 14. Jh. und außen zum Teil mit Malereien aus dem 15. Jh. geschmückt.

PANAGÍA MAVRIÓTISSA

Das idyllisch außerhalb der Stadt am Ufer des Sees gelegene Kloster besitzt in der Klosterkirche Fresken aus dem 12. Jh. und in der dem Evangelisten Johannes geweihten Kapelle Wandmalereien aus dem Jahr 1552. *Tagsüber geöffnet | an der Uferstraße um die Halbinsel | frei zugänglich |*

VOLKSKUNDLICHES MUSEUM

Das äußerst interessante Museum ist in einem der besterhaltenen Herrenhäuser der Altstadt, dem *Archontikó Nerántzis Aivázsis,* untergebracht. Es stammt aus dem 17. Jh. und wurde von einem der zehn bis zwölf reichen Pelzhändler erbaut, die damals das Gewerbe beherrschten. *Tgl. 10–12*

MARCO POLO HIGHLIGHTS

★ **Sithonía-Halbinsel**
Herrliche Sandstrände und gute Fischtavernen (Seite 64)

★ **Akrópolis und Altstadt**
Dörfliche Atmosphäre im mittelalterlichen Festungswall von Thessaloníki (Seite 55)

★ **Athos**
Auch eine Bootsfahrt entlang der Küste mit Blicken auf die Klöster ist unvergesslich (Seite 58)

★ **Olymp**
Am Götterberg Olymp zeigt sich Griechenland von seiner grünen Seite (Seite 62)

★ **Kastoriá**
Die wohlhabende Stadt am See ist Zentrum des Pelzhandels und der Kürschnerei (Seite 48)

★ **Vérgina**
Gold und Gräber im ungewöhnlichsten Museum des Landes (Seite 64)

und 15–17 Uhr | Odós K. Lazu | Eintritt 1 Euro |

ESSEN & TRINKEN

FÁROS

Fischtaverne am See. *Tgl. ab 12 Uhr | Leofóros Níkis 6 | €€*

EINKAUFEN

Pelze sind noch immer das typische Produkt der Stadt. Man muss ja nicht gleich einen teuren Nerzmantel kaufen: Es gibt beispielsweise auch eine große Auswahl an Pelzpantoffeln für ca. 10 Euro. Die größte Auswahl an Pelzprodukten unter einem Dach bietet das *Kastorian Fur Center* im Vorort Chloí an der Straße nach Flórina.

ÜBERNACHTEN

Insider Tipp **ARCHONTIKÓ ALEXÍOU VERGOÚLA**

Traditionelle Zimmer, z.T. mit offenem Kamin und/oder Seeblick in einem Herrenhaus im südlichen Teil der Altstadt. Im Erdgeschoss eine Weinstube mit sehr guter Küche. *12 Zi. | Odós Aidítras 14 | Tel. 24 67 02 34 15 | Fax 24 67 02 36 76 | sfinas@otenet.gr | €€€*

KASTORIÁ ▶▶

Traditionshotel, kürzlich renoviert, direkt am Seeufer, zentrumsnah. *37 Zi. | Leofóros Níkis 122 | Tel. 24 67 02 94 53 | www.lake.gr | €€*

ZIEL IN DER UMGEBUNG

Insider Tipp **PRÉSPA-SEEN** **[172 A2]**

Der 800 m hoch im Dreiländereck zwischen Griechenland, Albanien und der jugoslawischen Exrepublik Makedonien gelegene Große Prespa-See ist der größte See des Balkans. Vom Kleinen Prespa-See wird er nur durch eine 1 km breite Landzunge mit schönem Sandstrand getrennt. Die Seen sind im Sommerhalbjahr Heimat von über 400 Pelikanen und zahlloser Kormorane. Ihnen begegnet man auch auf einer Fahrt mit dem Fischerkahn vom Dorf *Psarádes* am Großen Prespa-See zu den Einsiedeleien *Metamórfosis* aus dem 13. Jh. und *Panagía Eleoúsa* (15. Jh.). Auf der bewohnten Insel *Ágios Achíllios* im Kleinen Prespa-See stehen die eindrucksvollen Überreste einer Basilika aus dem 10. Jh. Die schönste mit Fresken geschmückte Dorfkirche im vom Bohnenanbau dominierten Hinterland der Seen besitzt *Ágios Germanós*. Preiswerte Karpfen aus den fischreichen Seen werden in allen Tavernen am Seeufer serviert.

Ruhig und stimmungsvoll wohnt man ganzjährig im Hotel *Ágios Germanós* am Dorfplatz des gleichnamigen Ortes, mit einem exzellenten Preis-Leistungs-Verhältnis *(10 Zi. | Tel. 23 85 05 13 97 | Fax 23 85 08 81 05 | www.prespa.com.gr | €)* oder im *Hotel Psarádes* der örtlichen Frauengenossenschaft im gleichnamigen Dorf *(16 Zi. | Tel. 23 85 04 60 15 | €)*. *Prespa: 55 km nördlich*

KAVÁLA

[174 B3] Kavála (58 700 Ew.), ein Zentrum der Tabakindustrie, aber auch der Fischerei, dehnt sich fotogen weit am Ufer mehrerer Buchten und über viele Hänge hinweg aus. Historischer Stadtkern ist die auf einer Halbinsel gelegene und zum Teil noch ummauerte Altstadt, an die sich gen Westen das moderne Stadtzentrum mit der Uferstraße und der *Platía Eleftherías* anschließt.

Schutz für den Bürger oder vor dem Bürger? Das burgähnliche Rathaus von Kavála

SEHENSWERTES

ALTSTADT

Kommt man vom Hafen und geht die erstmögliche Straße rechts in die Altstadt hinauf (Odós Poulídou), sieht man rechter Hand einen weitläufigen Bau mit vielen Kuppelchen, Innenhöfen und Türmchen. Es ist das *Imaret,* im 19. Jh. als Koranschule erbaut und seit 2004 als Hotel genutzt. Die Straße endet an der modernen *Kirche Kímisis tu Theotókou.* Von hier aus sind es nur wenige Schritte zum *Reiterstandbild Mehmet Alis* und dessen benachbartem Geburtshaus aus dem Jahr 1720, das besichtigt werden kann. Mehmet Ali stammte aus einer moslemischen Tabakhändlerfamilie und wurde 1769 zum Begründer der letzten ägyptischen Königsdynastie, die mit der Vertreibung König Faruks 1952 abtrat. Auf dem höchsten Punkt der Altstadt-Halbinsel steht die 1425 von den Türken erbaute *Burg.*

AQUÄDUKT

Über 60 Bögen schwingt sich ein mächtiges, bis zu 60 m hohes Aquädukt von einem gegenüberliegenden Hügel zur Altstadt. Es wurde bereits im 16. Jh. erbaut.

ARCHÄOLOGISCHES MUSEUM

Der Besuch lohnt nur für archäologisch Interessierte. Zu sehen sind u. a. Goldschmuck aus dem 3. Jh. v. Chr. und tönerne Büsten der Göttinnen Demeter, Persephone und Aphrodite aus dem 4. Jh. v. Chr., mit erhaltenen Spuren der ursprünglichen Bemalung. *Di–So 8.30–15 Uhr | Ethnikís Andistásis (am westlichen Ende der Uferpromenade) | Eintritt 2 Euro*

ESSEN & TRINKEN

Auf Pizza und Nudeln haben sich mehrere kleine Restaurants am Fähranleger nach Thássos spezialisiert. Fischtavernen sind am Ufer nahe dem Zollamt zu finden, kleine Tavernen mit griechischer Küche liegen in der Altstadt, in der *Odós Poulídou.*

EINKAUFEN

Das Marktviertel liegt zwischen *Platía Eleftherías* und Altstadt.

ÜBERNACHTEN

EGNATÍA

Hoch über der Stadt an der Straße nach Philíppi gelegenes Hotel mit prächtiger Aussicht. *45 Zi. | Odós 7. Merarchías 139 | Tel. 25 10 24 48 91 | Fax 25 10 24 53 96 | www.egnatiahotel.gr* | €€

Insider Tipp **IMARET**

Ultimativer Luxus und einzigartige Romantik in einer Koranschule aus dem frühen 19. Jh. *30 Zi. | Odós Pulídou 6 | Tel. 25 10 62 01 51 | Fax 25 10 62 01 56 | www.imaret.gr* | €€€

AUSKUNFT

TOURIST INFORMATION

Odós Kíprou/Platía 28is Oktovríou (Nähe Rathaus) | Tel. 25 10 23 10 11

ZIELE IN DER UMGEBUNG

DRÁMA [174 B2]

Das in einer weiten Ebene gelegene Dráma (42 500 Ew.) besitzt keine Sehenswürdigkeiten, wird von Einheimischen aber wegen seines vielen Grüns und seines Wasserreichtums geschätzt. Gut essen kann man im *Restaurant To Nisaki (€€)* mitten im Grünen und doch nur 200 m von der zentralen Platía Eleftherías entfernt. *39 km nordwestlich*

NÉSTOS-DELTA [174 C3] Insider Tipp

Das 550 km² große Néstos-Delta ist eins der großen Naturparadiese Griechenlands. Außer dem 30 km langen Unterlauf des Flusses von Parádissos bis zur Mündung zählt man auch den 50 km langen Küstenstreifen von Néa Karváli bis Ávdira mit seinen Dünen, Lagunen und Salzmarschen dazu. Besonders reizvoll ist die etwa 1 km breite Flusslandschaft zwischen den Hochwasserdämmen zu beiden Seiten des Flusses mit ihren sich ständig verändernden Sandbänken und Inselchen, Altarmen und Au-

Bequemer geht's kaum: Birdwatching mit Bewirtung im Néstos-Café

wäldern. Neben zahllosen Vogelarten, zu denen Seidenreiher und Schreiadler gehören, sind hier auch seltene Säugetiere wie Schakale und Fischotter zu Hause. Ein idealer Beobachtungsort ist das *Nestos-Café* am Westufer des Flusses auf der Höhe von Chrissoúpoli, das von dort aus gut ausgeschildert ist.

Übernachten können Sie im familiären *Hotel Iríni* in *Chrissoúpoli (26 Zi. | Odós Venizélou 13 | Tel. 25 91 02 21 63 | Fax 25 91 02 27 18 | €)* oder im kleinen Hafenstädtchen *Keramotí* mit seinem kilometerlangen, sehr breiten Sandstrand. Dort können Sie gut wohnen und ausgezeichnet essen im *Hotel Xasteró* direkt an der Platía *(14 Zi. | Tel. 25 91 05 12 30 | Fax 25 91 05 16 18 | €€). Chrissoúpoli: 31 km östlich, Keramotí: 50 km südöstlich*

PHILÍPPI **[174 B3]**

In Philíppi gründete der Apostel Paulus die erste christliche Gemeinde auf europäischem Boden. Etwa 100 Jahre vorher, 42 v. Chr., war die Ebene Schauplatz der Entscheidungsschlacht zwischen den Cäsarmördern Cassius und Brutus einerseits sowie Antonius und Octavian, dem späteren Kaiser Augustus, andererseits. Erhalten blieben von der antiken Stadt einige fotogene Reste. Am römischen Forum ragen Pfeiler und Wände einer frühchristlichen Basilika aus dem 6. Jh. in die Höhe. Gut erhalten ist am straßenseitigen Rand der Ausgrabungen das antike Pflaster der *Via Egnatía*, die von Konstantinopel nach Thessaloníki führte. Im *Ausgrabungsmuseum* sind Kleinfunde aus dem Neolithikum und der Bronzezeit ausgestellt *(Ausgrabungen Mai–Okt. tgl. 8–19.30 Uhr, Nov.–April Di–So 8.30–15 Uhr | Eintritt 3 Euro | Museum Di–So 8.30–15 Uhr | Eintritt 3 Euro | Sammelticket 4 Euro).*

Philíppi: Gut erhalten sind einige Kapitelle, verziert mit filigranen Akanthusblättern

Sehr lohnend ist der kurze Abstecher zu den 3 km entfernten *Heilschlammbädern* *von Lýdia Laspóloutra (Juni–Mitte Okt. tgl. 8–16 Uhr).* Hier zelten viele Griechen, die im warmen Schlamm eines Bachbettes Linderung verschiedener Beschwerden suchen. Gut wohnen und essen kann man direkt an den Schlammbädern im *Hotel Yánnis (34 Zi. | Tel./Fax 25 10 51 64 50 | www.yannis.gr | €). 15 km nordwestlich*

THESSALONÍKI

[173 E3] Auf den ersten Blick ist Thessaloníki (364 000 Ew.), 1997 Kulturhauptstadt Europas, eine laute, moderne Großstadt mit einzelnen Bauten aus zwei Jahrtausenden. Wer sie zu Fuß erkundet, wird aber auch den kleinstädtischen Charakter der Altstadt und die fast dörfliche Atmosphäre im Akrópolis-Viertel entdecken. Am besten begibt man sich zuerst auf die *Platía Aristotélous* direkt am Meer mit ihren vielen Straßencafés. Bei gutem Wetter reicht der Blick über den Thermäischen Golf bis zum Olymp. In entgegengesetzter Richtung sieht man, wie die Häuser der Altstadt einen Hügel hinauf gebaut wurden und bekommt eine Vorstellung von der immensen Größe der ummauerten byzantinischen Stadt, die vom Meeresufer bis auf den Kamm des Hügels reichte. An der Küste entlang erstreckte sie sich vom Weißen Turm bis zum heutigen Fährhafen.

SEHENSWERTES

Beim Bummeln trifft man auf Moscheen, türkische Bäder und mehr als ein Dutzend byzantinische Kirchen. Manche stehen in unmittelbarer Nähe der eindrucksvollen, einst über 7 km langen Stadtmauer.

AGÍA SOPHÍA

Die Kirche aus dem späten 8. Jh., während der Türkenherrschaft in eine Moschee verwandelt, hat in der Apsis ein Mosaik der Gottesmutter (12. Jh.) und in der Kuppel eins mit den zwölf Aposteln, Maria und der Himmelfahrt Christi (9. Jh.). *Tgl. ca. 7–12 und 17–20 Uhr | Platía Agías Sofías*

ÁGIOS DIMÍTRIOS

Die dem Schutzheiligen der Stadt geweihte Basilika birgt in einem silbernen Sarkophag die Gebeine des hl. Demetrios, der 303 den Märtyrertod starb. *Mo 12.30–19, Di–Fr 8–20, Sa u. So 10.30–19.30 Uhr | Odós Agíou Dimitríou*

Thessaloníki: Von den Cafés an der Platía Aristotélous schaut man aufs Meer hinaus

ÁGIOS NIKÓLAOS ORPHANÓS

Die aus dem 14. Jh. stammende Kirche liegt in einem Altstadtviertel mit türkischen Häusern. Mehrere Fresken aus dem 14. Jh. sind gut erhalten. *Tgl. 8–12 Uhr | Odós Irodótou | Eintritt 1,50 Euro*

AKRÓPOLIS UND ALTSTADT ★

Für einen Rundgang durch die Altstadt sollten Sie mindestens einen halben Tag ansetzen. Sie starten am besten am Westende der Via Egnatía und folgen dem Verlauf der Stadtmauer bis hinauf zum Kastell Heptapyrgion („Sieben Türme"), dem höchstgelegenen Punkt auf der Akrópolis.

ARCHÄOLOGISCHES MUSEUM

Besonders sehenswert sind Grabfunde aus Síndos, zu denen 2500 Jahre alte, bronzene Miniaturmodelle der damals üblichen Tische, Stühle und Maultierkarren gehören. Ein besonders schönes römisches Mosaik zeigt Dionysos, den Gott des Weins, mit Ariadne. *Tgl. 8.30–15 Uhr (im Sommer gelegentlich bis 17 Uhr) | Platía Chanth | gegenüber vom Haupteingang zum Messegelände | Eintritt 4 Euro*

GALERIUS-BOGEN

Der nur teilweise erhaltene Triumphbogen überspannte die Prachtstraße, die in römischer Zeit von der Rotonda zum Kaiserpalast des Galerius führte. Er wurde 297 zur Erinnerung an einen gewonnenen Feldzug des Kaisers gegen die Perser errichtet und zeigt auf zahlreichen steinernen Reliefplatten Szenen aus jenem Krieg. *Via Egnatía*

MUSEUM DER BYZANTINISCHEN KULTUR Insider Tipp

Eines der schönsten und modernsten Museen Griechenlands präsentiert Architektur, Kunstobjekte und Alltägliches aus der Zeit zwischen dem

Blick in die Apsis der Basilika Ágios Dimítrios, Griechenlands größter Kirche

5. und dem 19. Jh. *Mo 13–19.30, Di–So 8–19.30 Uhr | Leofóros Stratoú 2 | Eintritt 4 Euro*

ÓSIOS DÁVID Insider Tipp

Die kleine, idyllisch gelegene Klosterkirche aus der Zeit um 500 besitzt in der Apsis ein sehr gut erhaltenes, einzigartiges Mosaik aus der gleichen Zeit. Es zeigt einen bartlosen Christus, der dem Propheten Hesekiel in einer Vision erscheint. Die Fresken, von denen Christi Geburt und Taufe noch gut zu erkennen sind, stammen aus dem 12. Jh. *Tgl. 8–12 und 17–19 Uhr | versteckt nahe der Odós Dimitríou Poliorkitoú, ab dort gut ausgeschildert*

PANAGÍA CHALKÉON UND RÖMISCHE AGORÁ

An dem größten Platz der Stadt, der Platía Dikastírion, liegen das türkische Bad Hamam Bey, die Kirche Panagía Chalkéon von 1028 und die Ausgrabungen des römischen Marktplatzes, von dem Gebäudereste, unterirdische Gewölbe und die Sitzplatzreihen eines Odeons erhalten sind. *Via Egnatía*

ROTONDA

Geschaffen wurde der Rundbau im 4. Jh. als Mausoleum für Kaiser Galerius. Schon am Ende des gleichen Jahrhunderts wurde er unter Hinzufügung einer Apsis in eine christliche Kirche, in türkischer Zeit unter Hinzufügung eines Minaretts in eine Moschee verwandelt. Besonders sehenswert sind die frühchristlichen Mosaike. *Di–So 8–17 Uhr | nördlich des Galerius-Bogens | Eintritt 2 Euro*

WEISSER TURM

Das Wahrzeichen Thessaloníkis wurde in der ersten Hälfte des 16. Jhs. unter türkischer Herrschaft erbaut. Heute gehört er zum Museum der byzantinischen Kultur und erläutert in einer 2008 eröffneten Ausstellungen Etappen der Stadtgeschichte. *Öffnungszeiten und Eintrittspreis waren bei Redaktionsschluss noch nicht bekannt. Leofóros Níkis (Uferstraße)*

ESSEN & TRINKEN

Viele urige Tavernen finden Sie auf der Akrópolis in der Umgebung der Kirche Agíi Anárgiri (Stadtbus 23 ab Platía Eleftherías). Vor allem mittags sind auch die Lokale auf der Platía Aristotélous und in ihren Seitenstraßen empfehlenswert.

ARISTOTÉLOUS ▶▶

Versteckt in einem Hausdurchgang gelegene Ouzerí mit kleinem Innenhof und großer Auswahl an zum Oúzo passenden kleinen Gerichten. *Mo–Sa 12–24 Uhr, So 12–16 Uhr | Leofóros Aristotélous 8 | €€*

MIRÓVOLOS SMÍRNI

Renommierte Markttaverne mit traditioneller Küche aus dem vor 1923 überwiegend von Griechen bewohnten Smýrna, dem heutigen Izmir. Riesige Auswahl auch an diversen Vorspeisen. *Tgl. ab 11 Uhr | Modianó-Markthalle | €€*

O PRÍNKIPOS Insider Tipp

Stilvolles Café und Bar im Stil der 1920er-Jahre. *Tgl. ab 10 Uhr | Odós Agíou Pávlou/Ecke Odós Agío Dimitríou | €€*

PIT BAZAR

Vor allem für Fisch, traditionelle, aber auch kreative Vorspeisen gerühmtes Restaurant im Innenhof eines ehemaligen Bazars. *Tgl. ab 12 Uhr | zwischen den Straßen Odós Totsítsa, Ólympou und S. Venizélou | €€€*

TA SPÁTA

Einfaches Restaurant mit Riesenauswahl, besonders für ein schnelles Mittagessen geeignet. Gutes Preis-Leistungs-Verhältnis. *Tgl. 9–24 Uhr | Odós Aristotélous 28 | €*

Die Kitchen Bar folgt internationalem Trend: Aus Betriebsgebäude wird Gastronomiebetrieb

EINKAUFEN

Mit Fisch, Fleisch, Blumen, Gemüse und allerlei mehr wird im malerischen *Marktviertel* zwischen den Straßen Tsimiskí, Ermoú, Aristotélous und Komnínion gehandelt. Die Haupteinkaufsstraßen mit Geschäften aller Art sind die *Tsimiskí, Ermoú* und *Egnatía*. Antiquitäten und Trödel findet man in der *Odós Tosítsa*.

ÜBERNACHTEN

Zu Messezeiten (vor allem im September und Anfang November) sind Hotelzimmer knapp.

ELECTRA PALACE

Bestes Hotel im Stadtzentrum nahe dem Meer. *135 Zi., Platía Aristotélous 5a | Tel. 23 10 23 22 21 | Fax 23 10 23 59 47 | www.electrahotels.gr | €€€*

OLÝMPIA

Modernes Hotel, 2006 total renoviert, zentrale Lage. *97 Zi. | Odós Ólympou 65/Odós S. Venizélou | Tel. 23 10 23 54 21 | Fax 23 10 27 61 33| www.hotelolympia.gr | €€*

ORESTÍAS KASTORIÁ

Insider Tipp

Ein preiswertes Hotel im Zentrum und dennoch sehr ordentlich, nahe der Kirche Ágios Dimítrios. *28 Zi. | Odós Agnóstou Stratiótou 14/Ecke Odós Ólimpou | Tel. 23 10 27 65 17 | Fax 23 10 27 65 72 | www.okhotel.gr | €*

AM ABEND

Zentrum des Nachtlebens ist das Ladádika-Viertel mit vielen Restaurants, Bars und Musiklokalen. Den besten Blick übers Wasser auf die Stadt und den Olymp hat man von der *Kitchen Bar (tgl. ab 10 Uhr | €€)* aus, einem Café-Bar-Restaurant im Lagerhaus B am alten Hafen. Viele Pop-, Jazz- und Rockkonzerte locken in das in einem ehemaligen Industriebezirk gelegene Kulturzentrum *Mýlos (Odós Andréou Georgíou 56 |*

Insider Tipp

www.mylos.gr). Klassische Musik, Ballett und Oper stehen direkt am Meer südlich des Stadtzentrums im modernen *Megaró Moussikís (Odós 25is Martíou | www.tch.gr)* auf dem Programm.

ZIELE IN DER UMGEBUNG

Insider Tipp

AMOLIANÍ [174 A5]

Die kleinste bewohnte Insel Makedoniens (9 km², 550 Ew.) liegt dicht vor der Küste der Athos-Halbinsel und ist wegen ihrer preiswerten Fischtavernen und guten Strände ein beliebtes Wochenendziel der Thessaloniker. Man wohnt gut im *Hotel Sunrise* im einzigen Inseldorf *(46 Zi. | Tel. 23 77 05 11 02 | Fax 23 77 05 11 80 | www.papcorp.gr | €€€)*. Mehrmals täglich fahren Autofähren vom Festland (Tripití) auf die Insel. *139 km südöstlich*

AMPHÍPOLIS [174 A3]

Die Ausgrabungen der antiken Stadt an der Via Egnatía, die Konstantinopel mit Thessaloníki verband, liegen auf einem Hügel südwestlich des heutigen Dorfs (210 Ew.). Gut zu erkennen sind noch die Reste der Stadtmauern sowie die Fundamente von vier frühchristlichen Basiliken. Unmittelbar an der alten Hauptstraße steht ein sehr gut erhaltenes, monumentales Löwendenkmal aus dem späten 4. Jh. v. Chr. *(frei zugänglich)*. *101 km östlich*

>LOW BUDGET

> Die *Tickets für die Stadtbusse* kosten in Thessaloníki 60 Cent, wenn man sie im Bus, aber nur 50 Cent, wenn man sie vorher am Kiosk kauft. 24 Stunden lang gültige Tagestickets bekommt man im Bus für 2 Euro.

> Für den Besuch des *Archäologischen Museums* und des *Museums für byzantinische Kultur* in Thessaloníki wird ein *Kombiticket* angeboten. Gegenüber dem Kauf von zwei Einzeltickets spart man dabei 1 Euro.

ARNÉA [174 F3]

Arnéa (2250 Ew.) ist das Bilderbuchstädtchen der Chalkidikí. Hier stehen noch viele gut erhaltene Herrenhäuser aus dem 18./19. Jh., eines davon dient als *Volkskundliches Museum (meist Di–So 8–14 Uhr | Eintritt 3 Euro | nahe dem Hauptplatz an der Durchgangsstraße)*. *77 km östlich*

ATHOS ★ [174 A–B5]

Der östliche der drei Finger der Chalkidikí wird größtenteils von der Mönchsrepublik Athos eingenommen, die innerhalb Griechenlands eine autonome Region bildet. In ihr leben in 20 Klöstern und zahlreichen Einsiedeleien heute noch über 2400 Mönche. 17 der Klöster sind griechisch-, je eines russisch-, serbisch- und bulgarisch-orthodox. Sie bergen reiche Schätze an Handschriften, Fresken und byzantinischer Kleinkunst. Das erste Kloster wurde bereits im 10. Jh. gegründet.

Die Mönche dulden in ihrer Republik keinerlei weibliche Wesen, gleich, ob Mensch, Huhn oder Kuh. Ausländischen Männern über 21 Jahren wird in sehr begrenzter Zahl ein bis zu viertägiger Besuch gestattet; sie brauchen dafür jedoch eine spezielle Einreisegenehmigung. Die imposante Architektur der Klöster und ihre Lage an den bewaldeten Hängen der Halbinsel und unter dem 2033 m steil aus dem Meer aufragenden Berg Athos können Männer und Frauen aber jederzeit ohne Einschränkungen bei einer Schiffstour genießen, die in etwa 300 m Abstand an der Südküste der Halbinsel entlangführt. Solche Touren werden im Sommer täglich von Ouranópoli und von Ormós Panagías auf Sithonía aus angeboten. *140 km südöstlich*

Stavronikíta: nur eines von zwanzig Klöstern der Mönchsrepublik Athos

CHALKIDIKÍ-HALBINSEL **[173 E–F 3–5, 174 A–B 4–6]**
Chalkidikí ist der Name einer Halbinsel südöstlich von Thessaloníki, deren Form einer dreifingrigen Hand gleicht. Diese drei Finger – Kassándra, Sithonía und Athos – sind hier getrennt beschrieben. Hauptstadt des Regierungsbezirks ist Polígiros im Binnenland. Ausführlich informiert Sie der MARCO POLO Reiseführer „Chalkidikí".

DÍON **[173 D4]**
Díon (1350 Ew.) liegt in der Küstenebene zu Füßen des Olymp. Am Dorfrand graben Archäologen die ausgedehnten Reste einer ummauerten antiken Stadt aus, die im 5. und 4. Jh. v. Chr. eines der beiden großen kultischen Zentren Makedoniens war. Hier wurde vor allem Zeus verehrt, dem auch Alexander der Große vor seinem Aufbruch zur Welteroberung noch einmal Opfer darbrachte.

Vom Kassenhäuschen aus führt eine breite, antike, gepflasterte

Straße geradeaus in die Stadt. Gleich links oberhalb dieser Hauptstraße liegen etwas erhöht das römische Odeon und die römischen Thermen sowie zwischen Odeon und Straße eine gut erhaltene Gemeinschaftslatrine. Etwas weiter folgen links an der Straße Marmorreliefs von Schildern und Rüstungen, die Teil eines hellenistischen Denkmals waren. Rechts der Straße liegt hier eine Villa aus der römischen Kaiserzeit, das sogenannte Haus des Dionysos. Gegenüber vom Kassenhäuschen sind jenseits der modernen Asphaltstraße die Grundmauern eines Demeter-Heiligtums eingezäunt und etwa 150 m weiter in Richtung Meer die eines Isis-Heiligtums. Auf der Rückfahrt ins Dorf ist deutlich das große Theater aus dem späten 5. Jh. v. Chr. zu sehen. Das *Archäologische Museum* zeigt Ausgrabungsfunde, darunter schöne Mosaike und ein antikes Mobile aus Ton. Einzigartig ist die erst 1992 entdeckte älteste Orgel der Welt aus dem 2. Jh. *(April–Okt. Mo 13–19.30, Di–So 8–19.30 Uhr, Nov.–März Di–So 8–15 Uhr | Eintritt inkl. Museum 6 Euro).* Übernachten kann man in der knallblau gestrichenen Pension *Istoriés Saféti* an der Fußgängerzone schräg gegenüber vom Museum *(4 Zi. | Tel. 23 51 04 62 72 | Fax 23 51 04 62 73 | www.safetis.gr | €€) 94 km südwestlich*

Ein so großer Wasserfall wie der von Édessa ist in Griechenland ein eher seltener Anblick

ÉDESSA **[172 C2]**

Die 450 m hoch am Rand des Vérmiongebirges gelegene Stadt (18 300

Ew.) wird von Griechen wegen ihres hohen Wasserfalls viel besucht. Sehenswert sind auch die frei zugänglichen Ausgrabungen der antiken Stadt *Lóngou* in der Ebene unterhalb von Édessa. *70 km westlich*

KASSÁNDRA-HALBINSEL [173 F 4–5]

Der westliche Finger der Halbinsel Chalkidikí wird durch einen schnurgeraden, 1250 m langen und 40 m breiten Kanal vom Festland getrennt. An ihm liegt das Dorf *Néa Potídea*, das ebenso wie das weiter südlich gelegene *Síviri* für seine guten Fischtavernen bekannt ist.

Typisch für die Kassándra sind die kilometerlangen Sandstrände und die nur leicht gewellten Binnenebenen, auf denen vorwiegend Weizen angebaut wird. Hohe Berge fehlen, der vorwitzigste der kassandrischen Hügel steigt gerade einmal auf 353 m Höhe an. Wo kein Weizen wächst, gedeihen Olivenbäume und Kiefern, deren Harz im Sommer gezapft wird. Die Winzer brauchen es zur Herstellung des geharzten Retsína-Weins.

Historische Stätten fehlen bis auf einige Wehrtürme, die im Mittelalter dem Schutz der Ländereien dienten, die den Klöstern vom Berg Athos gehörten. Besonders gut erhalten sind diese Türme in *Néa Fókea* und auf dem Gelände des *Saní Beach Hotels*. Das einzige Dorf mit gut erhaltener alter Bausubstanz ist ▶▶ *Áfitos*, wo im September am Strand Tausende kleiner Strandnelken blühen. Gutes Essen gibt es hier im Feinschmeckerrestaurant *Sousouráda (tgl. ab 18 Uhr | an der Straße von der Kirche zum Strand | €€€)*. Eine Weinbar mit historischem Flair ist das *Oinochói* (Insider Tipp) an der Hauptstraße zwischen Kirche und Schule *(tgl. ab 18 Uhr | €€)*, eine stimmungsvolle Open-Air-Bar mit grandioser Aussicht das *Mageía (tgl. ab 12 Uhr)* an der Hochuferpromenade.

Die ganze Halbinsel ist touristisch stark entwickelt, es gibt zahlreiche Campingplätze und große, gute Hotels. Besonders empfehlenswert ist das *Saní Beach Hotel (489 Zi. | Tel. 23 74 03 12 31 | Fax 23 74 03 12 93 | www.saniresort.gr | €€€)* mit großem Sport- und Animationsprogramm. *Néa Potidéa liegt 74 km südöstlich von Thessaloníki | Kassándra-Rundfahrt ab dort: ca. 130 km*

KERKÍNIS-SEE [173 E1] (Insider Tipp)

Der große Stausee am Oberlauf des Strimónas ist ein Vogelparadies, in dem verschiedene Reiherarten und auch Kraußkopfpelikane vorkommen. Seerosen und seltene Wasserpflanzen wie Wassernuss und Seekanne sind hier ebenfalls zu finden. In den Dörfern *Livádia* und *Kerkíni* nisten Weißstörche. Lange Wanderungen sind auf dem Deich möglich, der den See umgibt. *120 km nördlich*

OLIMBIÁDA [174 A4]

Auf einer felsigen Halbinsel unmittelbar südlich des ruhigen Badeortes mit seinem langen Sandstrand legen Archäologen die Stadt frei, in der der Philosoph Aristoteles geboren wurde. Besonders eindrucksvoll ist die Stadtmauer aus dem 4. Jh. v. Chr. *(tgl. 8–15 Uhr | Eintritt frei)*. Man isst und wohnt gut im *Hotel Germany* (Insider Tipp) direkt am Strand *(32 Zi. | Tel./Fax 23 76 05 12 55 | www.chalkidiki.de | €)*. *85 km südöstlich*

OLYMP ★ **[173 D4]**

Das Gebirgsmassiv des Olymp besteht aus insgesamt 52 Gipfeln. Der höchste von ihnen ist der *Mýtikas* mit 2917 m. Seine Nachbargipfel sind 2912, 2911 und 2866 m hoch. Die Hänge des Olymp sind bis auf Höhen von 2000 m bewaldet; die Gipfelregionen, nur 20 km vom Meer entfernt, sind oft bis weit in den Mai hinein mit Schnee bedeckt. Den alten Griechen galt der Olymp als Wohnsitz der Götter.

Heute sind weite Teile des Gebirges *Nationalpark.* Vier Schutzhütten stehen Wanderern offen, die den Olymp besteigen wollen. Etwas Bergerfahrung ist für die Gipfelbesteigung nötig; der mindestens siebenstündige Aufstieg aus 1100 m Höhe erfordert gute Kondition, festes Schuhwerk und warme Kleidung. Die Landschaft in den unteren Regionen des Nationalparks Olymp können auch Autofahrer bei einer Tour entlang der 16 km langen Piste durch die Wälder erleben. Ausgangspunkt für den Besuch des Nationalparks und die Olymp-Besteigung ist das große Dorf *Litóchoro* (6700 Ew.) an der Ostflanke des Gebirges unweit der Küstenstraße. Mehr als nur ein erstklassiges Restaurant mit zahllosen Spezialitäten aus der Region ist das *Gastrodrómio En Olýmpo (tgl. ab 10 Uhr | Hauptplatz | €–€€).* Seine Wirte ersetzen auch gern die im Ort fehlende Touristinformation. Gute Unterkunft bietet das am Hauptplatz gelegene *Hotel Aphrodíti (24 Zi. | Tel. 23 52 08 14 15 | Fax 23 52 08 36 46 | €).*

Die Straße von Litóchoro in den Nationalpark (kein Busverkehr) passiert nach 3,8 km einen Kontrollposten und nach 10 km die bewirtschaftete *Schutzhütte Stavrós* auf 944 m Höhe. Nach 16 km endet sie an der *Jausenstation Priónia* in 1100 m Höhe. Wer den Olymp besteigen will, gelangt von hier aus in etwa 2,5 Stunden zur Schutzhütte A in 2100 m Höhe und von dort in weiteren 3 Stunden auf den Mýtikas. Wer sich mit Spaziergängen im unteren Teil des Nationalparks begnügen möchte, kann von Priónia aus in etwa 70 Minuten zum *Kloster Ágios Dionísios* laufen, das noch von einem einzelnen Mönch bewohnt wird. *95 km südwestlich*

OURANÓPOLI **[174 A5]**

Ouranópoli (950 Ew.) ist das letzte Dorf vor der Grenze der Mönchsrepublik Athos. Am Kai, von dem die Versorgungsboote zu den Klöstern an der Südküste ablegen, erhebt sich der schon 1344 erbaute *Turm von Prosphórion.* Er diente dem Schutz der umliegenden Ländereien des Athos-Klosters Vatopédi.

Ouranópoli besitzt viele kleine Strände und bietet die Möglichkeit, mit Mietmotorbooten zu sehr schönen Sandstränden auf den vorgelagerten, unbewohnten *Dreniá-Inseln* überzusetzen. Einfach, aber ruhig und direkt am Strand wohnt man im *Hotel Xenia* am Ortsrand *(42 Zi. | Tel. 23 77 07 14 12 | Fax 23 77 07 13 62 | www.papcorp.gr | €€),* komfortabel im *Eagle's Palace* 5 km außerhalb *(168 Zi. | Tel. 23 77 03 10 47 | Fax 23 77 03 13 83 | www.eaglespalace.gr | €€€).* Oktopus und Schweinefleisch in Weinsauce *(krassáto)* sind Spezialitäten in der *Taverne Kókki-*

So etwas wie das griechische Garmisch-Partenkirchen: Litóchoro am Olymp

nos (Hauptstraße | €€), einer der besten Tavernen der Region. *139 km südöstlich*

PÉLLA **[173 D2–3]**

Pélla gilt als Geburtsstadt von Alexander dem Großen. Um 410 v. Chr. löste es Vérgina als Makedoniens Hauptstadt ab. Hier verbrachte der Dichter Euripides seine letzten Jahre, hier unterrichtete Aristoteles den kleinen Alexander.

Durch die Ausgrabungen zu gehen, lohnt wenig. Einen Besuch wert ist aber das kleine *Museum*, in dem einige sehr schöne Mosaike ausgestellt sind. Sie zeigen eine Kentaurin (Pferdeleib mit weiblichem Oberkörper), Dionysos auf einem Panther reitend und eine Löwenjagd. Einzigartig ist eine Modellierform für Schüsseln aus dem 1. Jh. v. Chr., die die Gefäße mit Reliefs schmückte, die ein Liebespaar in sieben verschiedenen Stellungen zeigen *(Ausgrabungen und Museum Mai–Sept. tgl. 8–19 Uhr, Okt.–April Di–So 8–15 Uhr | Eintritt für Museum und Ausgrabungen 6 Euro)*. Übernachtung im modernen *Hotel Ístron (43 Zi. | an der Straße nach Giannitsá | Tel. 23 82 03 30 70 | Fax 23 82 03 30 72 | www.istron-hotel.gr | €)*. *39 km nordwestlich*

PLATAMÓNAS **[173 D5]**

Eine der am schönsten gelegenen mittelalterlichen Burgen erhebt sich auf einem Hügel zwischen dem Thermäischen Golf und dem Olymp. Fränkische Kreuzritter ließen sie kurz nach 1204 erbauen, um von hier aus den Verkehr zwischen Nord- und Südgriechenland zu kontrollieren *(tgl. 8.30–15 Uhr | Eintritt frei)*. *108 km südwestlich*

SÉRRES **[173 F2]**

Sérres (54300 Ew.) ist zwar keine aufregende, aber eine angenehme Stadt. An der Papapávlou-Straße, die vom *Hotel Park (33 Zi. | Tel. 23 21 02 21 33 | Fax 23 21 02 35 33 | €€)* an der großen Platía Eleftherías zu den Ruinen der mittelalterlichen Burg (mit Café) führt, steht die 1984 erbaute und vollständig im traditionellen Stil ausgemalte *Mitrópolis-Kirche.* Gutes Essen gibt es in der *Taverne Petrino (€€)* im Vorort Ágios Ioánnis mit alten Platanen und kleinen Wasserfällen.

Eins der schönsten Klöster Griechenlands liegt nur 9 km von Sérres entfernt. Das um 1270 in einem weltabgeschiedenen Hochtal gegründete Insider Tipp *Nonnenkloster Tímiou Prodrómou (tgl. 8–14 u. 16.30–19.30 Uhr)* wirkt mit seinen sich eng um die Kirche drängenden, altertümlichen Zellentrakten und seinem holprigen Pflaster inmitten üppigen Grüns wie ein kleines Dorf aus vergangenen Zeiten. Die Zufahrt ist am Ortsanfang aus Richtung Dráma beschildert. *84 km nordöstlich*

SITHONÍA-HALBINSEL ★ [174 A5–6]

Der Mittelfinger der Chalkidikí ist bergiger, grüner und landschaftlich noch schöner als die Kassándra-Halbinsel. An der Nord- und Ostküste der Halbinsel zwischen *Ormós Panagías* und *Kalamítsi* gibt es viele lange Sandstrände, aber kaum Ortschaften, während die Westküste mit dem umweltverschandelnden *Pórto Cárras* und dem sehr viel angenehmeren *Néos Marmarás* teilweise für den Massentourismus erschlossen ist. Besonders schön ist *Pórto Koufó*, eine kleine Siedlung an einer fast völlig vom Meer abgeschirmten Bucht. Seine Fischtavernen sind exzellent, besonders *O Psarás* unmittelbar an der Uferstraße *(€€). Néos Marmarás liegt 124 km südöstlich von Thessaloníki | Sithonía-Rundfahrt ab dort: ca. 115 km*

VÉRGINA ★ [173 D3]

Das Dorf (1250 Ew.) am Rand der Ebene des Flusses Aliákmonas erlangte 1978 Weltruhm, als der griechische Archäologe Manólis Andrónikos das Grab des makedonischen Königs Philipp II., des Vaters von Alexander dem Großen, entdeckte.

Die Strände der Sithonía-Halbinsel sind bisher nur zum Teil für den Tourismus erschlossen

Es war unversehrt und barg kunstvolle Schätze, darunter zwei goldene, kistenförmige Urnen, einen goldenen Eichenlaubkranz und die Rüstung des Königs. Vérgina war bis etwa 410 v. Chr. die Hauptstadt Makedoniens, die dann jedoch nach Pélla verlegt wurde. Vérgina blieb aber neben Díon eins der beiden großen kultischen Zentren des Landes mit bedeutenden Tempeln und den Grabstätten vieler adliger Familien.

1977/78 legte Andrónikos unter einem 13 m hohem Grabhügel von 110 m Durchmesser drei Gräber frei. Das wichtigste war das Philipps II. Das zweite wird Grab des Fürsten genannt und barg vielleicht den Leichnam von Alexander IV., einem Sohn Alexanders des Großen. Das dritte Grab gilt als das Kleopatras, der Gattin Philipps II. (nicht der ägyptischen Pharaonin!). Eine Betonkonstruktion schützt heute die gesamte Anlage, die wie ein Museum zu begehen ist.

Außerdem kann man in Vérgina die Überreste eines etwa 9000 m² großen Palasts besichtigen. Er gilt als größtes antikes Gebäude Makedoniens und wurde erst um 310 v. Chr. erbaut. Unmittelbar unterhalb des Palasts sind die Konturen des erst 1981 entdeckten Theaters freigelegt, in dem König Philipp II. 336 v. Chr. von einem einheimischen Adligen ermordet wurde. Links der Straße vom Dorf zum Palast ist außerdem ein teilweise restauriertes makedonisches Grab aus dem 3. Jh. v. Chr. zu besichtigen. *(Ausgrabungen Mai–Okt. Mo 12.30–19 Uhr, Di–Sa 8.30–19 Uhr, So 8.30–15 Uhr, Nov.–April Di–Sa 8.30–17 Uhr, So 8.30–15 Uhr | Eintritt 8 Euro).* Unterkunft in Vérgina finden Sie in der modernen *Pension Vérgina (8 Zi. | Odós Aristotélous 55 | Tel. 23 31 09 25 10 | Fax 23 31 09 25 11 | €)* und im komfortableren *Hotel Evrídiki (8 Zi. | Odós Anáktorion 3 | Tel. 23 31 09 25 02 | Fax 22 31 09 23 77 | www.evridiki.com.gr | €). 69 km westlich*

Insider Tipp

VÉRIA **[172 C3]**

Die Stadt (42 800 Ew.) hoch über dem fruchtbaren Tal des Flusses Aliákmonas lohnt den Besuch vor allem für Liebhaber byzantinischer Kirchen. Das Ortsbild selbst ist überwiegend modern, die meisten alten Häuser verfallen. Von den 51 mittelalterlichen Kirchen der Stadt sind nur zwei zugänglich. Man besichtigt sie in etwa 15 Minuten zusammen mit dem Wärter der *Kirche Tou Christoú (Di–So 8.30–15 Uhr | Trinkgeld üblich),* die am unteren Ende der Haupteinkaufsstraße Mitropóleos steht. Die Kirche mit ihren gut erhaltenen Wandmalereien stammt aus dem Jahr 1315. Übernachten können Sie im *Hotel Makedonía (37 Zi. | Odós Kontogeorgáki 50 | Tel. 23 31 06 69 02 | Fax 23 31 02 79 00 | €€). 76 km westlich*

XÁNTHI

[174 C2] In Xánthi (45 100 Ew.) kommt sich der Griechenlandurlauber plötzlich wie in eine andere Welt versetzt vor – und das ganz besonders am Markttag, dem Samstag. In der Stadt und in vielen umliegenden Dörfern leben türkischstämmige Moslems und die ebenfalls islamischen bulgarischstämmigen Pomaken. Die Frauen beider Volksgruppen tragen auch im Alltag ihre

Tracht und sorgen in Xánthi für eine leicht orientalisch anmutende Atmosphäre. Sie ist auch an vielen traditionellen Häusern in der Altstadt und in den Basargassen spürbar, in denen es eine ganze Reihe türkischer Geschäfte gibt. Das Stadtzentrum wird von mehreren ineinander übergehenden Plätzen mit der an den Basar angrenzenden Markthalle und dem Busbahnhof gebildet, von dem es nur wenige Schritte zur Altstadt sind.

SEHENSWERTES

ALTSTADT

Um die Jahrhundertwende war Xánthi eine bedeutende Tabakhandelsstadt. Die meisten großen Altstadthäuser wie das in der Odós Antíka, in dem heute das *Folkloremuseum (zurzeit geschl.)* untergebracht ist, gehörten reichen Tabakhändlern. Außer den noch heute vorhandenen Volksgruppen lebten in Xánthi Armenier und Juden, deren *Synagoge* in der Odós Chatzistávrou steht. Hauptgasse in der Altstadt ist die Odós Antíka, die zur schön restaurierten *Platía Mitropóleos* führt.

BASARVIERTEL

Insider Tipp

Das orientalisch anmutende Viertel liegt zwischen der Markthalle und der großen *Platía to Basári,* auf der an jedem Samstagmorgen ein großer Wochenmarkt stattfindet, wie man ihn außerhalb Thrakiens in ganz Griechenland nicht erleben kann.

ESSEN & TRINKEN

Mehrere stimmungsvolle Tavernen und Ouzerien finden Sie am unteren Rand der Altstadt, wenn Sie vom Uhrturm auf der zentralen Platía der Beschilderung „Palia Xánthi" 200 m weit folgen. Samstags kann man auf dem Markt essen.

ÜBERNACHTEN

DIMÓKRITOS

Das Hotel liegt zentral zwischen der Markthalle und dem markanten Uhr-

Die Salzwiesen des Évros-Deltas sind ein idealer „Nährboden" für bestes Schaffleisch

turm. Zum Haus gehört auch ein Nachtclub. *40 Zi. | Odós 28 Oktovríou 41 | Tel. 25 41 02 51 11 | Fax 25 41 02 55 37 | €€*

NATÁSSA
Motel am Ortsrand an der E 90 aus Richtung Kaválla. *151 Zi. | Tel. 25 41 02 15 21 | Fax 25 41 02 15 25 | www.hotelnatassa.gr | €€€*

ZIELE IN DER UMGEBUNG

ALEXANDROÚPOLI **[175 E3]**
Die Hafenstadt (49 000 Ew.) entstand erst nach 1871 und besitzt außer der kürzlich im traditionellen Stil ausgemalten *Kathedrale Ágios Nikólaos* nichts Sehenswertes. Sie ist aber ein guter Standort für die Erkundung Thrakiens und Fährhafen für die Insel Samothráki. Man wohnt sehr gut im *Hotel Okeánis (24 Zi. | Odós Paleológou 20 | Tel. 25 51 02 88 30 | Fax 25 51 03 41 18 | €€). 122 km östlich*

Insider Tipp **ÁVDIRA** **[174 C3]**
Die Ruinen der antiken Stadt Abdera liegen beidseits der Straße am Meer südlich des Dorfs Ávdira (1200 Ew.). Zu sehen sind die antike Stadtmauer und die Grundmauern von Wohnhäusern, römischen Thermen und eines Tempels. Im Ort selbst steht ein kleines *Archäologisches Museum. Ausgrabungen tgl. 8–14.30 Uhr | Museum tgl. 11–14 Uhr | Eintritt frei. 20 km südlich*

DADIÁ **[175 F2]**
In den ausgedehnten Wäldern von Dadiá leben außer Schakalen, Wildkatzen, Braunbären und Wölfen auch 36 der 38 europäischen Greifvogelarten. Über diese Vögel und Wandermöglichkeiten gibt es Auskunft im *Greifvogel-Informationszentrum* am Rand des Dorfs Dadiá, in dem man auch übernachten kann *(Tel. 25 54 03 22 09 | ecodadia@otenet.gr | €). 188 km östlich* Insider Tipp

DIDIMÓTICHO **[175 F2]**
In der Stadt am Rand des Évros-Tals (8800 Ew.) stehen ein stilvolles *Museum* moderner griechischer Malerei, die Ruine einer türkischen *Festung* und eine große *Moschee* aus dem Jahr 1420, die allerdings nicht besichtigt werden kann. *220 km östlich*

ÉVROS-DELTA **[175 E–F3]**
Der Fluss Évros bildet auf viele Kilometer die Grenze zur Türkei. Er und sein Delta sind ein Naturparadies. Vor der Fahrt dorthin sollten Sie unbedingt das *Évros Delta Information Centre* in *Traianoúpoli (Tel. 25 51 06 10 00 | www.evros-delta.gr)* aufsuchen, das auch geführte Bootsfahrten auf dem Fluss anbietet. *135 km südöstlich*

FÉRES **[175 F3]**
Die *Kirche Panagía Kosmosótira* auf dem höchsten Punkt des Städtchens (5200 Ew.) stammt aus dem 12. Jh. Sie beeindruckt durch ihre Fresken, eine mächtige Kuppel und das schöne Ziegelmauerwerk. *152 km östlich* Insider Tipp

KOMOTINÍ **[175 D2]** Insider Tipp
In der Stadt (43 300 Ew.) zu Füßen der Rhodopen leben zahlreiche türkischstämmige Moslems. Moscheen wie Kirchen gehören zum Stadtbild, das im alten *Basarviertel* nordwest-

lich der großen Platía Irínis besonders schön ist. Historischer Kern ist das nur bruchstückhaft erhaltene byzantinische *Kastro* mit der Panagía-Kirche aus dem Jahr 1800, das man durch die Fußgängerstraße Odós Venizélou erreicht.

Das *Archäologische Museum (Mai–Okt. tgl. 9–18 Uhr, Nov.–April Di–So 8.30–15 Uhr | Odós Aléxandros Simionídou| Eintritt frei)* ist das sehenswerteste Thrakiens. Allein die Büste des römischen Kaisers Marc Aurel aus 950 g purem Gold ist den Besuch wert. Zentral liegt das *Hotel Ólimbos (30 Zi. | Odós Orféos 37 | Tel. 25 31 03 76 90 | Fax 25 31 03 76 93 | €). 56 km östlich*

NÉSTOS-SCHLUCHT [174 C2–3]
Ein Naturerlebnis ist die tunnelreiche Bahnfahrt durch die wilde, straßenlose Néstos-Schlucht von Xanthí nach *Stavroúpoli.* Das Bergdorf liegt inmitten von Laubwäldern, die für Spaziergänger durch Waldwege, Picknickplätze und Schutzhütten erschlossen sind. Die Rückfahrt kann per Zug oder auf ebenfalls schöner Strecke per Bus durchs Gebirge erfolgen. Fahrtdauer des Zugs ca. 40 Minuten. Kanutouren durch die Schlucht bietet das Reisebüro *Forestland (Odós Karaóli 16 | Xanthí | Tel./ Fax 25 41 06 24 88 | www.forestland.gr). Stavroúpoli liegt 27 km westlich von Xánthi*

> BÜCHER & FILME

Politik und Geschichte prägen die meisten Werke

- Einen Überblick über die gesamte neugriechische Literatur in deutschen Übersetzungen gibt die Website der griechischen Botschaft: *www.griechische-botschaft.gr/kultur/gr_literatur/prosa*
- Klassiker der neugriechischen Literatur sind der Nobelpreisträger Odysséas Elítis, der Aléxis-Sorbas-Autor Níkos Kazantzákis und Ilías Venésis mit seinem Roman *Äolische Erde* (1943) über den griechisch-türkischen Konflikt.
- **Der Großaktionär** – Der neueste Fall (2007) für Kommissar Kóstas Charítos von Griechenlands bekanntestem Autor der Gegenwart, dem Athener Pétros Markáris.
- **Trilogie des Schweigens** – In Kooperation mit dem ZDF entstanden 1984–88 drei Filme von Griechenlands renommiertestem Filmregisseur, Theo Angelopoulos. Poetische Filme über das Schweigen der Geschichte, über Liebe und Gott, auch durch die Musik von Eléni Karaíndrou beeindruckend.
- **Die Ewigkeit und ein Tag** – Im 1998 mit der Goldenen Palme von Cannes ausgezeichneten Werk von Theo Angelopoulos spielt Bruno Ganz einen todkranken Dichter auf seiner letzten Reise.
- **Zimt und Koriander** – Die griechisch-türkische Gemeinschaftsproduktion des Regisseurs Tássos Boulmétis, eine poetisch-humorvolle Darstellung des Lebens der Griechen in Istanbul in der Mitte des 20. Jhs., wurde bei den Hofer Filmtagen 2004 als einer der zehn besten europäischen Filme ausgezeichnet.

PÓRTO LÁGOS **[175 D3]**
Das Dorf (400 Ew.) liegt auf einem schmalen Isthmos, der den lagunenartigen Vistónis-See vom Meer trennt. Auf einer Halbinsel nisten in einem Naturschutzgebiet Seidenund Graureiher, deren Flug man vom Hafen aus beobachten kann. Etwas außerhalb des Dorfs passiert die Straße nach Komotiní das kleine *Kloster Ágios Nikólaos* auf einem Inselchen, das durch einen Holzsteg mit dem Festland verbunden ist. Es gehört zum Kloster Vatopédi auf dem Berg Athos. Vom Steg aus kann man im Winter Pelikane, Flamingos und zahlreiche Watvogelarten beobachten. Schöne Strände gibt es beim nahen *Fanári (Hotel Fanári | Tel. 25 35 03 13 00 | Fax 25 35 03 13 88 | www.fanari-hotel.gr | €€). 24 km südöstlich*

SOÚFLI **[175 F2]**
Die Stadt (4300 Ew.) im Évros-Tal gilt als Griechenlands Seidenstadt. Ihre goldene Zeit erlebte sie im 19. Jh., als 160 km² Land in der Umgebung mit Maulbeerbäumen bepflanzt waren und jährlich etwa 40 t Seidenfäden gewonnen wurden. Heute sind nur noch etwa 50 Stadtbewohner mit der Seidenproduktion befasst. Ein exzellentes *Museum (Mi–Mo 10–17 Uhr | Odós E. Venizélou 73 | www.piop.gr | Eintritt 1,20 Euro)* informiert über die Technik der Seidengewinnung. An der Platía bieten mehrere Geschäfte allerlei Produkte aus Naturseide an. *189 km östlich*

Insider Tipp

Alles über Seide, von der Raupe bis zum fertigen Stoff: Seidenmuseum in Soúfli

> WILDE SCHLUCHTEN, UNVERFÄLSCHTE DÖRFER

Im Nationalpark können Sie noch wilden Braunbären begegnen

> Der Epirus (neugriechisch: Ipiros) ist eine Gebirgslandschaft im Nordwesten Griechenlands voller Naturschönheiten und ursprünglich gebliebener Dörfer. Nur an den Küsten des Ionischen Meeres und des flachen Ambrakischen Golfs durchbrechen die breiten Schwemmlandschaften von Flüssen, die ganzjährig Wasser führen, die schier unendlich scheinenden Reihen von Bergketten, die die Region prägen. Viele Gipfel sind bis weit im Frühjahr schneebedeckt.

Bild: Bergdorf im Epirus

Im Landesinneren gibt es nur eine größere Ebene. An deren Rand liegt die epirotische Hauptstadt Ioánnina mit ihrer schönen, ein wenig orientalisch anmutenden Altstadt. In deren Gassen arbeiten noch Silberschmiede, stattliche Wohnhäuser zeugen vom einstigen Wohlstand der Kaufleute. Christliche und islamische Elemente verschmelzen miteinander.

Am allerschönsten ist der Epirus in der Zagóri, einer Landschaft zwi-

EPIRUS

schen Ioánnina und den Hauptstraßen nach Kónitsa und Métsovo. Hier kreisen noch Adler am Himmel, streifen Braunbären durch die Wälder. Abends schwirren Hunderte von Glühwürmchen durch die Luft; Autofahrer müssen bremsen, weil große Landschildkröten auf die andere Straßenseite wechseln. Wilde Schluchten, allen voran die Víkos-Schlucht, können durchwandert werden, Trekkingrouten führen durch den Víkos-Aoós-Nationalpark und in die höchsten Regionen des Píndos-Gebirges.

Die 45 Dörfer der Zagóri, 650 bis 1350 m hoch gelegen, haben ihr historisches Aussehen reiner bewahrt als die meisten anderen Orte Griechenlands. Ihre unverputzten Häuser und Kirchen aus Naturstein künden von vergangenem Wohlstand. Esel ziehen über das jahrhundertealte Pflaster autofreier Gassen, eine Vielzahl kunstvoller Brücken aus türkischer Zeit überspannt Bäche und Flüsse. Zwar stehen heute in den meisten Dörfern viele Häuser den größten Teil des Jahres über leer, aber dennoch verfallen nur wenige,

Da wurde der Brückenschlag zum Wellenschlag: Flussquerung in der Zagóri

weil die Zagorianer in den Ferien in ihre Heimat zurückkehren. In nahezu allen Dörfern sind außerdem in einigen dieser Häuser Pensionen eingerichtet worden. Da ist dann oft auch die Möblierung noch traditionell, das Wohnen besonders stimmungsvoll.

Viel daheim waren die Männer der Zagóri auch früher nicht. Wegen der schwierigen Bodenverhältnisse suchten sie schon seit dem 12. Jh. ihr Glück im Ausland. Sie emigrierten nach Mitteleuropa, Ägypten und Konstantinopel, Kleinasien und Moldawien, wurden Gelehrte, Ärzte, Politiker und Kaufleute. Kehrten sie zu ihren Familien zurück, errichteten sie Kirchen und vergrößerten ihre Häuser oder bauten neue. Ihr Einfluss in den Großstädten und die Weltabgeschiedenheit ihrer Dörfer sicherten den Zagorianern auch während der langen Türkenherrschaft Privilegien, die den Wohlstand bewahrten.

Nicht nur in der Zagóri, sondern auch in vielen anderen Gebirgsregionen des Epirus lag viel Weideland brach. Das lockte nomadisierende Stämme an. Da waren zum einen die von den Griechen Vlachen genannten Aramáni, die eine romanische Sprache sprachen. Einige von ihnen besaßen im Píndos Sommerdörfer, andere lebten in Zelten und pachteten Weideland. Viele ließen sich bereits im 18. Jh. als Weber und Silberschmiede in der Gegend von Ioánnina nieder, andere wurden erst in den letzten Jahren sesshaft. Im Sommer ziehen aber noch immer vlachische Hirten mit ihren Herden ins Gebirge.

Eine zweite Volksgruppe, die noch bis zum Zweiten Weltkrieg nomadisierend unterwegs war, waren die Griechisch sprechenden Sarakatsáni. Beide Volksgruppen sind heute für Fremde nicht mehr von den übrigen Griechen zu unterscheiden, doch leben ihre Folklore und ihr Kunsthandwerk in den volkskundlichen Museen fort.

Zwei Blütezeiten erlebte der Epirus in den kurzen Perioden seiner Unabhängigkeit. Zwischen 1204 und 1337 regierten byzantinische Fürsten die Region von Árta aus. In dieser Zeit entstanden zahlreiche Kirchen und Klöster. 1788 schwang sich dann der albanische Abenteurer Ali Pascha zum weitgehend vom Sultan unabhängigen Herrn über Epirus auf und erweiterte bis 1822 seinen Machtbereich bis auf den Peloponnes. Er hinterließ vor allem blutrünstige Legenden.

Wilde Schluchten, grandiose Berge, ursprüngliche Dörfer und Relikte aus der Geschichte sind aber nicht alles, was Urlauber im Epirus finden. Zwischen Párga und Préveza erstrecken sich auch lange Sand- und Kiesstrände.

ÁRTA

[176 B4] **Die Kleinstadt (19 500 Ew.) an der viel befahrenen Hauptstraße von Ioánnina nach Athen wird auf drei Seiten vom ganzjährig Wasser führenden Fluss Árachthos umflossen.** Sie wurde an niedrigen Hügeln inmitten einer großen, fruchtbaren Ebene erbaut, die von Olivenhainen, Apfelsinen- und Zitronenplantagen bedeckt ist. Zwischen den Häusern der modernen

Frisch vom Baum: saftige Orangen

Stadt mit ihren auffällig vielen kleinen und großen Plätzen voller Kaffeehausstühle sind antike Ruinen, eine mittelalterliche Burg und äu-

MARCO POLO HIGHLIGHTS

★ **Víkos-Schlucht**
Einmaliges Natur- und Wandererlebnis im Nationalpark (Seite 83)

★ **Türme von Pápingo**
Schönes Dorf vor Hochgebirgskulisse (Seite 82)

★ **Váltos-Strand**
Kilometerlanger Sandstrand vor Olivenwäldern und einer Burg (Seite 85)

★ **Altstadt**
Moscheen und alte Gassen in Ioánnina (Seite 78)

★ **Theater**
Eines der besterhaltenen antiken Theater steht bei Dodóna (Seite 80)

★ **Nekromanteíon**
Hier sprachen die Menschen der Antike mit ihren Toten (Seite 86)

★ **Nikópolis**
Byzantinische Stadtmauern ohne Touristentrubel (Seite 87)

★ **Insel**
Idyllisches Dorf und sehenswerte Klöster im See von Ioánnina (Seite 78)

ßerst sehenswerte *byzantinische Kirchen* zu finden.

In der Antike hieß die Stadt Ambrákia. Nach ihr wurde der südlich gelegene Ambrakische Golf benannt. Mit der Gründung von Nikópolis durch Octavian und der Zwangsumsiedlung vieler Bürger dorthin sank ihre Bedeutung; mit dem Untergang von Nikópolis durch die Versandung seines Hafens im 11. Jh. erlangte der Ort als Árta neue Bedeutung. Nach der Eroberung Konstantinopels durch die Kreuzritter 1204 und dem vorübergehenden Zerfall des Byzantinischen Reichs wurde Árta zur Hauptstadt eines kleinen christlichen Reichs, des sogenannten Despotats von Epirus. Bis 1318 entstanden die meisten seiner schönen Kirchen. Später kamen Serben, Albaner, Türken, Venezianer, Franzosen und wieder Türken, bis Árta 1912 dem neugriechischen Staat angeschlossen werden konnte.

SEHENSWERTES

Bester Ausgangspunkt für einen Stadtrundgang ist die Burg, die unmittelbar an der Nationalstraße Ioánnina–Athen liegt. Nach der Besichtigung der Burg folgt man der Nationalstraße 200 m weit in Richtung Athen, dann nach rechts dem Wegweiser „Centre“ und gelangt durch die Odós Skoufá zur Odós B. Pýrrou. Folgt man ihr nach links, kommt man zum Historischen Museum und zur Kirche Panagía Parigorítissa, folgt man ihr nach rechts, gelangt man an den übrigen byzantinischen Kirchen und antiken Ruinen vorbei zurück zur Burg.

AGÍA THEODÓRA

In der Kirche aus dem 13. Jh. ist die hl. Theodora in einem schönen Sarkophag beigesetzt. Sie wirkte im 13. Jh. in dem Kloster, das damals zur Kirche gehörte. Ihre als wundertätig angesehene, mit Silber beschla-

Nur eine von vielen sehenswerten byzantinischen Kirchen in und um Árta

gene Ikone wird alljährlich am 11. März in feierlicher Prozession durch die Stadt getragen. Besonders bemerkenswert sind in der Kirche die antiken Kapitelle der Säulen, die von Bauten des 6. Jhs. aus Nikópolis stammen. *Unregelmäßig geöffnet | Odós Agías Theódoras (von der Odós B. Pýrrou Richtung Burg die zweite Gasse links hinter den Ruinen des Apollo-Tempels)*

ÁGIOS VASÍLIOS

Die Kirche aus dem 13. Jh. weist ein besonders schönes Mauerwerk auf. Farbig glasierte Kacheln und unterschiedlich gestaltete Bänder aus Ziegelsteinen gliedern die Fassade. In die Ostwand sind zwei Reliefs eingelassen. Eines stellt die Kreuzigung Christi, das andere drei Kirchenväter dar. *Nur von außen zu besichtigen | am Ende der Odós B. Pýrrou an der offenen Markthalle in die Gasse 20 m links hinein*

ALTE BRÜCKE

„Artas Old Bridge" (so die Wegweiser) gilt als eine der schönsten Brücken und als eines der schönsten osmanischen Bauwerke in Griechenland. Vier unterschiedlich hohe Bögen überspannen seit 1612 den Fluss; in einen der beiden Pfeiler des höchsten Bogens musste der Baumeister einer örtlichen Legende nach seine Frau einmauern, weil die während der Bauarbeiten immer wieder eingestürzte Brücke einer Weissagung gemäß anders keine Stabilität gewinnen konnte. Die Brücke steht unmittelbar neben der modernen Straßenbrücke. *1 km nördlich der Stadt an der Straße nach Ioánnina*

APOLLO-TEMPEL

Geringfügige Reste eines Tempels vom Ende des 6. Jhs. v. Chr. liegen eingezäunt und als „Ancient Temple" gekennzeichnet *links der Odós B. Pýrrou.*

BURG

Die Festung von Árta nimmt eine kleine Bodenerhebung am Ufer des Árachthos ein. Im Innern der Burg grünen zahlreiche Orangenbäume. Errichtet wurde die Burg im 13. und 14. Jh., umfangreiche Veränderungen nahm Ali Pascha im 18. Jh. vor. Dass beim Bau der Burgmauern die antike Stadtmauer mit ihren großen, regelmäßig behauenen Steinblöcken mitverwendet wurde, ist besonders gut von der Nationalstraße aus an der Ostecke der Burg zu erkennen. *Frei zugänglich*

HISTORISCHES MUSEUM

Das kleine, liebevoll gestaltete Museum gibt u.a. durch Fotografien, Schautafeln, Puppen und Modelle sowie mithilfe englischer Erklärungen einen Einblick in die Geschichte Ártas. *Tgl. 9–13 Uhr | Platía Nik. Skoufá | Eintritt 2 Euro*

KÁTO PANAGÍAS

Am Stadtrand von Árta liegt nahe dem Flussufer das Maria geweihte Nonnenkloster aus dem 13. Jh. Die meisten Bauten sind neu, nur die Apsis der Klosterkirche stammt noch aus der Gründungszeit. Hier sind einige Freskenreste aus dem 13. Jh. erhalten. Weitaus eindrucksvoller ist aber die 1715 mit Heiligen und biblischen Szenen bemalte Westwand. *Mai–15. Sept. tgl. 7–13 und 16.30–*

19.30 Uhr, sonst tgl. 8–13 und 15–18 Uhr | vom Ortszentrum aus auf der dem linken Flussufer nächstgelegenen Straße am modernen Stadion vorbei 2 km

PANAGÍA PARIGORÍTISSA

Die größte byzantinische Kirche Ártas ist ein architektonisches Meisterwerk von hohem Rang. Sie entstand 1285–89 als zentrales Gotteshaus eines Klosters, von dem am Rande des Kirchhofs noch der Zellentrakt mit 16 Räumen und das Refektorium erhalten sind. Das Refektorium dient heute als *Ausstellungsraum,* in dem einige Kleinfunde aus dem antiken Ambrákia gezeigt werden.

Dem dreischiffigen, kubischen Bau mit mehreren Fensterreihen sind fünf Kuppeln aufgesetzt. In der Zentralkuppel ist ein schönes Mosaik aus dem 13. Jh. zu sehen, das Christus als Pantokrátoras, also als Weltenherrscher zeigt. Einige der zum Teil gut erhaltenen Fresken aus dem 16. bis 18 Jh. verraten römisch-katholischen Einfluss. Besonders deutlich wird das in der Apsis, wo nicht, wie in Byzanz üblich, die im Westen unbekannte himmlische Apostelkommunion, sondern das heilige Abendmahl dargestellt ist.

Besonders faszinierend ist die Architektur des Innenraums mit einem einzigartigen System von Gewölbezwickeln und Säulen, die das Gewicht der Kuppel tragen und das dem Innenraum zusammen mit dem weitgehend freiliegenden Mauerwerk aus Ziegelsteinen einen archaischen Ausdruck verleiht. Westlichen Einfluss verraten hier wiederum die in der Fachsprache Grotesken genannten Tierdarstellungen unter den höchsten Säulchen und die Skulpturenreihe im obersten Bogen der Nordwand mit der Darstellung von Jesu Geburt im Zentrum. Im Innern der Kirche ist das Fotografieren streng verboten. *Di–So 8.30–15 Uhr | Platía Nik. Skoufá | Eintritt 2 Euro*

ESSEN & TRINKEN

PROTOMÁSTORAS

Taverne an der Alten Brücke unter einer alten Platane, an der Ali Pascha ihm unliebsame Griechen hängen ließ. Schöne Lage, das Essen ist aber nur durchschnittlich. *Plátanos tis Ártas | €*

ÜBERNACHTEN

CRONOS

Einfaches Hotel in der Nähe der Ruinen des Apollo-Tempels. *55 Zi. | Platía Kílkis | Tel. 26 81 02 22 11 | Fax 26 81 07 37 95 | €*

VIZANTINÓ

Das einzige moderne Hotel in und um Árta, 5 km außerhalb im Vorort Filothéi in einem großen Garten mit Pool. *53 Zi. | Tel. 26 81 05 22 05 | Fax 26 81 05 21 16 | www.byzadino.gr | €€*

ZIELE IN DER UMGEBUNG

In der Umgebung der Stadt Árta gibt es zahlreiche byzantinische Kirchen und Klöster. Sie können allerdings nur von außen betrachtet werden. Ihr Besuch lohnt daher nur für besonders Interessierte.

KIRKIZÁTES **[176 B4]**

Die *Kirche Ágios Nikólaos tis Rodías* vom Ende des 13. Jhs. steht gleich am Ortseingang. Im Nachbardorf *Plísii* stammt die *Kirche des Ágios Dimítrios tou Katsoúri* bereits aus dem 10. Jh., wurde aber im 13. Jh. verändert. Zufahrt über die an der Alten Brücke bei Árta beginnende Straße nach Kostákii. *3 km südlich*

VLACHÉRNA [176 B4]
Die auf dem Friedhof des gleichnamigen Dorfs stehende, Maria ge-

Altstadt von Ioánnina: feucht-fröhlich feiern zu Füßen und im Schutz der alten Stadtmauer

weihte Kirche stammt in ihrer heutigen Gestalt aus dem 13. Jh. und gehörte ursprünglich zu einem Kloster. In ihre Außenwände sind einige schöne Reliefs eingearbeitet. Der marmorne Türrahmen wurde aus Teilen der Inneneinrichtung des Klosters gefertigt. Die mit „Gramenítsa“ beschilderte Zufahrtsstraße zweigt hinter der Alten Brücke von der Straße Árta–Ioánnina ab. *6 km nördlich*

IOÁNNINA

[176 B2] **Die Hauptstadt (62000 Ew.) von Epirus liegt schön am Ufer eines großen Sees am Rand einer 500 m hoch gelegenen, von Bergen eingerahmten Ebene.** Auf einer Halbinsel im See steht die romantische, ganz von hohen Mauern umgebene Altstadt mit weithin sichtbaren Moscheen. Von der Uferpromenade vor den Mauern legen bis spätabends Boote ab, um Insulaner und Gäste in das Dorf auf der kleinen Insel im See zu bringen. Fast orientalisch geht es in den belebten Basargassen zu, die sich von der Altstadt zum modernen Hauptplatz der Stadt hinaufziehen.

Ioánnina ist eine aufstrebende Universitäts- und Handelsstadt mit fast 17000 Studenten und viel Flair. Noch immer sind hier Gold- und Silberschmiede zu Hause, die ihre überwiegend traditionellen Erzeugnisse in zahlreichen Werkstätten herstellen. Die Bauwerke der Stadt zeugen von ihrer wechselvollen Geschichte. Gegründet wurde Ioánnina 527 vom byzantinischen Kaiser Justinian. Seine Glanzzeit erlebte es 1788–1822 während der Herrschaft Ali Paschas.

SEHENSWERTES

ALTSTADT ★

Vom Hauptplatz der Neustadt aus führt die Haupteinkaufsstraße *Leofóros Avérof* auf die Altstadt zu, die noch vollständig von 1800 m langen Mauern aus der Türkenzeit umgeben ist. Durch ein mächtiges Stadttor gelangt man in die fast autofreien Gassen, in denen noch immer viele Menschen leben. Das Schild „Municipal Museum“ weist den Weg zum Stadtmuseum. Es nimmt die Räume der *Aslan-Pascha-Moschee* aus dem Jahr 1618 ein. Von hier aus kann man weiter gehen zur Zitadelle in der Nordostecke der Altstadt mit der 1430 errichteten *Fetije-Moschee* und dem Grab Ali Paschas.

Wandgemälde: Das Museum im Panteleimon-Kloster widmet sich Ali Pascha

ARCHÄOLOGISCHES MUSEUM

Ausgestellt sind vor allem Funde aus dem Totenorakel Nekromanteíon und schöne Bronzestatuetten aus dem Zeus-Orakel von Dodóna. *Di–So 8.30–15 Uhr | Kentrikí Platía | Eintritt 3 Euro*

INSEL ★

Der See von Ioánnina ist 23 km² groß und bis zu 13 m tief. In ihm liegt vor Ioánnina eine 35 ha große Insel mit einem schönen, autofreien Dorf (800 Ew.). Flüchtlinge aus der Máni gründeten es im 17. Jh.

Die Insel ist von dichtem Schilf umgeben. Viele Insulaner fangen im See Aale, Karpfen und Frösche. Sie werden unter skandalösen Umständen von mehreren Tavernen auf der Insel zum Konsum angeboten – wer gesehen hat, wie die Tiere ihre letzten Stunden in viel zu kleinen Aquarien in qualvoller Enge verbringen müssen, dürfte den Appetit endgültig verloren haben. Dennoch sollte man einen Besuch der Insel nicht versäumen. Im idyllischen ehemaligen *Panteleimon-Kloster* sind die Zellen, in denen Ali Pascha schwer verletzt seine letzten Tage verbrachte und starb, als *Ali-Pascha-Museum* hergerichtet. In der *Klosterkirche* sind einige Fresken aus dem Jahre 1530 zu sehen.

Auf der Insel stehen noch vier weitere byzantinische Klöster, deren Kirchen allesamt mit Fresken geschmückt sind. Besonders bemerkenswert ist das *Nikólaos-Kloster* von 1292. Unter den Fresken aus dem 16. Jh. sind eigenartigerweise auch Darstellungen von sieben – ja heidnischen – antiken Philosophen,

Weisen und Schriftstellern zu finden, darunter Plato, Aristoteles, Plutarch und Thukydides. *Bootsverbindung halbstündlich von der Platía Mavíli nördlich der Altstadt, Hin- und Rückfahrt ca. 4 Euro*

sider
ipp

PAUL-VRELLIS-MUSEUM

Große Ausstellung à la Madame Tussaud, in der mit Wachsfiguren Episoden aus der neugriechischen Geschichte erzählt werden, u.a. auch aus der Zeit der deutschen Besetzung Griechenlands. *April–Sept. tgl. 9.30–17 Uhr, Okt.–März tgl. 10–16 Uhr | Eintritt 5 Euro | Bizáni | km 12 an der Nationalstraße Richtung Árta | www.vrellis.org*

STÄDTISCHES MUSEUM

Das Museum in der ansprechend restaurierten Aslan-Pascha-Moschee präsentiert Werke epirotischer Silberschmiede der letzten Jahrhunderte, Waffen, Trachten und Dokumente zur Stadtgeschichte. *Mai–Okt. Mo 12–19 Uhr, Di–So 8–19 Uhr, Nov.–April Di–So 8.30–15 Uhr | Altstadt | Eintritt 3 Euro*

ESSEN & TRINKEN

PÁNTOS

Kleine Grillstube, gemütlich eingerichtet, besonders bei Studenten beliebt. *Tgl. ab 18 Uhr | Odós Mar. Botsári 17 | €*

STIN ITHÁKI

Modernes Restaurant mit traditioneller Küche, besonders empfehlenswert das Lamm, das Huhn in Strudelteig und der Wein aus dem nahen Winzerdorf Zítsa. *Tgl. ab 12.30 Uhr | Odós Stratigoú Papágou 20a | €€€*

Die einstige Aslan-Pascha-Moschee ist heute ein volkskundliches Museum

EINKAUFEN

Zahlreiche Juweliergeschäfte säumen die Einkaufsstraßen der Neustadt, vor allem den *Leofóros Avérof.* Juweliere gibt es aber auch in der Altstadt und im Dorf auf der Insel. 36 Juweliere unter einem Dach findet man auf 10 000 m² im *Kéntro Paradosiakás Viotechnías KE.PA.B.I. | Odós Arch. Makaríou 11.*

Insider
Tipp

ÜBERNACHTEN

EPIRUS PALACE

1999 eröffnetes Luxushotel mit Pool und Kinderplanschbecken. *54 Zi.* |

7 km außerhalb an der Straße nach Athen | Tel. 26 51 09 10 72 | Fax 26 51 09 25 95 | www.epiruspalace.gr | €€€

FILÝRA
Traditionelle Pension im Kástro-Viertel mit viel epirotischem Flair. *4 Zi. | Odós Andr. Paleológou 18 | Tel. 26 51 08 35 60 | Fax 26 51 08 35 67 | www.agrotravel.gr* | €–€€

KÁSTRO
Romantisch und ruhig innerhalb der alten Stadtmauern gelegenes Hotel in einer Villa aus dem frühen 20. Jh., im traditionellen Stil möbliert. *7 Zi. | Tel. 26 51 02 28 66 | Fax 26 51 02 27 80 | www.questinn.com* | €€

AM ABEND

SÝKLITOS CLUB CAFÉ ▶▶
Superstyling von Farben und Formen auf mehreren Ebenen, ideal fürs Socialising und zum Chillen. *Odós Zigomálli 5*

ZIELE IN DER UMGEBUNG

DODÓNA [176 B3]
Dodóna, Griechenlands nach Delphi zweite große Orakelstätte der Antike, lag auf einer Hochebene unterhalb des 1818 m hohen Tómaros-Gebirges beim heutigen Dorf Dodóna. Herr des Orakels war hier Zeus. Seine Priesterinnen entnahmen den Orakelspruch dem Rauschen einer heiligen Eiche, zogen später aber auch Losorakel und den Flug heiliger Tauben zu Rate.

Besonders eindrucksvoll ist das ★ *Theater*, das mit 52 Sitzreihen für 18 000 Zuschauer zu den größten Griechenlands gehört. Dahinter verläuft die *antike Stadtmauer*, und östlich folgen die Grundmauern eines großen Baus, des *Bouleuterions,* in dem sich die Abgesandten epirotischer Städte zu Versammlungen trafen. Dahinter schließen sich die Grundmauern mehrerer Tempel an. Der größte von ihnen, die eigentliche *Orakelstätte* mit der heiligen Eiche, war Zeus geweiht. *(Juli–Okt. tgl. 8–19.30 Uhr, Nov.–Juni tgl. 8–15 Uhr | Eintritt 2 Euro). 23 km südwestlich*

KÍPI [176 B2] Insider Tipp
Das nur noch 110 Bewohner zählende Dorf im Herzen des Landstrichs Zagóri ist ein vom Tourismus nur wenig berührtes Schatzkästlein traditioneller Architektur, eingebettet in üppiges Grün. In seiner näheren Umgebung überspannen acht schöne Brücken aus der Türkenzeit den Voidomátis und seine Nebenflüsse. Kurz vor dem Dorf steht unterhalb der Straße von Ioánnina her die besonders fotogene, dreibogige *Brücke tou Plakída* (1814) und kurz darauf links der Straße in einer Schlucht die einbogige *Brücke tou Kondodímu* (1753). Am Ortsende führt ein Feldweg nach 120 m zur dreibogigen *Mólos-Brücke* aus dem 18. Jh., die zu einer erhaltenen *Wassermühle* am anderen Flussufer führt. Stilvoll wohnt man mitten im Dorf in einem restaurierten historischen Haus aus der Zeit um 1850, in der *Pension Xenónas tu Artémi (5 Zi. | Tel. 26 53 07 16 44 im Sommer, sonst Tel. 26 51 02 38 80 | www.epirus.com/spititouartemi* |€*). 41 km nördlich*

Lohnend ist von Kípi aus ein Abstecher ins 8 km entfernte Nachbardorf *Negádes*. Der Weg dorthin führt

Die Bühne ist nur noch Ruine, aber das Halbrund des Theaters von Dodóna ist beeindruckend

durch dichten Laubwald; das Dorf selbst ist eingebettet in solch opulentes Grün, wie man es in Griechenland sonst nicht findet. Bemerkenswert sind auch die außergewöhnlich große *Dorfkirche* aus dem Jahr 1792 mit schönen Wandmalereien und die schattige Platía mit einem *kafeníon* unter einer uralten Platane.

KÓNITSA [176 B1]

Die Häuser von Kónitsa (2900 Ew.) ziehen sich in 600 m Höhe weit ausladend die Hänge eines Bergs über dem weiten Tal des Aoós hinauf. Dieser Fluss tritt am unteren Stadtrand als bei Kanuten beliebter Wildwasserfluss aus dem 2497 m hohen Tímfi-Gebirge aus. Ihn überspannt an dieser Stelle die größte einbogige Brücke Griechenlands aus türkischer Zeit. Zu Fuß kann man von hier in etwa einer Stunde durch die mit Kiefern und Tannen bewachsene Schlucht zum *Kloster Moní Stómiou* aus dem 18. Jh. wandern. Übernachten können Sie in Kónitsa im *Hotel Gefýri* mit Pool nahe dem Fluss *(11 Zi. | Tel. 26 55 02 37 80 | Fax 26 55 02 27 83 | www.gefyri.konitsa.net.gr | €€). 59 km nördlich*

MÉTSOVO [176 C2]

Das Bergdorf (3200 Ew.) in 1160 m Höhe ist ein traditionelles Zentrum der Webkunst und Seidenstickerei. Beide Techniken werden in einer Kunsthandwerksschule gelehrt. Im Ort sind einige stattliche Herrenhäuser erhalten. Das der Familie Tosítsa ist als *Volkskunstmuseum* zugänglich *(Fr–Mi 8.30–13 und 16–18 Uhr | Eintritt 2 Euro)*. Sehenswert sind auch die *Kirche Agía Paraskeví* aus dem 16. Jh. mit einer schönen holzgeschnitzten Ikonostase und das *Kloster Ágios Nikólaos* am unteren Ortsrand. Die Fresken in der Klosterkirche stammen aus dem 18. Jh. Von überregionaler Bedeutung ist die moderne *Averoff Art Gallery* am Dorfplatz mit einer großen Sammlung

Insider Tipp

griechischer Kunst des 19. und 20. Jhs. *(15. Juni–14. Sept. Mi–Mo 10–19 Uhr, 15. Sept.–14. Juni Mi–Mo 10–16.30 Uhr | Eintritt 3 Euro).*

Hotels gibt es viele. Preiswert wohnen Sie in den *Rooms Filoxenía (4 Zi. | Tel. 26 56 04 17 25 | €)* neben der Kunstgalerie, stilvoll im Hotel Astéri *(43 Zi. | Tel. 26 56 04 12 67 | Fax 26 56 04 22 22 | www.asterimetsovo.com | €€)* im Zentrum. *53 km nordöstlich*

MONODÉNDRI **[176 B2]**

Das in etwa 1000 m Höhe gelegene Bergdorf in der zentralen Zagóri (165 Ew.) hat wieder eine Zukunft, seit immer mehr Urlauber von hier aus zur Durchwanderung der *Víkos-Schlucht* aufbrechen. Aber auch das Dorf selbst ist mit seinen traditionellen Häusern und gepflasterten Gassen einen Besuch wert. Vom Dorfplatz aus führt ein Waldweg 600 m weit zum ehemaligen, bereits 1414 gegründeten *Kloster Agía Paraskeví*. Es wurde sehr abenteuerlich auf einer Felsterrasse hoch oberhalb der Víkos-Schlucht erbaut. Der Blick hinunter ist ebenso atemberaubend wie von der *Gemarkung Oxiá* aus. Dorthin führt von Monodéndri aus eine 7,5 km lange Straße.

Gut essen können Sie im *Restaurant Kikítsa Makrijánni* an der Platía *(€)* und im Dorfzentrum ruhig schlafen in der *Pension Víkos* mit schönem Garten *(6 Zi. | Tel. 26 53 07 13 70 | www.visitzagori.com | €€)*. Preiswerter kommt man in der *Pension Monodéndri* an der Hauptstraße am oberen Dorfrand unter *(4 Zi. | Tel. 26 53 07 13 00 | Fax 26 53 07 14 10 | €). 41 km nördlich von Ioánnina*

PÁPINGO **[176 B2]**

19 steile Haarnadelkurven führen vom Platanenwald im Tal des Voidomátis-Flusses hinauf in die beiden traditionellen Zagóri-Dörfer Megálo Pápingo und Mikró Pápingo. Im Hintergrund ragen die an die Dolomiten erinnernden ★ *Türme von Pápingo* auf, die Bergspitzen des 2436 m hohen Astráka. Zugleich ist Pápingo Ausgangspunkt für eine

Schaurig-schön: Scheinwerfer lassen tropfende Steine strahlen in der Höhle von Pérama

etwa dreistündige Wanderung zur Schutzhütte von Astráka in 2000 m Höhe *(Reservierung und Schlüssel beim Alpinclub in Megálo Pápingo)*. Von dort aus kann man in 90 Minuten zum *Bergsee Drakólimni* oder in drei Stunden auf den Gipfel des *Gamíla* (2497 m) wandern.

In *Megálo Pápingo* gibt es eine Vielzahl guter Tavernen, die epirotische Spezialitäten anbieten. Exklusivste Unterkunft ist der *Archontikón Country Club* mit Landhaus-Atmosphäre *(10 Zi. | Tel. 26 53 04 10 02 | Fax 26 53 04 10 30 | www.hellascountryclub.gr | €€€)*. Ganz ruhig am oberen Dorfrand wohnt man im *Hotel Papaevagélou (13 Zi. | Tel. 26 53 04 11 35 | Fax 26 53 04 19 88 | www.yourgreece.gr | €€)*, preiswert und originell in der *Pension Kalliópi* mit angeschlossener exzellenter Taverne *(7 Zi. | Tel./Fax 26 53 04 10 81 | €). 63 km nördlich*

PÉRAMA [176 B2]

Mitten in diesem Dorf am Ufer des Sees von Ioánnina öffnet sich in einem Fels der Zugang zu einer der schönsten *Tropfsteinhöhlen* Griechenlands. Durch die erst 1940 entdeckte Höhle kann man bei 18 Grad Celsius einen Rundgang (1100 m) unternehmen. Die schönsten Säle der Höhle tragen so fantasievolle Namen wie „Palast der Persephone" und „Palast des Pluto" *(tgl. 8 Uhr bis Sonnenuntergang | Eintritt 6 Euro). 4 km von Ioánnina*

TSEPÉLOVO [176 B2]

Die Straße nach Tsepélovo gleicht einer Höhenpanoramastraße, von der aus man weite Teile der zentralen Zagóri überblickt. Im Dorf (500 Ew.) findet man nicht nur die für die Zagóri typischen Bruchsteinhäuser, sondern auch mehrere Herrenhäuser, die unter Verwendung von viel Holz erstellt wurden. Einen Besuch lohnt das bereits 1050 gegründete *Rongóvou-Kloster* mit seinen schönen Wandmalereien.

Wohnen kann man in Tsepélovo im guten, außen traditionellen und innen sehr modernen *Hotel Dracolímni* Insider Tipp *(Tel. 26 53 08 13 12 | Fax 26 53 08 13 11 | www.sudhotel.com | €–€€)*, das auch Minibusse für Gäste-Exkursionen besitzt. Einige der 31 Zimmer verfügen über einen eigenen Kamin. *51 km nördlich*

VÍKOS-SCHLUCHT ★ [176 B2]

Die Víkos-Schlucht in der Zagóri ist 10 km lang, ihre Wände steigen vom Flußlauf des Voidomátis bis zu 1000 m steil empor. Sie zu durchwandern ist ein unvergessliches Erlebnis. Die etwa siebenstündige Wanderung beginnt man am besten im Dorf *Monodéndri,* wo ein Wegweiser auf den Pfad hinunter in die Schlucht zeigt. Die Wanderung endet im Dorf *Víkos* oberhalb der Schlucht. Hier kann man in der *Pension* von *Sotírios Karpúzis* übernachten *(4 Zi. | Tel. 26 53 04 11 76 | €). 41 km nördlich*

ZÍTSA [176 B2]

Das 680 m hoch gelegene Weinbauerndorf ist ganz besonders schön. Sie können die genossenschaftlich betriebene *Weinkellerei* besichtigen; in den *kafenía* des Dorfs werden Essen und der lokale Wein serviert. Einen Abstecher lohnt das oberhalb des Dorfs gelegene *Kloster Profítis Ilías* aus dem 18. Jh. Übernachten können Sie im einfachen *Hotel Kallithéa (11 Zi. | Tel. 26 58 02 29 33 | €). 26 km nordwestlich*

PÁRGA

[176 A3] **Párga ist das schönstgelegene Städtchen (2200 Ew.) an der griechischen Westküste. Ganz in das Grün von Olivenhainen und Zitrusplantagen eingebettet, gruppieren sich die Häuser der Stadt amphitheatralisch um eine Bucht, in der mehrere winzige, baumbestandene Inselchen dicht vor der Küste liegen.** Überragt wird Párga von einer ausgedehnten Burganlage auf einem hohen Kap. Die zwei- und dreistöckigen Häuser der Altstadt ziehen sich von dort bis hinunter zum Hafen, in dessen Cafés man sich wie in einem griechischen Inselstädtchen fühlt. Diese Atmosphäre, gute Sandstrände und ein angenehmes Klima haben Párga zum bedeutendsten Ferienort in diesem Teil Griechenlands werden lassen, der hauptsächlich von Franzosen, Italienern und Briten besucht wird. Historisch hat Párga im vergangenen Jahrtausend eine Sonderstellung eingenommen. Anders als die übrigen griechischen Festlandsorte entging es lange Zeit der türkischen Unterdrückung. Von 1413 bis 1797 war der Ort venezianisch, erst dann wurde er ans Osmanische Reich abgetreten. Zum freien Griechenland gehört Párga seit 1913.

Die Bucht von Párga, dem herrlich gelegenen Westküstenstädtchen

SEHENSWERTES

BURG

Innerhalb der von den Venezianern 1572 erbauten Burg stehen zwischen viel Grün nur noch Gebäuderuinen. Der Weg hinauf lohnt sich aber dennoch wegen des schönen Ausblicks. *Tgl. 8–20 Uhr | Eintritt frei*

ESSEN & TRINKEN

FLISVOS

Taverne auf einer Terrasse über der Váltos-Bucht mit herrlichem Panoramablick. Am Fußweg von der Burg zum Váltos-Strand gelegen. *Odós Mavrojánni 10 | €€*

THE THREE PLANE TREES

Taverne unter drei alten Platanen in der Oberstadt unweit der Burg, schöner Blick. Spezialität sind Fleischgerichte vom Holzkohlengrill. *Odós Patatókou 20 | €*

EINKAUFEN

DESTILLERIE PÁRGA JOURGÁS

Degustation und Verkauf von Likören, Oúzo und Brandy, die in eigener Destillerie hergestellt werden. *Odós Frouríou 6*

WOOD CARVING G. DOÚLIS

In dem Geschäft an der Haupteinkaufsgasse werden Olivenholzschnitzereien aus eigener Werkstatt verkauft. *Odós Frouríou 15*

ÜBERNACHTEN

ACHILLÉAS

Hotel an einer Sandkiesbucht, nur 5 Gehminuten vom Hafen entfernt. *23 Zi. | Krioneri | Tel. 26 84 03 16 00 | Fax 26 84 03 18 79 | www.hotelachilleas.gr | €€*

ÁLFA

Modernes, voll klimatisiertes Hotel mit Pool, Poolbar und Restaurant. Am Ortsrand gelegen, 15 Gehminuten vom Hafen und 400 m vom nächsten Strand entfernt. *23 Zi. | Odós Agíou Athanassíou 51 | Tel. 26 84 03 21 11 | Fax 26 84 03 19 01 | www.alfahotel.gr | €€*

STRAND

VÁLTOS-STRAND ★

Von der der Stadt abgekehrten Seite der Burg blickt man über eine weite Bucht, die von einem kilometerlangen Sandstrand vor intensiv grünen Hängen gesäumt wird. Der Strand ist einer der schönsten Griechenlands, zumal das Hinterland noch nicht mit Hotels verbaut wurde.

Von der Burg aus kann man in zehn Minuten zum Váltos-Strand hinunterlaufen, außerdem fahren ständig Passagierboote von Párgas Hafen aus hinüber.

> LOW BUDGET

> Ein lohnenswerter Tagesausflug mit eigenem PKW von *Igoumenítsa* zur Insel *Korfu* wird preiswerter, wenn man für den Hinweg *Lefkími* im Inselsüden als Zielhafen statt Korfu-Stadt wählt. Die Ersparnis beträgt für PKW und 2 Personen mindestens 13,80 Euro.

> Wachsfiguren kostenlos: Anders als das große Paul-Vrellis-Museum in Bizáni kostet das kleine *Vréllis-Museum* gegenüber der Mauer des Kástro in *Ioánnina* keinen Eintritt *(Mo–Sa 9–15, So 10–14 Uhr | Odós Karamanlí 15).*

ZIELE IN DER UMGEBUNG

IGOUMENÍTSA [176 A3]

Im bedeutendsten Fährhafen an der Westküste Griechenlands (8700 Ew.) laufen Tag und Nacht Fähren aus Italien und Korfu ein. Man ist ganz und gar auf Durchreisende eingestellt – außer den Fähren und einem schönen Strand hat der Ort nichts zu bieten. Für eine Zwischenübernachtung zu empfehlen ist das komfortable *Hotel Angelika Pallas* am neuen Hafen mit seinem schönen Dachgarten *(38 Zi. | Tel. 22 65 02 61 00 | Fax 26 65 02 21 05 | www.angelikapallas.gr | €€). 53 km nordwestlich*

KAMARÍNA [176 B4]

Das Dorf mit alten Platanen am Dorfbrunnen liegt 3 km südlich der antiken Stadt *Kassópi,* die vom 4. Jh. bis zum 2. Jh. v. Chr. bewohnt war und einst ca. 9000 Ew. zählte *(tgl. 8.30–15 Uhr | Eintritt 2 Euro).*

4 km nördlich dieser Ausgrabungen beherrscht bei *Zálongo* ein monumentales *Denkmal* auf einem Felsen die Landschaft. Es erinnert an einen Volksaufstand im Jahr 1803, als sich hier 60 Frauen mit ihren Kindern tanzend von den Klippen stürzten, um der Gefangennahme durch die Türken zu entgehen. Der Felsgipfel mit dem Denkmal ist über 410 Stufen zu erklimmen. *55 km südöstlich*

KORFU [0]

Von *Igoumenítsa* aus kann man gut einen Tagesausflug auf Griechenlands grünste Insel unternehmen. Wer das Auto nicht mitnehmen möchte, verbringt einen ganzen Tag in der von venezianischer Architektur geprägten Inselhauptstadt. Wer mit dem Auto übersetzt *(PKW 30 Euro, Erw. 6,50 Euro)*, kann eine Inselrundfahrt unternehmen. Ausführliche Informationen im MARCO POLO Band „Korfu“.

NEKROMANTEÍON ★ [176 A4]

Eine auch für Laien reizvolle kleine Ausgrabungsstätte ist das *antike Totenorakel* oberhalb des heutigen Dorfs *Mesopótamo* unweit der Hauptstraße von Préveza nach Igoumenítsa. Es liegt über einer Ebene, in der Reis angebaut wird. Sie wird vom Fluss Acheron durchflossen, der nach dem Glauben der alten Griechen eines der Grenzgewässer des unterirdischen Totenreichs, des Hades, war. Im Totenorakel, dem Nekromanteíon, konnten die Lebenden die Toten befragen. Homer beschrieb in der „Odyssee“ eine solche Totenbefragung. Die Ausgrabungen zeigen, dass Homers Beschreibung des Orts auf das Nekromanteíon zutrifft. Die heute sichtbaren Mauern stammen zwar erst aus dem 3. Jh. v. Chr., das Heiligtum selbst aber dürfte seinen Ursprung in sehr viel früheren Zeiten haben.

Man kommt zunächst auf einen Hof, der von Grundmauern einstiger Priesterwohnungen und Vorratsräumen umgeben ist. Aus dem Hof ragt ein mittelalterlicher *Wohnturm* auf. Er wurde von Archäologen ebenso vor dem Abriss bewahrt wie die *Johanneskirche* (18. Jh.), die sich, auf Beton gestützt, über einem Teil des Heiligtums erhebt.

Durch ein Tor gelangt man vom Vorhof in den Nordkorridor. Dort liegen vier Räume, die als rituelle

Schlafsäle und Bad interpretiert werden. Hier bereiteten sich die Pilger auf die Totenbefragung vor; hier wurden sie, vielleicht auch durch Schwefeldünste, in eine Art Rauschzustand versetzt. Als Nächstes betritt man den Ostkorridor, der wie alle Räume des Heiligtums fensterlos und völlig dunkel war. Wahrscheinlich war er auch von Rauch erfüllt, da hier das Fleisch der Opfertiere verbrannt wurde. Dann schwenkt man in das sogenannte Labyrinth ein, einen kurzen Gang, der durch verwinkelte Mauern gegliedert wurde.

Schließlich erreicht man das zentrale Heiligtum. Es wird von einem länglichen Saal mit zwei dreigeteilten Seitenschiffen gebildet, in denen wohl Opfergaben abgelegt wurden. Im Boden des Mittelsaals war eine Öffnung zur darunter liegenden, heute über eine Wendeltreppe zugänglichen Krypta. Die Archäologen fanden hier Hinweise auf eine Maschine, mit deren Hilfe die Orakelpriester vielleicht für die Pilger die Schatten der Toten aus der Unterwelt auftauchen ließen. Die Krypta galt nämlich als oberster Teil des Palasts der in der Unterwelt regierenden Götter Hades und Persephone *(tgl. 8.30–15 Uhr | Eintritt 2 Euro | Anfahrt: von der Nationalstraße ins Dorf Mesopótamo abbiegen und dann den Wegweisern mit der Aufschrift „Necromantic Oracle“ bzw. „Nekromandio“ folgen). 21 km südlich*

NIKÓPOLIS ★ **[176 B4]**
Die meisten archäologischen Stätten Griechenlands zeugen entweder vom

Beim Nekromanteíon stehen auch Gebäudereste aus späteren Epochen

Leben in der Antike oder in den ersten Jahrhunderten des zweiten Jahrtausends. In Nikópolis ist das anders: Da sieht man die Überreste einer großen Stadt aus frühbyzantinischer Zeit, also aus der zweiten Hälfte des ersten Jahrtausends. Sie anzuschauen lohnt auch für archäologisch nur wenig Interessierte. Nikópolis, nur 9 km vom heutigen Hafenstädtchen Préveza entfernt, wurde 30 v. Chr. von Octavian, dem späteren römischen Kaiser Augustus, gegründet. Ihr Name bedeutet „Stadt des Sieges" – und die ganze Stadt war als Siegesdenkmal gedacht. Octavian hatte zusammen mit Antonius im Jahr 42 v. Chr. Cassius und Brutus, die Mörder Cäsars, besiegt. Octavian regierte fortan in Rom, Antonius aber beanspruchte für sich, zusammen mit der ägyptischen Königin Kleopatra, die Osthälfte des Römischen Reiches. Im Jahr 31 v. Chr. kam es vor der Küste des heutigen Préveza (damals Actium) zur entscheidenden Seeschlacht zwischen den beiden Kontrahenten. Octavians Flotte unter seinem Feldherrn Agrippa siegte.

Ins künstlich geschaffene Nikópolis mussten Griechen aus ganz Epirus umsiedeln. Ihre Glanzzeit erlebte die Stadt aber erst in frühbyzantinischer Zeit, insbesondere im 6. Jh. Damals entstanden mehrere Basiliken, von denen noch Grundmauern, Steinmetzarbeiten und Mosaikfußböden erhalten sind. Am eindrucksvollsten ist jedoch die weitgehend noch in voller Höhe erhaltene byzantinische *Stadtmauer* mit ihren Toren und Türmen. Auch das *Amphitheater* zeugt trotz zerstörter Ränge von der Größe der einstigen Stadt.

Im neuen *Grabungsmuseum* am Rand der Doumétios-Basilika sind römische Skulpturen, Gläser und Münzen zu sehen *(Ausgrabungen und Museum tgl. 8.30–15 Uhr | Eintritt 2 bzw. 3 Euro | Museum, Stadtmauer und Ausgrabungen liegen unmittelbar an der Hauptstraße von Préveza nach Árta). 60 km südöstlich*

PÁXOS [176 A4]

Von Párga aus werden täglich Bootsausflüge auf die 60 Minuten entfernte Insel Páxos (2450 Ew.) ange-

> ALI PASCHA

Der Löwe von Ioánnina und die Frauen

Ali Pascha wurde 1822 von Häschern des Sultans ermordet, weil er ihm zu mächtig und zu eigenständig geworden war. Er starb in den Armen einer Christin, seiner Frau Vassilikí. Diese Treue einer Rechtgläubigen zu einem Moslem rührt die Griechen noch heute – die Sterbeszene kann man auf Postkarten kaufen. Als Volkslied zu hören ist die schaurige Geschichte von einer der vielen Gräueltaten Ali Paschas. Sein Sohn hatte ein vom Vater missbilligtes Verhältnis mit einer gewissen Frau Froschini begonnen; Ali Pascha ließ darauf die Geliebte des Sohnes mitsamt 16 ihrer Freundinnen in einem See ertränken. Das Lied verspricht: „Tausende von Zuckerdosen werden wir in den See schütten, damit er süß ist und Frau Froschini daraus trinken kann."

boten. Sie geben Gelegenheit, das Leben auf einem sehr kleinen griechischen Eiland kennenzulernen. Páxos ist gänzlich von uralten Olivenwäldern bedeckt, seine Bewohner leben in den Küstenorten *Gaios, Lákka* und *Longós. Fahrpreis ca. 15 Euro*

PRÉVEZA **[176 B4]**

Préveza (16 300 Ew.) ist eine auf drei Seiten vom Meer umspülte Kleinstadt am Eingang zum Ambrakischen Golf, der sich von hier aus 35 km weit landeinwärts erstreckt. Auf der anderen Seite der Golföffnung kennzeichnet ein kleines venezianisch-türkisches Fort den Standort des antiken Áktion (Actium), das der berühmten Seeschlacht zwischen Octavian und dem mit Kleopatra verbündeten Antonius den Namen gab. Ein mautpflichtiger Straßentunnel führt seit 2002 unter der Einfahrt zum Golf hindurch.

In der Stadt lohnt vor allem ein Bummel durch die Haupteinkaufsstraße und durch die dort abzweigende, romantische Gasse *Odós Kontoú*. Am kleinen Platz an der Uferstraße steht die *Markthalle*. Eine Gasse führt zum nahen, deutlich sichtbaren *Uhrturm*. An dieser Gasse liegen die Fischtavernen *Gafás* und *Ambrósias (€€)*. Sie wohnen gut im 2 km außerhalb der Stadt gelegenen *Hotel Margaróna Royal mit Pool (117 Zi. | Tel. 26 82 02 43 61 | Fax 26 82 02 43 69 | www.amalia.gr | €€€). 69 km südöstlich*

SIVÓTA **[176 A3]**

Der moderne Ferienort an der Küste zwischen dem 53 km entfernten Párga und dem 24 km entfernten Igoumenítsa hieß früher Moúrtos. Griechen loben ihn wegen seiner vielen guten Sandkiesstrände, des sehr sauberen Wassers und der grünen Umgebung.

Nikópolis: Büste des Agrippa (63–12 v. Chr.), engster Freund von Kaiser Augustus

Gute Unterkunft finden Sie im kleinen Hotel *Mikrós Parádisos* am Strand *(30 Zi. | Megáli Ámmos | Tel. 26 65 09 32 81 | Fax 26 65 09 35 01 | www.mikros-paradisos.gr | €€).*

> VON DEN METÉORA-KLÖSTERN ZUM PÍLION

Auch die Kornkammer Griechenlands hat Einzigartiges vorzuzeigen

> Thessalien (neugriechisch: Thessalía) ist für die meisten Urlauber nur ein Durchreiseland. Die Nationalstraße von Thessaloníki nach Athen durchschneidet Thessalien ebenso wie die wichtigste Eisenbahnlinie des Landes.

Längere Aufenthalte planen Reisende bestenfalls für die Halbinsel Magnísia mit Vólos und dem Pílion-Gebirge, denn nur dort besitzt Thessalien gute Strände. Ein Ausflugsziel ersten Ranges sind die Metéora-Klöster – mehr muss man nach gängiger Meinung von Thessalien nicht sehen.

Thessalien ist die ebenste der neun Regionen Griechenlands. Auf allen vier Seiten eingeschlossen von hohen Gebirgen, darunter Olymp, Pílion und Píndos, erstrecken sich zwei weite Ebenen mit den Städten Tríkala und Lárissa als Zentren. Thessalien gilt als Kornkammer Griechenlands. Neben Getreide werden Baumwolle, Mais und Zuckerrüben angebaut. Der

Bild: Kastráki und die Metéora-Felsen

THESSALIEN

einzige unmittelbare Zugang aus den Ebenen zum Meer führt durch das grüne Témbi-Tal, das in der griechischen Mythologie eine Rolle spielt. In den Wassern des Piniós, der das Tal durchfließt, reinigte sich Gott Apoll von der Schuld, die er durch die Tötung des delfischen Python auf sich geladen hatte. Der Python bewachte das Heiligtum der Gaia in Delphi, das Apoll durch diesen Mord in seine Gewalt brachte.

KALAMBÁKA/ METÉORA

[177 D2] **Die ★ Metéora-Felsen sind ein Höhepunkt jeder Griechenlandreise. Eine weltweit einzigartige Landschaft verbindet sich hier mit mittelalterlichen Klöstern voller großartiger Kunstschätze.** Das kleine Städtchen Kalambáka (7400 Ew.) am Fuß der Felsen ist Ausgangspunkt für eine Fahrt oder – besser noch – Wanderung durch diese wildromantische, unwirklich-fantastisch anmutende Welt *(Länge der Rundfahrt 20 km | Wanderung 18 km | Linienbusse ab Kalambáka zu allen Klöstern | Fahrplanaushang an der Haltestelle am Platz des Taxistands).*

Die bizarren Formen der aus Konglomeratsandstein gebildeten Metéora-Felsen entstanden vor vielen Millionen Jahren durch Wassermassen, die in die Ebene herabstürzten. Sie wuschen weichere Gesteinsschichten aus und ließen nur widerstandsfähigere Felsklötze, -zähne und -nadeln stehen, die die Ebene des Flusses Pínios jetzt um bis zu 400 m überragen. Im 11. Jh. lockten sie die ersten frommen Einsiedler an, die sich hier in Höhlen und auf nahezu unzugänglichen Felsspitzen niederließen. Im 14. Jh. kam es zur ersten Klostergründung, der noch 23 weitere folgten. Die meisten dieser Klöster waren nur über Leitern und Seilwinden zu erreichen, sodass sie ihren Bewohnern größtmögliche Ruhe, aber auch Schutz vor Überfällen boten. Seit dem 16. Jh. wurden immer mehr Klöster aufgegeben – heute sind nur noch sechs bewohnt. Seit den 1960er-Jahren werden sie nicht nur baulich restauriert, sondern erleben auch eine geistige Erneuerung.

Harte Arbeit: In den Metéora-Klöstern werden die Glocken noch von Hand geläutet

SEHENSWERTES

Die Öffnungszeiten der Klöster ändern sich so häufig, dass hier keine Angaben gemacht werden können. Man muss sie vor Ort erfragen. Normalerweise ist pro Wochentag eines der Klöster geschlossen, nur sonntags sind alle geöffnet. *Die Kernöffnungszeiten sind 9–13 und 15–17 Uhr. Pro Kloster werden 2 Euro Eintritt verlangt.*

KALAMBÁKA

Der ältere Teil der Stadt liegt zwischen der Hauptverkehrsstraße und der hoch über die Stadt aufragenden Felswand. Am besten folgt man von der Platía, an der die Taxis stehen, der Odós Vlacháva über den kleinen Marktplatz zur neuen *Kirche des Ágios Vissárious*, die in den 1980er-Jahren innen im traditionellen Stil eindrucksvoll ausgemalt wurde. Ein Schild weist von hier den Weg zur *Kirche Kímesis tou Theotókou* aus dem 14. Jh.

KLOSTER AGÍA TRIÁDA

Auch heute noch ist das Mönchskloster nur nach anstrengendem, etwa 15-minütigem Fußmarsch zugänglich, erst seit 1925 über Treppen. Bis dahin konnten Mönche, Waren und Besucher nur über Strickleitern und ein an einer Seilwinde heraufzuziehendes Netz ins Kloster gelangen. Die Wandmalereien in der Kirche aus dem 15. Jh. stammen aus den Jahren 1692 und 1741.

KLOSTER ÁGIOS NIKÓLAOS ANAPAFSÁS

Das dem Dorf Kastráki am nächsten gelegene Kloster musste wegen des besonders kleinen Gipfelplateaus mehrstöckig gebaut werden und wirkt festungsartig. Seine Hauptkirche wurde von dem kretischen Maler Theophánis im 16. Jh. mit gut erhaltenen Fresken ausgestattet.

KLOSTER ÁGIOS STÉFANOS

Das heute ohne Treppensteigen bequem zu erreichende Nonnenkloster lohnt den Besuch besonders. Die Klosterkirche aus dem 18. Jh. wird zur Zeit stilvoll ausgemalt. Viele der neuen Ikonen wurden von den Nonnen des Klosters selbst gemalt. Im *Klostermuseum* werden byzantinische Notenbücher und alte Handschriften gezeigt.

KLOSTER MEGÁLO METÉORO

Das älteste, schönste und größte Kloster auf den Metéora-Felsen wird von Mönchen bewohnt. Besucher sehen zunächst den musealen Vorratsraum und können die Seilwinde studieren, die einst half, alle Waren und Gäste in einem Netz zum Kloster hinaufzuziehen. Die Hauptkirche ist vollständig mit gut erhaltenen Fresken aus dem 15. Jh. ausgemalt. Im

MARCO POLO HIGHLIGHTS

★ Metéora-Felsen
Einzigartig: jahrhundertealte Klöster auf steilen Felsnadeln (Seite 91)

★ Makrinítsa
Die Perle unter den Bergdörfern des Pílion-Gebirges (Seite 98)

★ Pílion-Rundfahrt
Berauschende Blicke aufs Meer, tolle Strände und stille Berge (Seite 98)

★ Témbi-Tal
Pilgerbetrieb und vergnügliche Bootsfahrten (Seite 99)

Roussánou ist das kleinste Kloster auf den imposanten Metéora-Felsen

Vorraum, dem Narthex, wird das Schicksal mehrerer Dutzend Märtyrer gezeigt: In einer wahren Orgie von Gewalt werden Menschen enthauptet, verbrannt, gefoltert und gekreuzigt. Im *Klostermuseum* sind wertvolle Ikonen, liturgisches Gerät, alte Handschriften und kleine Holzkreuze zu sehen, in die in mühseliger Feinarbeit biblische Szenen wie Christi Einzug in Jerusalem geschnitzt wurden. Abschließend kann man auch die alte *Klosterküche* besichtigen.

KLOSTER ROUSSÁNOU

Das kleinste der noch bewohnten Metéora-Klöster, dessen Bauten überwiegend aus dem 16. Jh. stammen, erstreckt sich auf einem winzigen Felsplateau über drei Etagen. Wegen des Platzmangels sind hier alle Räume einschließlich der Kirche in einem einzigen Gebäude zusammengefasst. Im Narthex sind die Wandmalereien aus dem 16. Jh. gut erhalten. Sie zeigen vor allem Märtyrer und über der Tür zum Kirchenraum das Jüngste Gericht: Links von der Tür werden die Seligen ins Paradies geführt, rechts von der Tür gleiten die Verdammten in einem Feuerstrom in die Hölle.

KLOSTER VARLAÁM

Die Haupt- und die Nebenkirchen dieses Klosters sind mit sehr gut erhaltenen Fresken des 16. Jhs. ausgestattet; schön auch eine vergoldete Ikonostase des 18. Jhs. Das *Klostermuseum* präsentiert neben Ikonen vor allem wertvolle Handschriften, die zum großen Teil im 16. und 17. Jh. im Kloster angefertigt wurden.

ESSEN & TRINKEN

PANELLÍNIO

Taverne mit großer Auswahl und sehr gutem Preis-Leistungs-Verhältnis. *Kalambáka | Hauptplatz/Ecke Odós Vláchava* | €

VAVÍTSAS

Traditionelle Taverne: viele Grillgerichte, gute Rinderleber, große Portionen. *Kastráki | an der Hauptstraße kurz vor den Klöstern* | €

EINKAUFEN

Wegen der Nähe der Klöster haben sich viele Händler auf Ikonen spezialisiert.

ÜBERNACHTEN

Außer in Kalambáka kann man auch im ruhigeren Nachbardorf *Kastráki* wohnen, wo die Felskulisse noch schöner und die Atmosphäre dörflicher ist.

AMALÍA

Harmonisch in die Umgebung eingepasstes, sehr gutes klimatisiertes Hotel mit Pool, etwa 5 km vor der Stadt Richtung Tríkala. *175 Zi.* | *Tel. 24 32 07 22 16* | *Fax 24 32 07 24 57* | *www.amalia.gr* | €€€

Insider Tipp

ARSÉNIS HOUSE

Familiär geführte, einsam und ruhig über einem grünen Tal gelegene Pension und Taverne. Geräumiger Parkplatz. Kein Klosterblick, aber dafür nahe bei den Klöstern gelegen. Vater Vassíli grillt exzellente Lammkoteletts! *10 Zi.* | *East Metéora Road* | *Tel. 24 32 02 41 50* | *www.arsenis-meteora.gr* | €

PRIVATZIMMER ZIÓGAS

10 Zimmer mit Dusche/WC mit grandiosem Klosterblick, etwas versteckt hinter dem kleinen Hotel Kastráki. *In Kastráki an der Hauptstraße von Kalambáka zu den Klöstern* | *Tel. 24 32 02 40 37* | €

ZIELE IN DER UMGEBUNG

ELÁTI [172 B6]

Typisches Píndos-Bergdorf, vor grandioser Gebirgskulisse zwischen Tannenwäldern auf 860 m Höhe nahe dem Wintersportzentrum von Pertúli gelegen. *57 km südlich von Kalambáka*

TRÍKALA [177 D3]

Die Stadt am Rand der Thessalischen Tiefebene (48 700 Ew.) galt in der Antike als Heimat des Äskulap, des Gottes der Heilkunde. Ihr Zentrum ist die *Platía Polytechníou.* Die Straße nach Kardítsa führt von hier an der dem Stadtgefängnis benachbarten *Kursum-Moschee* vorbei; von der Straße nach Kalambáka zweigt die Zufahrt zur byzantinischen *Burgruine* ab, vor der man schattig im *Café-Restaurant Frourio (€€)* rasten kann. *23 km südlich von Kalambáka*

VÓLOS

[178 B1] **1954/55 wurde die Hafenstadt (82 500 Ew.) Opfer schwerer Erdbeben – sie besitzt so gut wie keine älteren Bauten mehr.** Reizvoll sind nur die Lage am Pagasitischen Golf, die breite Uferpromenade *Odós Argonaftón* mit ihren Cafés und Restaurants sowie der Blick auf die Dörfer an den Hängen des Pílion, die quasi Vororte der Stadt sind.

SEHENSWERTES

ÁGIOS KONSTANTÍNOS

Die Basilika am hafenfernen Ende der Uferpromenade ist mit neuen Mosaiken im traditionellen Stil ausgestattet. *Tgl. 7–12 und 17–19 Uhr*

ARCHÄOLOGISCHES MUSEUM

Insider Tipp

Einzigartig ist die Sammlung von etwa 400 gut erhaltenen, farbig bemalten Grabstelen aus dem 3. und 2. Jh. v. Chr. *April–Okt. Mo 12–19*

Uhr, Di–So 8–19 Uhr, Nov.–März Di–So 8.30–15 Uhr | Odós Athanasáki 1 (am östlichen Stadtrand, an der Hauptstraße nach Argiá ausgeschildert) | Eintritt 2 Euro

Insider Tipp OÍKIA KONTOÚ

Das historische Herrenhaus im Vorort Anakasiá/Ano Vólos wurde vom bedeutendsten griechischen Maler des 20. Jhs., Theóphilos, ausgemalt. *Di–So 8–15 Uhr | Zugang von der Hauptstraße aus (an der Platía von Anakasiá beschildert) | Eintritt frei*

ESSEN & TRINKEN

BALKÓNI TOU CHRISTÁKI

Stadtnahe Dorftaverne mit prächtiger Terrasse und weitem Blick im Zentrum von Ano Vólos. *Platía Ethnikís Antístasis* | €

OUZERÍ O MORIÁS

Einfache Ouzerie am Hafen. *Odós Argonaftón 8* | €

THEÓPHILOS

Restaurant im Stadtpark, große Auswahl. *Platía Ríga Feréou* | €€

> LOW BUDGET

> *Wohnmobile* können auf dem Gelände der Pension *Arsénis House* kostenlos parken und auch Strom beziehen. Wirt Kóstas erwartet nur, dass man gelegentlich in der Taverne der Pension speist (s. S. 95)

> In der *Taverne Charamá* in Vólos gibt es Hauptgerichte schon unter 5 Euro, kräftige Suppen sogar als halbe Portionen. *Rund um die Uhr geöffnet | Odós Dimitriádos/Odós Borel*

EINKAUFEN

Haupteinkaufsstraßen sind die Uferparallelstraßen *Iasónos* und *Dimitriádos*. Markt ist vormittags entlang der *Odós El. Venizélou*.

ÜBERNACHTEN

Eine gute Alternative zu den meist lauten Stadthotels sind die stimmungsvollen Unterkünfte in den nahen Dörfern oberhalb von Vólos bis hinauf nach *Makrinítsa* (mit Linienbussen sind die Orte gut erreichbar). Hauptsaison ist hier der Winter.

AIGLI

2004 renoviertes, stilvolles historisches Hotel am Fährhafen von Vólos. *87 Zi. | Odós Argonaftón 24–26 | Tel. 24 21 02 44 71 | Fax 24 21 03 30 06 | www.aegli.gr* | €€–€€€

ARCHONTIKÓ KARAMARLÍ

Sehr gute Pension in einem traditionellen Herrenhaus unterhalb der Hauptgasse von Makrinítsa mit Ausblick von der Frühstücksterrasse. *20 Zi. | Odós 17 Martíou 1878 | Tel. 24 28 09 95 70 | Fax 24 28 09 97 79 | www.agrotravel.gr* |€€€

O THEÓPHILOS

Stilvolle, kleine Pension in einem traditionellen Herrenhaus in Makrinítsa an der Hauptgasse nahe dem Parkplatz. *5 Zi. | Odós 17 Martíou 1878 | Tel. 24 28 09 94 35* | €€

PORTARIÁ

Modernes, architektonisch gut eingepasstes Hotel mit Pool, beheizbarem Hallenbad und Sauna. Am oberen Dorfrand von Portariá ruhig gelegen. Mit Privatparkplatz. *58 Zi. | Tel.*

Mit dem Auto fast im Lokal, aber schnell weg will hier keiner: fröhliche Tafelrunde in Vólos

24 28 09 90 00 | Fax 24 28 09 90 66 | www.portariahotel.gr | €€

SKOUFOGIÁNI

Sehr ländlich-ruhige, einfache Pension im Grünen mit weitem Ausblick und Garten, alle Zimmer mit Balkon. Etagenduschen. *5 Zi. | Katichóri (Zufahrt an der Hauptstraße ausgeschildert) | Tel. 24 21 09 92 89* | €

AM ABEND

Griechische Musik in unverfälschter Atmosphäre, in der die Gäste tanzen, wenn sie Lust haben, können Sie in zahlreichen Musiktavernen erleben, z. B. im *Mousikoráma* an der *Hauptstraße von Anakasiá/Áno Vólos*.

AUSKUNFT

TOURIST INFORMATION

Odós Sekéris/Ecke Odós Zachoú (Busbahnhof) | Tel. 24 21 02 02 73 | www.volos.gr

ZIELE IN DER UMGEBUNG

AMBELÁKIA **[173 D2]**

Das früher große Dorf (430 Ew.), fünf serpentinenreiche Kilometer oberhalb des Témbi-Tals, war im 18. Jh. Sitz der ersten griechischen Genossenschaft. Man widmete sich vor allem der Baumwollbearbeitung und ihrem Export. Aus jener Zeit stehen noch viele einst prächtige Herrenhäuser. Das des Genossenschaftsvorsitzenden, der sich wegen seiner vielen Wiener Kontakte nicht mehr Mávros, sondern in deutscher Übersetzung Schwartz nannte, war zugleich Kontor und Schatzkammer der Genossenschaft. Es wurde restauriert und kann besichtigt werden *(Mai–Sept. Mo 12–19 Uhr, Di–So 9–19 Uhr, Okt.–April Di–So 8.30–15 Uhr | Eintritt 2 Euro)*.

Gut essen können Sie an der Platía, gut wohnen nahe der Platía im Hotel *I Enéa Moúses (9 Zi. | Tel.*

24 95 09 34 05 | €) und in den *Rooms Rizári (4 Zi. | Tel. 24 95 09 31 05 | €)* über der gleichnamigen, exzellenten Taverne. *95 km nordwestlich*

DÍMINI [178 B1]

Befestigungsringe des Dorfs aus der Jungsteinzeit und ein mykenisches Kuppelgrab sind gut erhalten *(Di–So 8.30–15 Uhr | Eintritt 2 Euro). 3 km westlich*

LÁRISSA [178 A1]

Die Stadt am Piniós (124 400 Ew.) ist ein Zentrum der Lebensmittelindustrie. In einer kleinen, ehemaligen Moschee an der großen Platía Laoú ist das *Archäologische Museum* untergebracht *(Di–So 8.30–15 Uhr | Eintritt frei)*. Auf der Platía selbst ist die kleine *Kapelle des Ágios Vizários* neu im byzantinischen Stil ausgemalt worden.

Von der Platía Laoú aus führt in Richtung Tríkala die Haupteinkaufsstraße *Odós Venizélou* leicht bergan. Von ihr zweigt die Odós Papanastasíou nach rechts ab, an der die spärlichen Überreste eines römischen und eines griechischen *Theaters* freigelegt wurden. Sie führt zu den Mauern der mittelalterlichen *Burg* mit dem sehr guten *Restaurant Frourio (Do–So abends Livemusik | €€)*. Zentral gelegen ist das siebengeschossige *Hotel Astéras* mit Privatparkplatz *(63 Zi. | Odós Asklipíou 22 | Tel. 24 10 53 47 72 | Fax 24 10 53 64 14 | www.asterashotel.gr | €€). 61 km westlich*

MAKRINÍTSA ★ [178 B1]

Makrinítsa (900 Ew.) ist die Perle unter den vielen schönen Bergdörfern des Pílion. Seine von früherem Wohlstand zeugenden und meist stilvoll restaurierten Herrenhäuser aus der Zeit der Türkenherrschaft sind in gebührendem Abstand voneinander am steilen Berghang über 500 Höhenmeter verteilt. Viele wurden stimmungsvolle Pensionen. Eine von Souvenirgeschäften gesäumte, autofreie Gasse führt vom Parkplatz am Ortseingang zur Platía mit ihrem schönen *Brunnenhaus* aus dem Jahr 1930, der kleinen *Kirche Johannes des Täufers* mit naiv-volkstümlichen Fresken und dem *Kafeníon Theóphilos,* in dem noch eine Wandmalerei des großen Malers erhalten geblieben ist. *17 km nordöstlich*

NÉA ANCHÍALOS [178 B2]

In einem Park an der Hauptstraße nach Vólos sind Überreste dreier *frühchristlicher Basiliken* und des *Bischofspalasts* zu sehen *(Mo–Sa 7.30–19.30, So 8.30–18 Uhr). 19 km südlich*

PÍLION-RUNDFAHRT ★ [178 B–C 1–2]

In der Antike galt das 1551 m hohe Pílion-Gebirge auf der Halbinsel Magnisía als Heimat der Kentauren. Heute wird die Halbinsel als eine der schönsten Landschaften Griechenlands geschätzt. Sie vereint großartige Bergkulissen, schöne Strände und gut erhaltene Dorfensembles mit der typischen Architektur des 18./19. Jhs. Man fährt auf schmalen, serpentinenreichen Straßen durch Laubwälder mit efeuumrankten Stämmen und ausgedehnte Obstplantagen und stößt auf eine Legion typischer, dem rauen Gebirgsklima angepasster Kirchen. Ein Tag reicht für die Rundfahrt nur aus, wenn man das schönste der Dörfer, *Makrinítsa,* schon zuvor besucht hat.

Besonders sehenswert sind die Dörfer *Zagorá* mit der *Kirche Ágios Geórgios* (an der oberen Platía, im Dorf dem Wegweiser zum „Health Centre“ folgen), *Kíssos* mit der *Kirche Agía Marína* und *Miliés* (auch: Mileé) mit der *Kirche Taxiárchon.* Zu den besten und stimmungsvollsten Tavernen gehört die *Taverne Kyrá María (€€)* in Miliés. Privatzimmer gibt es in allen Dörfern; für einen Strandurlaub besonders empfehlenswert ist die autofreie Bucht *Papá Neró* bei Ágios Jánnis mit der *Pension Oréa Amoudiá (8 Zi. | Tel. 24 26 03 12 19 | Fax 24 21 03 33 15 | €).* Im Winter sind im Pílion Skilifte und Loipen in Betrieb. *Länge der Rundfahrt ab und bis Vólos mindestens 145 km*

TÉMBI-TAL ★ [177 E–F2]

Das 8 km lange, schluchtartige Tal bildet den wichtigsten Übergang von Nord- nach Mittelgriechenland. Zwischen den weit über 100 m hohen Felswänden zwängen sich der von Bäumen gesäumte Piniós, die Eisenbahn und die Nationalstraße hindurch. Von den Parkplätzen an der *Agía Paraskeví* genannten Stelle aus führt eine Brücke über den Fluss zur gleichnamigen Höhlenkirche, die besonders von augenkranken Pilgern aufgesucht wird. Hohe Platanen und ein Selbstbedienungsrestaurant laden zur Rast ein. Vom Nordausgang des Tals lohnt ein Abstecher zum 12 km entfernten, sehr langen Sandstrand von *Stómio* an der Mündung des Piniós. *88 km nordwestlich*

Nur einer von vielen Traumstränden zu Füßen des Pílion

> VOM IONISCHEN MEER ZUR ÄGÄIS

Das delphische Orakel, schöne Badeorte und Inseln auch für Autofahrer

> Mittelgriechenland (neugriechisch: Stérea Elláda) bildet zusammen mit dem Peloponnes das griechische Kernland, auch in historischer Hinsicht. Es reicht von Attika mit Athen als Zentrum und der Insel Euböa über Böotien mit dem berühmten Theben bis hin in die Phokis mit Delphi, dem großen panhellenischen Heiligtum.

Nur im äußersten Westen und Nordwesten werden drei Landschaften zu Mittelgriechenland gezählt, die in der Antike keine große Rolle spielen. Ätolien und Akarnanien waren von Griechen bewohnt, die einen sonst nur schwer verständlichen Dialekt sprachen und sich zudem mit den Illyrern vermischt hatten. Erst seit dem 5. Jh. v. Chr. kamen auch sie in den Einflussbereich der griechischen Hochkultur. Evritanien schließlich war die ganze Antike hindurch ein kaum zugängliches Bergland, das vor allem Hirten bewohnten. Auch heute noch ist Evritanía der am schlechtes-

Bild: Mosaik im Kloster Ósios Loukás

MITTEL GRIECHENLAND

ten erschlossene Regierungsbezirk Griechenlands. Die Straßen sind unzulänglich, Bahn- und Flugverbindungen fehlen. Zwischen Delphi und Attika aber ist Mittelgriechenland zusammen mit dem Peloponnes das Gebiet schlechthin für die klassische Bildungsreise.

Die Landschaft Mittelgriechenlands ist geprägt vom ständigen Wechsel. Die meisten Küsten säumen nicht das offene Meer, sondern liegen hohen Bergen gegenüber. Je nach Sicht liegen diese zum Greifen nah oder weit entfernt im Dunst, vom Betrachter getrennt durch den Korinthischen, den Saronischen oder den Euböischen Golf. Im Westen, am Ionischen Meer, sind dem Festland einige bewohnte und eine Menge unbewohnter Inseln vorgelagert. Im Südwesten prägen Lagunen die Küstenlandschaft, sonst überwiegt Steilküste. Strände gibt es vor allem rings

DELPHI

Ein runder Tempel: die Tholos des Athene-Heiligtums in Delphi

um Attika und am Euböischen Golf, doch liegen sie entweder zu nah an Athen oder sind zu unansehnlich, um ausländische Touristen in großer Zahl anlocken zu können.

Der überwiegende Teil Mittelgriechenlands ist gebirgig. Die höchsten Gipfel steigen über 2500 m hoch an. In den Ebenen im Westen sowie bei Lamía und Livadiá wird Baumwolle angebaut, bei Lamía auch Reis. In den Hügelländern Akarnaniens wächst Tabak. Die Ebene von Amfíssa bei Delphi gleicht schon seit der Antike einem großen See aus Hunderttausenden silbrig schimmernden Olivenbäumen.

DELPHI

[177 E6] ★ **Delphi liegt in etwa 600 m Höhe am Südwesthang des 2459 m hohen Parnass-Gebirges. Vom heutigen Dorf, das zu einem Großteil aus Hotels besteht, geht der Blick tief hinunter auf die einst heilige Ebene mit unzähligen Olivenbäumen.** Und man schaut auf die bis in den Mai hinein schneebedeckten Berge des Peloponnes am Horizont und auf die windgeschützte Bucht von Itéa, dem antiken Hafen Delphis.

Delphi galt in der griechischen Antike als Mittelpunkt der Welt. Heute hätte das Dorf (2400 Ew.) bestenfalls zwischen Januar und März als Wochenendziel für wintersportbegeisterte Athener Bedeutung, wären da nicht die Ausgrabungen des antiken *Apollon-Heiligtums.* Sie gelten vielen auch wegen ihrer landschaftlichen Lage als die schönsten und eindrucksvollsten Griechenlands. Grundlage für Ruhm und Reichtum Delphis war sein Orakel. Durch den Mund der Pythia – einer in Trance stehenden älteren Frau als Medium – sprach Gott Apoll zu den Menschen, die von ihm Rat und Weissagung erbaten. Oft waren die Orakelsprüche geheimnisvoll und zweideutig, sodass das Orakel immer Recht behielt und damit seinen Ruhm noch steigerte. Ein berühmtes Beispiel dafür ist der sagenhaft reiche lydische König Krösos. Er kam, um zu hören, ob er seinen geplanten Krieg gegen die Perser gewinnen könne. Wenn er den Grenzfluss Halys überschreite, werde er ein großes Reich zerstören, war die Auskunft des Orakels. Er wagte den Krieg, verlor – und zerstörte damit sein eigenes großes Reich.

Nach Delphi kamen nicht nur Privatleute mit ihren Alltagssorgen, sondern vor allem auch offizielle Gesandtschaften aus den vielen griechischen Stadtstaaten und sogar aus Ländern der Barbaren. Anfangs war das Orakel nur an einem Tag im Jahr zu konsultieren, später einmal monatlich und in klassischer Zeit, wegen der großen Nachfrage, sogar täglich – bis auf drei Monate im Winter, in denen Apoll als abwesend galt und die Herrschaft über Delphi an Dionysos, den Gott des Theaters, des Weins und der ekstatischen Feste abtrat. Zeitweise arbeiteten drei Frauen gleichzeitig als Pythia.

Die Pilger und Gesandtschaften opferten Apoll Tiere und brachten ihm zum Teil sehr wertvolle Geschenke dar; an die Stadt Delphi zahlten sie Gebühren. Priestern und Beamten erwiesen sie so manche Gunst, um in der Reihe der Wartenden schneller vorzurücken. Die Delphier waren reich, und im Heiligtum häuften sich die Schätze des Apoll in den Schatzhäusern, die viele griechische Städte speziell für ihre offiziellen Weihegeschenke und für des Gottes Anteil an ihrer Kriegsbeute errichtet hatten. Überall im Heiligtum waren Apoll dargebrachte Statuen und Skulpturen aus edlem Marmor, wertvoller Bronze und kostbaren Metallen aufgestellt.

Alle vier Jahre fanden zudem im August die Pythischen Spiele statt, bei denen Künstler und Athleten aus der ganzen griechischen Welt im Theater, im Stadion und im Hippodrom in ehrenvollen Wettstreit traten. Mit dem endgültigen Sieg des Christentums 381 verstummte das delphische Orakel, das über 1700 Jahre lang die Geschicke der antiken Welt mitbeeinflusst hatte.

SEHENSWERTES

ARCHÄOLOGISCHES MUSEUM

Das moderne Museum von Delphi lohnt unbedingt den Besuch. Gut erhaltene Friese zeigen, wie reich die Außenseiten der Schatzhäuser ge-

MARCO POLO HIGHLIGHTS

★ Delphi
Antikes Heiligtum von Weltrang in einzigartiger Lage (Seite 102)

★ Kloster Ósios Loukás
Mittelalterliches Kloster mit großartigen Mosaiken (Seite 107)

★ Náfpaktos
Kleinstadt in mittelalterlichen Mauern und idyllischer Hafen (Seite 110)

★ Mesolóngi
Erinnerungen an den Freiheitskampf gegen die Türken (Seite 113)

schmückt waren. Einige der Statuen wie zum Beispiel die Sphinx der Naxier oder die beiden archaischen Jünglingsgestalten Kleobis und Biton muss man sich im Heiligtum unter freiem Himmel aufgestellt vorstellen. Beachtung verdienen zahlreiche blechen aus dem 6. Jh. v. Chr. Die bekanntesten Schätze des Museums sind die bronzene Statue des Wagenlenkers (5. Jh. v. Chr.), die archaische Sphinx der Naxier und die römische Marmorstatue des Antinoos (2. Jh.). *April–Okt. tgl. 8–19.30 Uhr,*

Weltberühmt: die lebensgroße Bronzestatue des Wagenlenkers im Archäologischen Museum

Kleinfunde aus Bronze wie zum Beispiel eine Statuette des Odysseus, der unter einem Widder hängend seinen Feinden entkommt. Der marmorne Omphalos, den man im Museum sehen kann, stammt vom Apollon-Tempel. Er markierte dort den Mittelpunkt der Welt. Besonders eindrucksvoll sind die gut erhaltenen Überreste der lebensgroßen Statue eines Stiers aus getriebenen Silber*Nov.–März tgl. 8.30–15 Uhr | Eintritt 6 Euro, mit Ausgrabungen 9 Euro | an der Hauptstraße zwischen dem Dorf und den Ausgrabungen*

Die Ausgrabungen liegen etwa 1 km vor dem heutigen Dorf unter- und oberhalb der von Athen nach Delphi führenden Straße. Man beginnt die Besichtigung am besten nach dem Museumsbesuch und dann mit den oberen Ausgrabungen.

OBERE AUSGRABUNGEN

Vom Eingang kommt man auf einen kleinen Platz mit sieben ionischen Säulen, die römische *Agorá.* Hier wird anhand des römischen Mauerwerks und der christlichen Architekturfragmente etwas deutlich, was man beim Rundgang immer bedenken sollte: Der Zustand der Ausgrabungen gibt keine Momentaufnahme aus einem bestimmten Jahr wieder, sondern vermischt Elemente aus der langen Geschichte des Heiligtums.

Von der Agorá aus sind die sechs aufrecht stehenden dorischen Säulen des *Apollon-Tempels* weiter oberhalb zu sehen. Dort hinauf führt die heilige Straße, die zu beiden Seiten von Schatzhäusern und Skulpturen flankiert war. Wie solche Schatzhäuser aussahen, zeigt deutlich das vollständig rekonstruierte *Schatzhaus der Athener.*

Wenige Schritte weiter stehen links der Straße drei ionische Säulen, die zu einer ebenfalls von den Athenern gestifteten Halle gehörten, in der die dem Apoll geweihten Beutestücke aus der Seeschlacht von Salamis ausgestellt waren. Unmittelbar dahinter stützt eine Mauer aus sorgfältig einander angepassten, vieleckigen Steinblöcken – also eine polygonale Mauer – die Terrasse, auf der sich der *Apollon-Tempel* erhob. In der Mauer sind deutlich zahllose Inschriften zu erkennen: Freilassungsurkunden von Sklaven.

Dann steht man vor dem Tempel selbst, der ursprünglich sechs Säulen an den Schmal- und 15 Säulen an den Längssäulen besaß. In seinem Innern stand eine goldene Statue des Gottes; hier hockte auf einem Dreifuß über einem Erdloch auch die Pythia, durch deren Mund der Gott das Orakel verkündete.

Oberhalb des Tempels bietet sich dann vom sehr gut erhaltenen *Theater* aus ein schöner Blick über das Heiligtum. Es stammt aus der Zeit um 400 v. Chr., hat 35 Sitzreihen und bot etwa 5000 Zuschauern Platz. Am obersten Rand des Heiligtums liegt jenseits eines kleinen Kiefernhains das antike *Stadion* mit steinernen Rängen für 7000 Zuschauer. Deutlich zu erkennen sind die Sitze der Schiedsrichter, die als einzige Lehnen hatten, und die Startrillen in den Steinplattenreihen an beiden Enden des Innenraums.

UNTERE AUSGRABUNGEN

Unterhalb der Asphaltstraße liegen das *Heiligtum der Athena Pronaia* und das antike *Gymnasion.* Im Athena-Heiligtum standen weitere Schatzhäuser, ein dorischer Tempel und ein teilweise rekonstruierter *Rundbau (Tholos)* aus der Zeit um 390 v. Chr. mit unbekannter Funktion. Von hier aus ist der Blick auf die gesamten Ausgrabungen von Delphi besonders reizvoll. Vom Gymnasion, einer Übungsstätte für Läufer, und der dazugehörigen Palästra, in der sich die Ringkämpfer auf ihre Wettkämpfe vorbereiteten, sind nur Grundmauern erhalten.

Zwischen dem Eingang zu den unteren und oberen Ausgrabungen liegt nahe der Straße unterhalb der steilen Felsen der Phädriaden der *Kastalische Quell,* an dem sich die Pilger vor ihrem Gang ins Apollon-Heiligtum einer rituellen Waschung unterzogen. *April–Okt. tgl. 8–19.30 Uhr,*

Nov.–März tgl. 8.30–15 Uhr | Eintritt 6 Euro | mit Museum 9 Euro

ESSEN & TRINKEN

Insider Tipp

EPÍKOUROS

Taverne mit guter griechischer Küche, im Winter nur an Wochenenden geöffnet. Dann gibt es dort ein einzigartiges Wildschwein-Stifádo. *Odós Friderikis 33 | www.delphi.com.gr* | €€

VÁKCHOS (LOÚCAS)

Einfache Taverne mit schnellem Service, aber gutem Essen. *Odós Apollónos 31* | €€

EINKAUFEN

Aus dem Souvenirkitsch heben sich einige handgearbeitete Schachspiele bei *Amphora Ceramics (Odós Apollónos 8)* ab, deren Figuren berühmten Statuen aus dem Museum von Delphi nachgebildet sind.

ÜBERNACHTEN

AMALÍA

Klimatisierte Zimmer, großer Pool, gute Aussicht, ruhig. *185 Zi. | Odós Apollónos | Tel. 22 65 08 21 01 | Fax 22 65 08 22 90 | www.amalia.gr* | €€€

DELPHI PALACE

First-Class-Hotel: Klimaanlage, Suiten mit Whirlpool, Pool. *49 Zi. | Odós Apollónos 69 | Tel. 22 65 08 21 51 | Fax 22 65 08 27 64 | www.delphi-hotels.gr* | €€€

OLYMPIC

Familiär geführtes Hotel in Hanglage im Ortszentrum, viele Zimmer mit Blick ins Tal und zum Meer. *20 Zi. | Odós Vas. Pavlou & Friderikis 59 | Tel. 22 65 08 27 93 | Fax 22 65 08 27 80 | www.olympic-hotel.gr* | €€

SUN VIEW

Pension zwischen der Hauptstraße und dem Hotel Amalía. *7 Zi. | Odós Apollónos 84 | Tel. 22 65 08 23 49 | Fax 22 65 08 28 15* | €

AUSKUNFT

DELPHI TOURISTINFORMATION

Mo–Sa 8.30–15 Uhr, im Sommer auch 18–20 Uhr | untere Hauptstraße | Tel. 22 65 08 29 00 | www.delphi.gr

ZIELE IN DER UMGEBUNG

ARÁCHOVA [177 F6]

Aráchova (2800 Ew.) ist in der kalten Jahreszeit ein bedeutendes Wintersportzentrum mit gut einem Dutzend Ausrüstungsverleihern, bei denen auch Skiunterricht gebucht werden kann. Im Sommerhalbjahr ist das große Bergdorf ein Pflichtstopp für alle Ausflugsbusse auf dem Weg nach Delphi. Hier findet man nämlich in vielen Geschäften eine große Auswahl an Webwaren. Noch Anfang der 1980er-Jahre war jede Frau im Dorf mit Weberei beschäftigt, heute sind es nur noch wenige. Viele Geschäfte führen deshalb auch Webarbeiten aus anderen Regionen Griechenlands. *11 km östlich*

CHAIRÓNIA [177 F6]

Der Geburtsort (760 Ew.) des antiken Historikers Plutarch war im Jahr 338 v. Chr. Schauplatz der entscheidenden Schlacht zwischen den verbündeten griechischen Stadtstaaten und König Philipp II. von Makedonien sowie seinem Sohn, dem späteren Alexander dem Großen. Die Makedonier siegten und bereiteten so dem klassischen Griechenland das Ende. An die Schlacht erinnert ein über 5 m hoher marmorner Löwe, den die Thebaner über dem Grab ihrer 338 Gefallenen errichteten. *Frei zugänglich | an der Straße von Livadiá nach Lamía. 57 km östlich*

EUBÖA (ÉVIA) **[178–179 B–F 2–5]**

Euböa ist mit 3850 km^2 Fläche Griechenlands zweitgrößte Insel nach Kreta. Bei Chálkis ist sie über eine Brücke mit dem Festland verbunden. Eine erste Brücke wurde bereits 411 v. Chr. über den hier nur 35 m breiten Meeresarm geschlagen. Die Inselhauptstadt *Chálkis* ist ein Industrie- und Handelszentrum ohne touristischen Reiz. Mit 175 km Länge und bis zu 1743 m hohen Bergen ist Euböa eine Insel, die gut kennenzulernen viel Zeit erfordert.

Die einzige archäologische Stätte von Bedeutung ist *Erétria* mit den Überresten eines antiken Theaters. Hier ist noch ein unterirdischer Treppengang, eine sogenannte Archontische Stiege, erhalten. Sie führt vom Bühnenunterbau zur Mitte der Orchestra, auf der die Schauspieler agierten. So konnten unterirdische Wesen effektvoll ins Spiel gebracht werden. *(Di–So 8.30–15 Uhr | Eintritt 2 Euro).* Auf Erétria konzentriert sich auch der ausländische Tourismus auf Euböa. Lohnende Ausflüge führen von hier zur besonders hübsch gelegenen Kleinstadt *Kími* an der Ostküste; ein bei Griechen beliebtes Heilbad ist *Loutrá Edipsoú* im Norden der Insel. *124 km nordöstlich*

An der Ostküste von Euböa findet man Badebuchten wie aus dem Bilderbuch

KLOSTER ÓSIOS LOUKÁS **[177 F6]**

★ Das große, einsam am Rand eines Hochtals gelegene Kloster wurde im 10. Jh. von einem Eremiten namens Lukás gegründet. Seine beiden Hauptkirchen, von denen die größere dem seligen Lukás und die kleinere Mariä Entschlafung geweiht ist, entstanden kurz nach dem Jahr 1000. Im Durchgang zwischen beiden Kirchen genießen die in einem gläsernen Sarg ruhenden Gebeine des Klostergründers hohe Verehrung. Die prächtigen Mosaike in der Hauptkirche stammen aus dem 11. Jh. und gehören neben denen von Dafní zu den schönsten Griechenlands *(tgl. 8–17.30 Uhr | Eintritt 3 Euro). 37 km südöstlich*

Auf dem Weg zum Kloster passiert man das Dorf *Dístomo* (2500 Ew.), über dem ein weithin sichtbares *Mausoleum* an die Ermordung von 223 Männern, Frauen und Kindern durch deutsche Soldaten im Jahr 1944 erinnert.

LAMÍA **[177 E5]**

Lamía (46400 Ew.) erstreckt sich von den Hängen des Orthrisgebirges bis hinab in die Küstenebene. Die Stadt gilt als Heimat des Achilles. Schön ist der Blick von den zahlreichen Dachgartencafés an der *Platía Párkou* auf die Umgebung. Zum Übernachten geeignet ist das moderne *Hotel Samarás (64 Zi. | Platía Diákou 24 | Tel. 22 31 02 89 71 | Fax 22 31 04 27 04 | www.samarashotel.gr | €€€)*; gut essen können Sie im *Restaurant Hawaii (€€)* an der *Platía Elefthérias* mit ihren vielen Straßencafés und in der *Ouzerí Melathróns (€€)* an der *Platía Laoú (im August geschl.). 81 km nördlich*

Die größte Kirche des Klosters Ósios Loukás ist dem Namensgeber geweiht

ORCHOMENÓS **[178 B4]**

Das große Dorf (5800 Ew.) steht an der Stelle einer Siedlung, die von mykenischer bis in byzantinische Zeit hinein bedeutend war. Folgt man von der Hauptstraße aus dem Wegweiser zu den Pigés Haritón, gelangt man nach wenigen Metern zur großen *Kreuzkuppelkirche der Panagía Skripoús*, 874 als erste Kirche dieses Typs in Griechenland erbaut. Ihr gegenüber erkennt man Spuren des *antiken Theaters* und nur wenige Meter südwestlich davon ein jetzt dachloses *Kuppelgrab* aus mykenischer Zeit, das nach dem Namen des damals hier ansässigen Stamms auch als Schatzhaus der Minyer bekannt ist *(Grab tgl. 8.30–15 Uhr | Eintritt 2 Euro). 58 km östlich*

Insider Tipp

PÓRTO GERMENÓ [178 C5]

In den auch noch unter seinem antiken Namen Aigosthéna bekannten Ort an einem Seitenarm des Korinthischen Golfs kommen fast nur griechische Urlauber – und die nur im Hochsommer. Dabei liegt er bloß wenige Kilometer abseits der von Theben nach Athen führenden Hauptstraße. Moderne Ferienvillen und kleine Apartmenthäuser stehen auf den üppig grünen Hängen. Gebadet wird von guten Kiesstränden aus in klarem Wasser. Am Rand des modernen Ortes erheben sich in eindrucksvoller Höhe die *Reste der antiken Stadtmauer* mit ihren Türmen und der *Zitadelle* (4. Jh. v. Chr.), deren Mauerwerk aus überwiegend polygonalen Steinblöcken ein wahres Kunstwerk ist. *129 km südöstlich*

THEBEN (THÍVA) [178 C4]

Die Stadt (21 200 Ew.) mit dem großen historischen Namen ist zu einem Zentrum der Lebensmittelindustrie für die Versorgung Athens und zu einem Industriestandort geworden. Hier spielen die Mythen von Kadmos und Antigone, Ödipus und Polyneikes. Von außen erkennt man noch die strategisch günstige Lage der Stadt auf einem Hügel über der fruchtbaren Ebene. Historische Sehenswürdigkeiten bietet Theben kaum noch. Erhalten sind ein *Wehrturm* aus der Zeit der Frankenherrschaft im 13. Jh. und im Zentrum an der Hauptstraße (beschildert mit „Part of the Mycenaean Palace“) geringfügige Mauerreste von etwa 16 m Länge aus mykenischer Zeit. Sehenswert ist das *Archäologische Museum (Di–So 8.30–15 Uhr | Eintritt 2 Euro),* u. a. mit bemalten mykenischen Sarkophagen. *90 km östlich*

THERMOPYLEN (THERMOPÍLES) [178 A3]

In der Antike war die Küstenlinie an der heute „Warme Tore“ genannten Stelle ungefähr mit dem heutigen Verlauf der Nationalstraße identisch. Zwischen den noch immer gut sichtbaren *heißen Quellen* und dem Meer ermöglichte also nur ein äußerst schmaler Landstreifen den Durchgang von Nord- nach Südgriechenland. Deswegen stellte sich hier 480 v. Chr. Leonidas mit 300 Spartanern den heranrückenden Persern zum Kampf, um ihr Eindringen nach Hellas zu verhindern. Verrat führte jedoch zur völligen Vernichtung der hoffnungslos unterlegenen Spartaner, die die Perser so lange wie möglich aufzuhalten versuchten. Simonides dichtete auf sie das berühmte Epigramm „Wanderer, kommst du nach Sparta, verkündige dorten, du habest uns hier liegen gesehen, wie das Gesetz es befahl.“ Heute erinnert ein *Denkmal* an der Nationalstraße an die antike Schlacht.

An diesem geschichtsträchtigen Ort kann man im *Kurhaus* ein Thermalbad nehmen *(tgl. 7.30–13.30 Uhr). 164 km nördlich*

NÁFPAKTOS

[177 D6] ★ **Náfpaktos (13 000 Ew.), von den Venezianern einst Lepanto genannt, ist eine der besonders schönen Küstenstädte des griechischen Festlands.** Die Häuser der Altstadt ziehen sich von einem kleinen, mauerbewehrten Hafenbecken aus einen steilen Hügel bergan. Dieser wird von einer mächtigen Zitadelle bekrönt. An beiden Seiten dieses historischen Ortskerns zieht sich ein feinkiesiger Strandstreifen entlang. Hohe Platanen an der größtenteils autofreien Uferpromenade verbergen die Neubauten, sodass das Ortsbild insgesamt noch sehr intakt erscheint. Am Burgberg und nahe dem Ufer sorgen Quellen und Brunnen ganzjährig für reichlich Wasser.

In die Geschichte eingegangen ist Náfpaktos durch die Seeschlacht von Lepanto im Jahr 1571. Die Türken hatten ein Jahr zuvor große Teile der Insel Zypern, die zu Venedig gehörte, besetzt. Venedig bildete daraufhin eine Allianz mit dem Papst und König Philipp II. von Spanien. Man stellte eine Flotte von über 200 Kriegsschiffen zusammen, die aber viel zu spät lossegelte, um Zypern noch retten zu können. Stattdessen traf sie am 7. Okt. 1571 auf die vor Náfpaktos liegende türkische Flotte, die in vierstündiger Seeschlacht nahezu völlig vernichtet wurde. Der spanische Dichter Miguel de Cervantes verlor in diesem Kampf einen Arm. Die Christen zogen mit gestärkter Moral, die sie nach vielen Niederlagen für die Verteidigung des Abendlands gegen die Osmanen

Immer noch schützen venezianische Mauern den Hafen von Náfpaktos

auch dringend brauchten, heimwärts. Náfpaktos aber blieb weiterhin türkisch und entwickelte sich zu einem Zentrum der Piraterie und des Sklavenhandels. Nur 1687–1700 war es wie schon 1407–1499 für eine kurze Zeit in venezianischer Hand.

SEHENSWERTES

HAFEN

Das kleine Hafenbecken, in dem Fischerboote und einige Yachten liegen, wird zur See hin noch immer von venezianischen Mauern geschützt. Von dort aus erkennt man besonders gut, wie stark befestigt die Altstadt war.

ZITADELLE

Die Mauern um die Altstadt ziehen sich vom Hafen bis zur Zitadelle hinauf. Drei weitere Mauerzüge verlaufen in Abständen horizontal am Hang entlang und machten so die Zitadelle noch sicherer. Eine Straße führt bis unmittelbar unter die Zitadelle; schöner ist es jedoch, in etwa 40 Minuten vom Hafen aus durch die Gassen der Altstadt bis auf den Burgberg zu wandern.

ESSEN & TRINKEN

KOYZÍNA MARIA LOI

Eine begnadete Gastgeberin, erstklassige moderne griechische und mediterrane Küche. *An der Westseite des Hafens* | €€

PAPOÚLIS

Griechisch-urige Taverne, Tische mit Meerblick, große Auswahl an kleinen Leckereien zu preiswertem Wein vom Fass. *Ostseite des Hafens* | *Odós Sísmani* | €

ÜBERNACHTEN

ÍLION

Zwei ruhig gelegene Natursteingebäude in der Altstadt, etwa 150 m oberhalb des Hafens, mit schöner Terrasse. *10 Zi., Odós Daliáni 7* | *Tel. 26 34 02 12 22* | *www.nafpaktoshotel.gr* | €

LEPÁNTO BEACH

Modernes Hotel, durch die Uferstraße vom Strand aus Kieselsteinen getrennt, 1200 m östlich vom Hafen. *48 Zi.* | *Paralía Grimbóvu* | *Tel. 26 34 02 39 31* | *Fax 26 34 02 39 30* | *www.lepantobeach.gr* | €€

ZIELE IN DER UMGEBUNG

ANTÍRRIO [177 D6]

Antírrio liegt an der Engstelle zwischen dem Golf von Patras und dem Golf von Korinth, Río auf dem Peloponnes gegenüber. Um diese Meerenge zu kontrollieren, erbauten die Venezianer in beiden Orten Festungen, die die Türken weiter benutzten. Die Festung von Antírrio liegt unmittelbar am Fährhafen für die Boote, die trotz neuer Brücke weiterhin zwischen Antírrio und Río pendeln. Allerdings stehen nur noch die Außenmauern, das Innere ist gesperrt. *12 km südwestlich*

ETOLIKÓ [176 C6]

Die Kleinstadt (5400 Ew.), abseits der Hauptstraße von Mesolóngi nach Árta, liegt auf einer über Dämme mit dem Festland verbundenen Insel am Ausgang der Ätolischen Lagune. An ihren Ufern wird Salz abgebaut. Die Lage des Orts gefällt dem Auge, die Abwässer in der Lagune beleidigen jedoch die Nase. *60 km westlich*

Insider Tipp **KARPENÍSI** [177 D5]

Die Kleinstadt (6600 Ew.) ist der Hauptort des sehr gebirgigen und weltabgeschiedenen Regierungsbezirks von Evritanien, der kaum von Touristen besucht wird. Sie gilt als eines der schönsten Bergstädtchen Griechenlands. Hauptattraktion ist die landschaftliche Umgebung. Bestes Hotel der Region ist der exzellente *Montana Club (135 Zi. | Souila | Tel. 22 37 08 04 00 | Fax 22 37 08 04 09 | www.montana.gr | €€€)* mit vielen Sportangeboten. Viel günstiger ist das *Hotel Ánessis (38 Zi. | Odós Zinópoulou 50 | Tel. 22 37 08 07 00 | Fax 22 37 02 30 21 | www.anesis.gr | €€). 198 km nördlich*

LÉFKAS [176 A–B5]

Léfkas ist neben Euböa die einzige griechische Insel, die über eine Brücke vom Festland aus erreichbar ist. Der Abstecher lohnt für jeden, der einmal Inselatmosphäre schnuppern möchte. Eine etwa 125 km lange Inselrundfahrt beginnt in der Hauptstadt *Lefkáda*. An ihren engen Gassen stehen noch viele Häuser mit hölzernen Obergeschossen aus türkischer Zeit. Die Rundstraße führt an der Ostküste entlang zum reizvollen Badeort *Nidrí*. Von hier aus kann man Bootsausflüge rund um die Insel *Skórpios* unternehmen, die sich im Besitz der Familie Onassis befindet.

Vasilikí im Süden der Insel ist ein schöner Ort mit langem Sand- und Kiesstrand. Einzigartig ist die Landschaft auf der *Halbinsel Lefkátos*. Vor hohen, weißen Kreidefelsen liegt hier traumhaft schön der Strand von *Pórto Katsíki*. An der Spitze der Halbinsel, auf dem *Kap Doukáto*, steht heute ein Leuchtturm an der Stelle eines antiken Apollo-Tempels. Von hier soll sich Sappho aus Lesbos, die erste Lyrikerin der Welt-

Die griechischen Nationalfarben: am Strand von Ágios Nikítas auf Léfkas

geschichte, aus Liebeskummer ins Meer gestürzt haben. Auf der Rückfahrt nach Lefkáda kann man noch den Strand von *Ágios Nikítas* und das *Nonnenkloster Faneroméni* besuchen. *181 km nordwestlich*

MESOLÓNGI ★ **[176 C6]**

Die 1937 zur „heiligen Stadt" erklärte Kleinstadt (12 200 Ew.) liegt auf einer Halbinsel, die in die extrem flache Lagune von Mesolóngi hineinragt. Seinen Ehrentitel erhielt der Ort, weil sich seine Bewohner im griechischen Freiheitskampf gegen die Türken 1825/26 monatelang besonders heldenhaft einer türkischen Belagerung widersetzten. Als der Hunger innerhalb der Stadtmauern zu groß wurde, beschloss die Bevölkerung einen Ausbruchsversuch, der jedoch an die Türken verraten wurde. Nur 1800 Bewohner überlebten, die übrigen wurden entweder von den Türken niedergemetzelt oder sprengten sich selbst in die Luft.

>LOW BUDGET

- Die *Fährüberfahrt* zwischen Antírrio und Río über den *Golf von Korinth* ist nur etwa halb so teuer wie die Mautgebühr für die Brücke. Weiterer Vorteil: Von der Fähre aus kann man die bildschöne Brücke auch gut fotografieren!
- *Delphi* ist ein beliebter Wintersportort der Athener. Wer frei planen kann, besucht Delphi daher zwischen Januar und März besser werktags als an Wochenenden. So lassen sich bei den Übernachtungskosten leicht 30–50 Prozent sparen.

Zum Gedenken an dieses Geschehen wurde in Mesolóngi ein eindrucksvoller *Heldenpark* angelegt *(frei zugänglich)*. Sie erreichen ihn, wenn Sie nach Passieren des Stadttors in die erste Straße rechts einbie-

Grabmal im Heldenpark von Mesolóngi

gen. Denkmäler erinnern an einzelne griechische Kämpfer, aber auch an die Teilnahme philhellenischer Europäer aus Schweden, Deutschland, Finnland und der Schweiz. Im *Denkmal* für den englischen Dichter Lord Byron ist dessen Herz beigesetzt: Lord Byron, der den Kampf der Griechen mit Geld und Waffenlieferungen unterstützte, war 1824 in Mesolóngi am Sumpffieber gestorben.

Im Rathaus an der zentralen Platía ist ein kleines *Museum (Mo–Fr 9–13.30 u. 18–20 Uhr, Sa, So 9–13 Uhr | Eintritt frei)* eingerichtet, das insbesondere an Lord Byron erinnert; ein Gedenkstein am Stadttor verkündet auf Griechisch: „Jeder freie Mensch ist ein Bürger von Mesolóngi". Übernachten können Sie im *Hotel Liberty (128 Zi. | Tel. 26 31 02 48 31 | Fax 26 31 02 48 32 | €€). 50 km westlich*

> AUF SCHRITT UND TRITT ANTIKES

Nach den Besichtigungen können Sie sich an einem der schönen Strände entspannen

> Der etwa 21 500 km² große Peloponnes hängt nur mit einem 5600 m breiten, völlig flachen Isthmus am griechischen Festland. Der Mensch hat ihn Ende des 19. Jhs. gar zur Insel gemacht: durch den Bau des Kanals von Korinth. Aber schon in der Antike empfand man den Peloponnes als Insel – sein Name bedeutet „Insel des Pelops".

Der Peloponnes ist das Reiseziel schlechthin für eine Studienfahrt auf den Spuren der Antike. Archäologische Stätten von Rang liegen dicht beieinander. In mykenischer Zeit standen hier die Burgen und Paläste sagenhafter Könige aus homerischen Epen wie Agamemnon und Nestor; in der klassischen Antike waren Korinth und Sparta so bedeutend wie Athen.

Die Zahl der mittelalterlichen Burgen ist größer als irgendwo anders im Land, byzantinische Kirchen mit kostbaren Wandmalereien findet man

Bild: Apollon-Tempel in Korinth

PELOPONNES

nicht nur in der einstigen byzantinischen Residenzhauptstadt Mystrás, sondern auch in kleinen Dörfern und nahezu menschenleeren Tälern. Landschaftlich ist der Peloponnes so vielfältig wie das übrige Hellas. Der höchste Berg ist über 2400 m hoch. In den Ebenen werden Wein, Getreide und Zitrusfrüchte angebaut, Industrie hingegen gibt es nur in den wenigen größeren Städten wie Patras, Korinth und Kalamáta. Ausführlich informiert Sie der MARCO POLO Band „Peloponnes".

KORINTH

[181 E2] In der Antike war Korinth eine bedeutende Handelsstadt. Sie besaß mit Lechaíon am Korinthischen und Kenchréai am Saronischen Golf gleich zwei Häfen. Hier konnten Frachten umgeladen werden, wenn die Schiffe nicht auf dem Landweg über den Isthmus gezogen werden sollten. Vom mächtigen Festungsberg Ákrokorinth aus war zudem die Kontrolle aller Straßen vom griechischen Festland auf den Peloponnes möglich. Das antike Korinth entwickelte sich so seit dem 8. Jh. v. Chr. zu einer Metropole des archaischen Hellas. Um 500 v. Chr. verlor es seine führende Rolle an Athen und Sparta; 146 v. Chr. wurde es von den Römern zerstört und erst 100 Jahre später wieder aufgebaut.

Das moderne Korinth (29 800 Ew.), 1858 gegründet und 1928 nach einem schweren Erdbeben neu entstanden, ist eine Stadt mit schachbrettartigem Straßennetz ohne besondere Reize. Die sehenswerten antiken Stätten liegen außerhalb, vor allem im Dorf *Archéa Kórinthos.*

SEHENSWERTES

ÁKROKORINTH

Der 575 m hohe Felsklotz im Hintergrund Korinths ist schon seit über 2700 Jahren befestigt. Eindrucksvoll sind neben den Resten eines Aphrodite-Tempels die gut erhaltenen Mauerringe und -türme aus byzantinischer, fränkischer, türkischer und venezianischer Zeit. *April–Okt. tgl. 8–17 Uhr, Nov.–März Di–So 8.30–15 Uhr | Eintritt frei | 3 km südlich von Alt-Korinth*

Meisterhaftes geometrisches Mosaik mit Dionysos in der Mitte im Archäologischen Museum

ALT-KORINTH (ARCHÉA KÓRINTHOS)

Alt-Korinth gehört zu den sehenswertesten archäologischen Stätten des Peloponnes. Man gewinnt ein gutes Bild von der Gestaltung des Stadtzentrums in römischer Zeit. Auf dem kurzen Weg vom Eingang zum *Archäologischen Museum* sieht man links den durch ein Erdbeben geborstenen Felsklotz der *Glauke-Quelle* und dahinter die sieben noch stehenden *Säulen des Apollon-Tempels*. Ursprünglich war der 550 v. Chr. errichtete Tempel von 38 Säulen umgeben. Sie sind aus einem Stück gearbeitet und beeindrucken durch ihre gelungenen Proportionen. Im krassen Gegensatz dazu stehen die gedrungenen Säulen des römischen *Octavia-Tempels* gleich neben dem Museum.

Nach dem Museumsbesuch gelangt man über eine Treppe hinunter auf den Marktplatz, die *Agorá*. Links fällt ein hohes, gut erhaltenes Gewölbe auf. Es war Teil einer Reihe von 15 Läden, vor denen eine Säulenhalle verlief. Rechts voraus ist eine hohe, auf die Agorá vorspringende Terrasse als *Bema* markiert. Das war eine Rednertribüne, von der aus der Apostel Paulus im Jahr 51 gesprochen haben soll.

Etwa 30 m südlich der Bema begrenzte eine 165 m lange Säulenhalle den Marktplatz. Deutlich erkennbar sind 33 zweigeteilte Räume. In den vorderen sind Brunnenschächte zu sehen, die sie als Marktschänken ausweisen: In den Brunnen wurden Getränke gekühlt.

Von der Agorá aus führen Stufen hinunter zur antiken *Lechaion-Straße*, die am Ausgang des Grabungsgeländes endet. Gleich rechts der Treppen befindet sich die gut erhaltene Anlage des im 2. Jh. neu gestalteten *Peirene-Brunnens* mit den Resten römischer Wandmalereien. *April–Okt. tgl. 8–19.30 Uhr, Nov.–März tgl. 8–17 Uhr | Eintritt 6 Euro inkl. Museum*

ARCHÄOLOGISCHES MUSEUM

Von besonderem Interesse sind die zahlreichen Vasen. Die Übernahme orientalischer Formen und Motive im 7. Jh. ist gut zu erkennen. Typisch sind die Darstellung von Tieren und

MARCO POLO HIGHLIGHTS

★ Olympia
Hier begann die Geschichte der Olympischen Spiele (Seite 127)

★ Kanal von Korinth
Ein Bauwerk, von dem schon die alten Griechen träumten (Seite 118)

★ Mykene (Mykínes, Mykénai)
Eine Burg und viele alte Gräber (Seite 125)

★ Mystrás
Eine byzantinische Geisterstadt in großartiger Landschaft (Seite 134)

★ Pírgos Diroú
Bootsfahrt durch eine Tropfsteinhöhle (Seite 139)

★ Nauplia (Náfplio)
Die erste Hauptstadt des neuen Griechenland (Seite 118)

★ Epidauros (Epídavros)
Kurort der Antike und besterhaltenes Theater Griechenlands (Seite 122)

★ Máni
Raue Landschaft und einstmals raue Sitten (Seite 138)

Fabelwesen und die Füllung der Zwischenräume durch Ornamente wie Blatt- und Klecksrosetten in der Zeit um 600 v. Chr. Wunderschön sind die römischen Fußbodenmosaike aus dem 1./2. Jh., darunter ein Flöte spielender Hirte. *Im Ausgrabungsgelände von Alt-Korinth | April–Okt. tgl. 8–19.30 Uhr, Nov.–März tgl. 8.30–17 Uhr | Mo immer erst ab 12 Uhr | Eintritt 6 Euro inkl. Ausgrabungen*

ESSEN & TRINKEN

MARÍNOS

Modernes Restaurant an der Platía von Alt-Korinth mit schöner Aussichtsterrasse. €

EINKAUFEN

In mehreren Ladenateliers im Ort werden Vasen nach antiken Vorbildern bemalt.

ÜBERNACHTEN

Die Hotels in der modernen Stadt liegen an Hauptstraßen und sind nicht empfehlenswert. Besser wohnen Sie in Pensionen in Alt-Korinth.

Insider Tipp **MARÍNOS**

Einfache, klimatisierte Zimmer mit Balkon. Großer, schattiger Garten mit Taverne. *10 Zi. | an der Straße von Alt-Korinth nach Árgos | Tel. 24 71 03 12 09 | Fax 24 71 03 19 94 | marinosrooms@acn.gr* | €

AM ABEND

Der schönste Platz für den Oúzo zum Sonnenuntergang über dem Korinthischen Golf sind die Terrassen der Cafés am Dorfplatz von Alt-Korinth.

ZIELE IN DER UMGEBUNG

KANAL VON KORINTH [181 E2]

★ Der Kanal von Korinth verbindet seit 1893 den Korinthischen mit dem Saronischen Golf. Gewaltig ist der Anblick von der 45 m über dem Wasser gelegenen alten Straßenbrücke aus. Schlepper ziehen Schiffe mit Lotsen an Bord über die 6,3 km lange Wasserstraße, die den Besatzungen die Umrundung des Peloponnes erspart. An der Wasseroberfläche ist der nur 8 m tiefe Kanal 24,5 m breit. Die Felswände an seinem Rand steigen bis zu 76 m hoch auf. *7 km östlich*

NEMÉA [181 D2] Insider Tipp

In der Antike fanden in Neméa jeweils ein Jahr vor den Olympischen Spielen panhellenische Wettkämpfe statt. Außer dem sehr gut erhaltenen Stadion haben amerikanische Archäologen auch die Grundmauern von Gästehäusern und einer Badeanlage freigelegt. Wahrzeichen Neméas sind drei aufrecht stehende Säulen des antiken Zeus-Tempels. Ein kleines Museum erläutert die Grabungen anschaulich. Diese Ausgrabungen liegen 5 km vor Neméa an der Straße von Korinth im Weiler *Archéa Neméa (April–Okt. tgl. 8–19.30 Uhr, Nov.–März Di–So 8.30–15 Uhr | Eintritt 3 Euro, mit Museum 4 Euro). 30 km südwestlich*

NAUPLIA (NÁFPLIO)

[181 D3] ★ **Die Hauptstadt der Argolis besitzt eines der schönsten und geschlossensten Altstadtviertel des griechischen**

Festlands. Es breitet sich unter dem Schutz dreier Festungen zwischen dem Ufer einer weiten Bucht und steilen Felsen aus. Die moderne Neustadt ist deutlich davon getrennt, sodass auch der Autoverkehr weitgehend aus der Altstadt verbannt bleibt. Das schafft Platz für Straßencafés und -tavernen unterhalb der treppenreichen Gassen zu den höher gelegenen Wohnvierteln.

Wittelsbachers Otto I. Dann musste es die Hauptstadtrolle jedoch an Athen abtreten.

SEHENSWERTES

AKRONÁFPLIA-FESTUNG

Reizvoller als ein Gang auf die durch das Hotel Náfplia Palace entstellte Festung ist eine Umrundung der Burg auf der Uferstraße.

Neméa: Drei Säulen des Zeus-Tempels aus dem 4. Jh. v. Chr. stehen noch

Die Stadt (13 800 Ew.), im Mittelalter immer wieder zwischen Türken und Venezianern umkämpft, war die erste Hauptstadt des modernen Griechenlands. Bereits 1822 konnten die Türken aus Nauplia vertrieben werden. Im Januar 1823 wurde es Sitz der griechischen Revolutionsregierung. Von Januar 1833 bis zum Dezember 1834 war Nauplia Residenz des ersten griechischen Königs, des

ARCHÄOLOGISCHES MUSEUM

Die Sammlung in den Obergeschossen einer 1713 erbauten venezianischen Kaserne am Hauptplatz umfasst vor allem Funde aus mykenischer Zeit. Höhepunkte sind der Bronzepanzer eines mykenischen Kriegers aus dem 14. Jh. v. Chr. und mehrere beeindruckende Masken aus Tiryns. *Di–So 8.30–15 Uhr | Platía Sintagmátos | Eintritt 2 Euro*

NAUPLIA (NÁFPLIO)

BOÚRTSI-FESTUNG

Die kleine Burg auf einem Inselchen dicht vor der Küste, die oft mit einem versteinerten Schiff verglichen wird, erbauten die Venezianer im 17. Jh.

KOMBOLOÍ-MUSEUM

Kleines Privatmuseum, in dem wertvolle Komboloía aus den Jahren 1750–1950 zu sehen sind. *Mo, Mi–Fr 10–20.30 Uhr, Sa, So 10–21.30 Uhr | Odós Staikópoulou 25 | Eintritt 2 Euro*

MILITÄRMUSEUM

Das Museum dokumentiert Griechenlands kriegerische Geschichte der letzten 180 Jahre. Beeindruckend ist die umfangreiche Sammlung von Fotos aus deutscher Besatzungszeit. *Di–Sa 9–14, So 9.30–14 Uhr | Odós Terzáki/Ecke Leofóros Amalías | Eintritt frei*

PALAMÍDI-FESTUNG

Weithin sichtbar überragt die venezianische Festung Palamídi aus dem frühen 18. Jh. auf einem 220 m hohen Berg die Stadt Nauplia und die ältere *Festung Akronáfplia.* Von der Stadt aus führt vom Busbahnhof eine Treppe mit über 850 Stufen hinauf, man erreicht die Festung aber auch über eine 3 km lange Straße. *April–Okt. tgl. 8–19.30 Uhr, Nov.–März tgl. 8.30–15 Uhr | Eintritt 4 Euro*

PLATÍA SINTAGMÁTOS

Am großen, gepflasterten Hauptplatz der Altstadt stehen außer dem Archäologischen Museum zwei Moscheen. Die größere diente von 1825 bis 1828 als Versammlungsort des ersten griechischen Parlaments, die kleinere wurde nach dem griechischen Sieg über die Türken als eine der ersten Schulen Griechenlands genutzt.

In der Odós Staikópoulou befindet sich eine ganze Reihe netter Restaurants

VOLKSKUNDLICHES MUSEUM
Ansprechend präsentierte Gerätschaften, kunsthandwerkliche Erzeugnisse und Trachten aus den letzten 200 Jahren. Guter Museumsshop. *März–Jan. Mi–Mo 9–15 Uhr | Odós Vass. Alexándrou 1 | gut ausgeschildert | Eintritt frei |*

ESSEN & TRINKEN

KATH'ODÓN GÉFSI
Griechische und internationale Küche vom Feinsten, abends häufig dezente Livemusik. *Odós Ipsilánti/ Ecke Odós Papanikoláou (Stadtbibliothek)* | €€€

STELLÁRAS
Alteingesessene Fischtaverne an der Uferpromenade, auch gekochte Gerichte. *Odós Bouboulínas 73* | €€

EINKAUFEN
Viele kleine Läden in den romantischen Gassen der Stadt verführen zum Einkaufsbummel.

CAMARA
Moderner Schmuck und Objekte aus der Goldschmiedewerkstatt von Jórgos Agathós, Sigrid Ebeling und Bernard Boever, die meist auch selbst im Ladenatelier anwesend sind. *Odós Vass. Konstantínou 10*

KÓSTAS BES
Werkstatt eines Malers, der folkloristische Szenen auf neues und altes Holz malt. *Odós Ath. Siókou 6*

ÜBERNACHTEN

BUNGALOWS INGRID
Wenn Sie gern für ein paar Tage in der Region von Nauplia bleiben möchten, sind diese zehn sauberen Bungalows in einem Orangenhain nahe dem Strand von Asiní, 11 km außerhalb der Stadt, ideal. Wirtin Ingrid stammt aus Köln. Günstige Langzeitpreise gibt es im Winter. *An der Straße nach Drépanon | Tel. 27 52 05 97 47 | Fax 27 52 05 98 71 | www.bungalows-ingrid.com* | €

BYRON
Insider Tipp

Das kleine, freundliche Hotel in einem renovierten historischen Haus bietet in stilvoll eingerichteten Zimmern modernen Komfort und liegt sehr ruhig. *18 Zi. | Odós Plátanos 2 (an den Stufen der Südseite der Spirídonas-Kirche) | Tel. 27 52 02 23 51 | Fax 27 52 02 63 38 | www.byronhotel.gr* | €–€€

GRANDE BRETAGNE
Traditionshotel von 1878 direkt an der Uferfront. Auch Heinrich Schliemann und seine Frau haben hier einst gewohnt. *20 Zi. | Platía Filéllinon | Tel. 27 52 09 62 00 | Fax 27 52 09 62 09 | www.grandebretagne.com.gr* | €€€

STRÄNDE
Unmittelbar unterhalb der Palamídi-Festung, nur 500 m vom Stadtzentrum entfernt, hat die Griechische Fremdenverkehrszentrale das Strandbad *Aktí Arvanitías* mit etwas Kies und viel Beton eingerichtet.

AM ABEND
Alle Generationen genießen die Abende in den Cafés am Hafen, wo das *Aktaíon (Aktí Miaoúlis 3)* durch seine historische Inneneinrichtung und leckere Kuchen besticht. In die

kurioseste Bar Griechenlands, in der die halbe Dekoration ständig in Bewegung ist, sollte jeder einen Blick werfen: ins Insider Tipp *Láthos (Di geschl. | Odós Vass. Konstantínou 1).*

AUSKUNFT

STÄDTISCHE TOURISTINFORMATION

Platía Jatroú | Tel. 27 52 02 44 44 | www.nafplio.gr

ZIELE IN DER UMGEBUNG

ÁRGOS [181 D3]

Árgos (24 200 Ew.) liegt Nauplia gegenüber, etwa 5 km vom anderen Ufer des Argolischen Golfs entfernt. Weithin sichtbar ist der 289 m hohe *Burgberg Lárissa* mit den Ruinen einer byzantinisch-venezianisch-türkischen Festung. Im Zentrum fallen die vielen Fußgängerzonen und das schön restaurierte Marktgebäude am Platz des Busbahnhofs auf. Hauptkirche der Stadt ist *Ágios Pétros* am nahen Zentralplatz. An der Fußgängerstraße zwischen beiden Plätzen steht das *Archäologische Museum* mit guten Beispielen von Keramik der geometrischen Zeit. *(Di–So 8.30–15 Uhr | Odós Ólgas | Eintritt 2 Euro, mit Ausgrabungen 3 Euro).*

Die Ausgrabungen der antiken Stadt liegen an der Straße vom Stadtzentrum nach Tripoli. Zum Teil noch in eindrucksvoller Höhe erhalten sind die Überreste der *römischen Thermen.* Das ebenfalls noch gut erhaltene, aber nie restaurierte *antike Theater* war mit 81 Sitzreihen das größte in ganz Griechenland. 100 m südlich davon liegt das *Odeon* aus dem 1. Jh. *(tgl. 8.30–15 Uhr | Eintritt 2 Euro, mit Museum 3 Euro). 12 km nördlich*

DÍDIMA [181 E3]

Eine Natursehenswürdigkeit ersten Ranges erwartet Sie 500 m abseits der Asphaltstraße im Hochtal von Dídima. Ein Wegweiser führt zu den *Spílea Didimón.* Am verkarsteten Berghang voraus ist im graugrünen Fels schon deutlich ein brauner Krater auszumachen. Sie gelangen an einen Drahtzaun und gehen in einen 40 m tiefen Krater mit mehr als 100 m Durchmesser hinein. In Wirklichkeit ist es kein Krater, sondern eine Doline: eine ehemalige Karsthöhle, deren Decke eingestürzt ist. Ihr Boden ist mit Büschen und Bäumen bewachsen, in die senkrecht abfallenden Wände sind zwei große Kapellen gebaut. Von dieser ersten Doline aus können Sie zu Fuß etwa 400 m weitergehen zur zweiten Doline, die Sie schon vorher bei der Anfahrt von weitem gesehen haben. Sie ist zwar etwas größer, aber weniger eindrucksvoll. *60 km östlich*

EPIDAUROS (EPÍDAVROS) ★ [181 E3]

Der Name Epidauros steht für großartige Aufführungen antiker Tragödien im besterhaltenen *Amphitheater* Griechenlands. Den Besuch wert sind auch das *Museum* und die Ausgrabungen des *Asklepios-Heiligtums,* zu dem das Theater gehörte. Epidauros war ein Kurort, in dem Kranke Heilung suchten. Nach dem Vollzug kultischer Riten und des obligatorischen Opfers legten sie sich in einer besonderen Halle, dem *Abaton,* zum Schlaf nieder. Fast immer erschien ihnen im Traum der Heilgott Äskulap. Priester deuteten diesen Traum und leiteten daraus, in Verbindung mit Ärzten, die Therapie ab. Sogar

Operationen wurden in Epidaurus vorgenommen.

Vom Eingang geht man zunächst zum Theater. Es wurde im 3. Jh. v. Chr. mit 34 Sitzreihen errichtet und etwa 500 Jahre später auf 55 Sitzreihen für 13 000 Zuschauer vergrößert. Bemerkenswert ist die perfekte Akustik. Am Museum vorbei erreicht man dann das ausgedehnte Grabungsgelände. An mehreren Stellen angebrachte Übersichtspläne machen die Orientierung leicht. Man sieht das *Katagogion,* einen ursprünglich zweistöckigen Bau mit 160 Räumen, in dem die Pilger seit dem 4. Jh. v. Chr. wohnten. Nahezu ebenso groß war das *Gymnasion,* in dem Ringkämpfe ausgetragen wurden. In römischer Zeit entstand in seinem Innenhof ein noch gut sichtbares *Odeon.*

Ein rätselhafter Bau bleibt der auch Thymele genannte *Tholos.* Unter dem Zentrum dieses Rundtempels lagen drei durch Mauern unterteilte, kreisförmige Gänge. Man vermutet, dass hier die heiligen Tiere des Heilgottes Asklepios, Schlangen also, gehalten wurden. Nahe dem Tholos lag das Abaton, die schon erwähnte Heilschlafhalle.

Über den *Festplatz* des Heiligtums, zu erkennen an den vielen halbkreisförmigen Exedren, gelangt man zu den etwas tiefer in einem Wäldchen gelegenen *Großen Propyläen,* dem antiken Eingang zur Kultstätte. In der Nähe zeugen die Überreste einer frühchristlichen Basilika

Traumhafte Akustik: Seit 2300 Jahren werden im Theater von Epidauros Tragödien aufgeführt

davon, dass Epidauros wohl auch noch in jener Zeit als Kurort genutzt wurde.

Im Museum sind die teilweise ergänzten Originalbauteile der *Großen Propyläen* und eines *Artemis-Tempels* besonders eindrucksvoll *(Ausgrabungen April–Okt. tgl. 8–19.30 Uhr, Nov.–März tgl. 8–17 Uhr | Museum Mo immer erst ab 12 Uhr | Eintritt Museum und Ausgrabungen 6 Euro). 29 km östlich*

GALATÁS **[181 F3]**

Galatás liegt wie an einem kleinen Binnensee der Insel *Póros* gegenüber. Den an der schmalsten Stelle nur 250 m breiten Sund überqueren Motorboote und Autofähren in ständigem Hin und Her. Obwohl sie so nahe am Festland liegt, vermittelt Póros (4300 Ew.) Besuchern das typische Inselgefühl. *86 km östlich*

Insider Tipp **IRÉO (HERAION)** **[181 D3]**

Die zu Unrecht nur selten besuchten *Ausgrabungen des argivischen Heraions* liegen am Ostrand der argolischen Ebene unweit von Mykene. Reizvoll sind die isolierte Lage und der herrliche, weite Blick nach Árgos und Nauplia.

Im Heraion fand alljährlich ein großes Fest zu Ehren der Göttin Hera statt, zu dem die Bewohner von Árgos in prunkvoller Prozession zogen. Im Mittelpunkt des Festes stand die mystische Wiederholung der Vermählung des Zeus mit Hera. Das Heiligtum erstreckt sich über drei Ebenen. Das Heraion liegt 2 km oberhalb der Straße, die von Agía Trías nach Mykene führt. Am Ortsende des Dorfs Néo Iréo ist die Zufahrt aus Richtung Agía Trías ausgeschildert *(tgl. 8.30–15 Uhr | Eintritt 2 Euro). 16 km nördlich von Nauplia*

LÉRNA **[181 D3]**

Lérna war nach Neméa Schauplatz der zweiten der zwölf sagenhaften Heldentaten des Herakles. Hier hatte er es mit einer neunköpfigen Wasserschlange – der Hydra von Lérna – zu tun, die Mensch und Tier verschlang. Für jeden abgeschlagenen Kopf wuchsen ihr zwei neue nach. Herakles überwand sie und vergiftete fortan mit der Galle des Ungeheuers seine Pfeile. Die Besichtigung der Ausgrabungen von Lérna lohnt nur für besonders Interessierte. Zu sehen sind Häuserreste aus dem 3. und 4. Jt. v. Chr. Die Ausgrabungen von Lérna liegen 100 m südlich der Straße von Árgos nach Trípoli am Ortsrand des Dorfs *Míli*. *(tgl. 8.30–15 Uhr | Eintritt 2 Euro). 22 km westlich von Nauplia*

MÉTHANA **[181 F3]**

Die weit in den Saronischen Golf hineinragende, über 740 m hohe Halbinsel ist durch einen nur 300 m breiten Landstreifen mit dem Peloponnes verbunden. Ihr Haupt- und Hafenort *Méthana* (Autofähren nach Piräus) ist ein bedeutendes Heilbad. Die Kuranlagen stehen an einem flachen See am Ortsrand, der starke Schwefeldünste ausströmt: Im See kommen die Wasser aus verschiedenen Thermalquellen zusammen.

Die Halbinsel ist vulkanischen Ursprungs. Vorbei am kleinen Fischerort *Vathí* mit guten Fischtavernen kommen Sie auf schmaler Straße in den ursprünglich gebliebenen Weiler

Einzigartig: Um 1250 v. Chr. entstand das berühmte Löwentor auf der Burg von Mykene

Kaiméni, in dem die Straße endet. Dunkelbraune Vulkanschlacke prägt die Umgebung: Fährt man den Feldweg 1,5 km weiter bergan und wandert an seinem Ende auf einem schmalen Pfad (Wegweiser zum „Volcano") noch etwa zehn Minuten, steht man in einer Mondlandschaft wie auf Island, in der Farne und Flechten, wilde Feigen- und Erdbeerbäume Akzente setzen. *79 km östlich*

MYKENE (MYKÍNES, MYKÉNAI) ★ [181 D2–3]

Die Mauern der 3500 Jahre alten Burg von Mykene auf einem niedrigen Hügel am Rand der fruchtbaren argolischen Ebene wirken noch immer trutzig und abweisend. Hier residierten zwischen 1600 und 1200 v. Chr. mächtige Könige wie Atreus, Agamemnon und Orestes, von denen Mythos und Dichtung nicht nur Vorteilhaftes zu berichten wissen. Der Name Mykene ist aber auch untrennbar mit Heinrich Schliemann verbunden, der 1876 aus den Königsgräbern von Mykene bedeutende Goldschätze mit einem Gewicht von 14 kg barg. Ein Teil seines Fundes, darunter die berühmte Totenmaske des Agamemnon, ist heute im Archäologischen Nationalmuseum in Athen zu sehen.

Auf dem Weg zu den Ausgrabungen passiert man auf der Straße vom heutigen Dorf Mykínes zum Burghügel zunächst das schon in der Antike so genannte *Schatzhaus des Atreus*. In Wahrheit ist es ein Kuppelgrab aus dem frühen 13. Jh. v. Chr. Zwei weitere Kuppelgräber liegen gleich nach dem Eingang unterhalb des Weges zur Burg. Der Hauptweg führt vom Eingang zum berühmten *Löwentor*. Es besteht aus vier tonnenschweren Konglomeratblöcken. Über dem oberen Torblock ist aus der Burgmauer wiederum das für mykenische Tore typische Entlastungsdreieck ausgespart. So wird verhindert, dass das Gewicht der Mauer auf dem oberen

Torblock lastet. Hier ist es nun aber durch eine etwa 70 cm dicke Steinplatte mit einem einzigartigen Relief verkleidet, das als eines der bedeutendsten Kunstdenkmäler der mykenischen Zeit gilt. Im Zentrum des Reliefs trägt eine Säule, die auf einem Altar ruht, das Dachgebälk eines Gebäudes, womöglich des Königspalasts. Zwei Löwen stehen mit ihren Vorderpranken auf dem Altar und strecken sich bis zum Dachgebälk hinauf. Ihre Köpfe, die vermutlich aus Bronze gearbeitet waren, fehlen.

Nach Durchschreiten des Tors erreicht man sofort rechter Hand den *Gräberkreis,* den Heinrich Schliemann 1876 freilegte. In den fünf von ihm entdeckten Grabschächten aus dem 16. Jh. v. Chr. fand er 19 Skelette, goldene Totenmasken und mit Blattgold bedeckte Gewänder, Schmuck, Waffen und Gefäße.

Vom Gräberkreis führt der Weg nun zur Kuppe des Burghügels, auf dem Spuren des königlichen Palasts mit dem besonders markanten *Thronsaal* erhalten sind. Der vorgegebene Weg führt Sie weiter durch die Burganlage bis zum kleinen *Museum* mit Repliken der Schliemannschen Goldfunde und Freskenresten *(April–Okt. tgl. 8–19.30 Uhr, Nov.–März tgl. 8–15 Uhr | Museum am Mo erst ab 12 Uhr | Eintritt 8 Euro).*

Wenn Sie die Ausgrabungen in den kühleren und besucherarmen Morgen- oder Abendstunden besichtigen wollen, können Sie im modernen Dorf Mykínes gut übernachten.

Etwas unproportioniert wirkt das Bronzepferd aus dem 7. Jh. v. Chr. im Museum von Olympia

Schon Heinrich Schliemann schlief im sehr einfachen *Hotel Belle* nsider tipp *Helene* in Zimmer Nr. 3 *(5 Zi. | Tel. 27 51 07 62 25 | Fax 27 51 07 61 79 | €)*. Moderner und komfortabler: das *Hotel La Petite Planete (29 Zi. | Tel. 27 51 07 62 40 | Fax 27 51 07 66 10 | €€)*. Alle genannten Quartiere liegen an der Hauptstraße, die durch das Dorf zu den Ausgrabungen führt. *25 km nördlich*

TIRYNS (TIRYNTHA) [181 D3]

Die mykenische Burg von Tiryns erhob sich auf einem nur 20 m hohen und etwa 300 m langen Hügel in der argolischen Ebene. Das Eindrucksvollste sind heute die mächtigen Mauern aus der Zeit zwischen 1400 und 1200 v. Chr. Sie sind bis zu 17 m dick und aus bis zu 7 m langen Steinblöcken ohne Mörtel geschichtet. Einzigartig sind die sogenannten *Galerien:* lange Gänge, die von Kraggewölben überdeckt sind. Im Burginneren sind auch die Überreste eines *Königspalasts* ähnlich dem von Mykene zu erkennen *(tgl. 8.30–15 Uhr | Eintritt 3 Euro). 4 km nördlich*

OLYMPIA

[180 B3] ★ **Olympia ist die archäologische Stätte Griechenlands mit dem stärksten Bezug zur Gegenwart. Zudem liegen die Ausgrabungen in einer besonders lieblichen Umgebung und sind anschaulich genug, um den Ablauf der Olympischen Spiele in der Fantasie nachvollziehen zu können.** Seit dem Jahr 776 v. Chr. ist die Geschichte der Spiele nachweisbar. Bis 472 v. Chr. wurden alle Wettkämpfe an einem einzigen Tag ausgetragen, danach wurde die Dauer der Spiele auf fünf Tage ausgeweitet. Nur freie männliche Griechen (und in römischer Zeit dann auch Römer) durften teilnehmen. Die Sieger erhielten einen Ölzweig und wurden in ihren Heimatstädten mit Ehren überhäuft. Ausgetragen wurden die Spiele zu Ehren von Zeus. Ihm war das Heiligtum vor allem geweiht. Als die heidnischen Kulte 395 n. Chr. verboten wurden, war das auch das Aus für die olympischen Wettkämpfe. Erst 1896 wurden sie mit den ersten Olympischen Spielen der Neuzeit in Athen wieder zum Leben erweckt.

SEHENSWERTES

ARCHÄOLOGISCHES MUSEUM

Kernstück ist der große Zentralsaal. An den Längsseiten sind die Marmorskulpturen aus den Giebelfeldern des Zeus-Tempels aufgestellt, an den Schmalseiten hängen die zwölf Metopen von den Stirnseiten des Tempels. Sie zeigen die zwölf Taten des Herakles. In den Giebelfeldern sieht man (rechts) den Kampf zwischen Lapithen und Kentauren und (links) die Vorbereitungen zum Wagenrennen zwischen den mythischen Helden Pelops und Oinomaos.

Weitere Höhepunkte im Museum, die Sie auf keinen Fall versäumen sollten, sind die Marmorstatue des Hermes, die Skulptur der Siegesgöttin Nike, der römische Stier, die verschiedenen Bronzepferde in unterschiedlicher Größe und der berühmte Becher des Phidias. *April–Okt. Mo 11–19.30 Uhr, Di–So 8–19.30 Uhr, Nov.–März Mo 10.30–17 Uhr, Di–So 8.30–15 Uhr | Eintritt 6 Euro, mit Ausgrabungen 9 Euro*

OLYMPIA

Ein kleines Opfer an Göttervater Zeus: Säulenreste seines Tempels in Olympia

AUSGRABUNGEN

Religiöser Mittelpunkt des Heiligtums war der *Zeus-Tempel* im Zentrum der Ausgrabungen. Sein Unterbau demonstriert ebenso wie die vielen herumliegenden, mächtigen Säulentrommeln seine einstige Größe. Im Innern stand eines der sieben antiken Weltwunder: eine 14 m hohe Statue des Zeus aus Gold, Silber, Elfenbein und Edelsteinen. Der Künstler Phidias schuf sie in einer Werkstatt, deren Überreste der Westseite des Zeus-Tempels unmittelbar gegenüberlagen.

Nördlich an die Werkstatt des Phidias schloss sich das *Leonidaíon* an, eine Herberge für Ehrengäste aus dem 4. Jh. v. Chr., die in römischer Zeit durch ein Wasserbecken verschönert wurde. Nördlich der Werkstatt des Phidias ist auch die große *Palästra* aus dem 3. Jh. v. Chr. deutlich zu erkennen, in der die Ringkämpfe ausgetragen wurden. Im Nordteil des Innenhofs ist das Rillenpflaster zu sehen, das den Kämpfern mehr Standsicherheit verleihen sollte.

Im Norden des Zeus-Tempels fällt der Unterbau des *Hera-Tempels* ins Auge, dessen Säulen teilweise wieder aufgerichtet wurden. Daran schließt sich jenseits einer halbrunden *Brunnenanlage* aus römischer Zeit eine Terrasse an, auf der einst ähnlich wie in Delphi die Schatzhäuser von elf griechischen Stadtstaaten standen. Sie verwahrten hier ihre wertvollsten Weihegeschenke an den Göttervater Zeus.

Die Schatzhausterrasse endet am Eingang zum *Stadion*, der einst vollständig von einem Tonnengewölbe überdacht war. Ein Teil davon wurde rekonstruiert. Hat man ihn passiert, steht man im Olympiastadion der Antike. Es bot auf Erdwällen 40 000 männlichen Zuschauern Platz, nur die Schiedsrichter saßen auf steinernen Bänken. Die Start- und Ziellinien aus Steinplatten sind deutlich zu erkennen. *April–Okt. tgl. 8–19.30 Uhr, Nov.–März tgl. 8–17 Uhr | Eintritt 6 Euro, mit Archäologischem Museum 9 Euro*

MUSEUM DER GESCHICHTE DER OLYMPISCHEN SPIELE

Im klassizistischen Bau des früheren Archäologischen Museums. Fundobjekte wie antike Siegerlisten und Sportgeräte, Sonderthemen wie „Sport und Frauen in der Antike". *Oberhalb der Straße von den Ausgrabungen ins Dorf | Öffnungszeiten wie Archäologisches Museum | Eintritt frei*

Insider Tipp **MUSEUM DER OLYMPISCHEN SPIELE**
Das sehenswerte Museum illustriert die Geschichte der Olympischen Spiele der Neuzeit. *Tgl. 8–15.30 Uhr | obere Dorfstraße | Eintritt 2 Euro*

ESSEN & TRINKEN

I DROSIÁ
Einfache Taverne mit schönem Panoramablick über die grüne Umgebung im Dorf *Mirákas*, 4 km von Olympia entfernt. €€

PRAXITÉLIS
Einfache Taverne mit griechischer Hausmannskost, Hühnchen- und Kaninchengerichten. *Odós Spiliópoulou (neben dem Polizeirevier)* | €

EINKAUFEN

Die vielen Läden an der Hauptstraße bieten vor allem gute Museumskopien in jeder Größe an. Moderne griechische Kunst, erlesene griechische Weine, eine umfassende Auswahl an Griechenlandliteratur in vielen Sprachen sowie griechische Musik finden Sie bei *Orpheus* an der Hauptstraße.

ÜBERNACHTEN

Die Auswahl ist groß und reicht vom First-Class-Hotel bis zur Jugendherberge. Die Touristinformation hilft bei der Vermittlung von Privatzimmern. Ruhig gelegen sind:

EUROPA
Motorisierten Reisenden zu empfehlendes Hotel. Der Best-Western-Hotelgruppe angeschlossen, auf einem Hügel über Olympia. 700 m zur Platía, 1 km zu den Ausgrabungen. Familiäre Atmosphäre, Pool, Tennisplatz, auch Ausritte werden organisiert. *42 Zi. | Tel. 26 24 02 26 50 | Fax 26 24 02 31 66 | www.hoteleuropa.gr* | €€

OLÝMPION ASTÝ Insider Tipp
Ganz ruhig am äußersten Ortsrand mit freiem Blick bis zum Meer gelegen. Im Jahr 2000 eröffnete eine einheimischen Familie das Hotel mit Pool und Tennisplatz, das auch Zimmer für Familien und solche mit offenem Kamin anbietet. Im Ort ausge-

Klassisches, doch selten gewordenes peloponnesisches Transportmittel: der Esel

schildert. *43 Zi. | Tel. 26 24 02 36 65 | Fax 26 24 02 31 23 | www.olympionasty.gr* | €€€

PELOPS

Freundliches Hotel in klassizistischem Bau. Spezialangebote, zum Beispiel Kochkurse. *18 Zi. | Odós Varelá 2 (neben der Kirche) | Tel. 26 24 02 25 43 | Fax 26 24 02 22 13 | www.hotelpelops.gr* | €

AM ABEND

Folkloristisch geht es im *Tourist Club* neben dem Hotel Antonios zu; auf einem Hügel nahe dem alten Archäologischen Museum liegt die Diskothek *Zorbás.*

AUSKUNFT

STÄDTISCHE TOURISTINFORMATION

Im Sommer tgl. 9–21 Uhr | an der Hauptstraße am Weg zu den Ausgrabungen | Tel. 26 24 02 31 25

ZIELE IN DER UMGEBUNG

ANDRÍTSENA [180 B3]

Das große Bergdorf (575 Ew.) an der Straße von Olympia nach Megalópoli und zum Tempel von Bassae ist sehr ursprünglich und daher besuchenswert. Viele kleine, meist sehr altertümlich wirkende Läden und Tavernen säumen die Gassen, an der Platía fließt köstliches, erfrischendes Wasser aus einem Rohr im Stamm einer alten Platane. Unterkunft bieten das *Hotel Theoxénia* am Ortsausgang in Richtung Megalópoli *(28 Zi. | Tel. 26 26 02 22 19 | €€)* und die im traditionellen Stil erbaute *Pension Epikurian Apollo* an der Platía an der Hauptstraße *(5 Zi. | Tel. 26 26 02 28 40 | €). 56 km südöstlich*

BASSAE (VASSAI) [180 B3]

Der Anblick des weitab aller Dörfer einsam in den Bergen gelegenen *Apollon-Tempels* von Bassae ließ zwei Jahrhunderte lang die Herzen aller Griechenlandreisenden höher schlagen. Kein anderer Tempel außerhalb Athens war besser erhalten und architektonisch interessanter. Jetzt ist er zum Schutz in ein futuristisch anmutendes Zelt gehüllt, Säulen und Gebälk werden durch Rohre und Stützen verunziert. Der Tempel darf nicht mehr betreten werden, eine eingehende Betrachtung ist wegen der Enge des Zeltes kaum möglich. Die Fahrt hinauf lohnt daher nur, wenn man um die kunsthistorische Bedeutung des Tempels weiß, die in seiner völlig neuartigen Innenraumgestaltung liegt *(Juli–Okt. tgl. 8–19.30 Uhr, Nov.–Juni Di–So 8.30–15 Uhr | am besten vorher telefonisch rückfragen: Tel. 26 24 02 25 29 | Eintritt 3 Euro). 70 km südöstlich*

KALÁVRITA [180 C2]

Die Kleinstadt Kalávrita (1750 Ew.) liegt friedlich auf 700 m Höhe am Rand eines Gebirgstals. Was es zu sehen gibt, sind jedoch Denkmäler, die an Krieg und Mord erinnern. Am 25. März 1821 rief Bischof Germanos von Patras im 7 km außerhalb der Stadt gelegenen *Kloster Agía Lávra* zum letztlich erfolgreichen Befreiungskampf gegen die Türken auf, die alte Klosterkirche vor dem neuen Klosterkomplex ist dadurch zu einem Nationaldenkmal geworden *(tgl. 9.30–13.30, 16–17, 18–19.30 Uhr).*

Am 13. Dez. 1943 trieben deutsche Soldaten über 1200 männliche Bewohner ab 14 Jahren an einem Hü-

Ski alpin bei Kalávrita: Das Chelmós-Gebirge weist bis zu 2300 m hohe Gipfel auf

gel am Stadtrand zusammen und erschossen sie. Daran erinnert heute am Ort des Geschehens eine eindrucksvolle *Mahnstätte*. In einer Kapelle brennen Öllampen für jedes der Opfer, auf dem ehemals blutgetränkten Rasen sind die Worte „Frieden" und „Nein zu Kriegen" zu lesen.

Zwischen Kalávrita und dem Küstenort Diakoptó verkehrt seit über 100 Jahren eine Zahnradbahn. Sie benötigt für die 22 km lange Fahrt durch die wilde Vouraíkos-Schlucht etwa eine Stunde. Modern und ruhig wohnt man im *Hotel Filoxenía* im Zentrum *(26 Zi. | Tel. 26 92 02 24 22 | Fax 26 92 02 30 09 | www.hotelfilo xenia. gr | €€)*.

Hauptsaison ist hier zwischen Dezember und März, denn Kalávrita ist dank seiner Nähe zum Skigebiet Chelmós ein bedeutender Wintersportort Griechenlands. Ein lohnender Ausflug führt zu der 17 km entfernten *Tropfsteinhöhle Spíleo ton Limnón*, die auf 350 m Länge begehbar ist. Die Stalaktiten unter der bis zu 30 m hohen Decke spiegeln sich in 13 kleinen Seen, die durch kurze Bachläufe und Wasserfälle miteinander verbunden sind. Einige trocknen im Sommer aus *(tgl. 9.30–16.30 Uhr | Eintritt 7 Euro). 177 km nordöstlich von Olympia | 75 km von Patras*

Insider Tipp

KALÓGRIA **[180 A1]**

Einer der schönsten Küstenstriche des Peloponnes erstreckt sich zwischen Kunupélli und Kalógria. Der kilometerlange Sandstrand wird von Dünen gesäumt, Salz- und Süßwassersümpfe sowie der im Sommer manchmal austrocknende *Prókopos-See* prägen das Hinterland. Ein lichter Küstenwald aus Aleppokiefern, Schirmpinien und Walloneneichen wird von vielen kleinen Wegen durchzogen, die zu Wanderungen einladen, an den Sümpfen und Gewässern leben Grau- und Seidenreiher. Empfehlenswert ist das klimatisierte *Hotel Amalía* *(12 Zi. | Tel. 26 93 03 17 61 | Fax 26 93 03 11 00 | www.amaliahotel.gr | €)*, in einem

Insider Tipp

großen Garten etwas abseits des Strandes gelegen; auf dem Gelände liegt die sehr gute *Taverne Bougainvillea* (€). *84 km nördlich*

Insider Tipp **KÁSTRO** [180 A2]

Eine der schönsten und besterhaltenen Burgen des Peloponnes steht auf einem Hügel über der flachen Halbinsel Killíni. Die *Festung Chlemoútsi* im Dorf Kástro wurde für den fränkischen Kreuzritter Geoffroy II. de Villehardouin erbaut. Den Kern der Anlage bildet die sechseckige Zitadelle, deren überwölbte Säle entlang der Außenmauern noch ein Bild vom ritterlichen Leben vermitteln. Der Blick von der Festung reicht übers Ionische Meer bis zur Insel Zákinthos. Das Dorf Kástro ist ein guter Standort für motorisierte Urlauber, die von hier in kurzer Zeit viele gute Sandstrände erreichen, deren schönster der kilometerlange *Golden Beach* ist. *60 km nordwestlich*

LOUTRÁ KILLÍNIS [180 A2]

Das bescheidene Thermalbad mit kilometerlangem Dünenstrand entwickelt sich seit 2004 dank eines neuen Grecotel-Ferienresorts zum modernsten Strand- und Wellnesszentrum Griechenlands. Die Hotels gehören verschiedenen Kategorien an, nähere Informationen zum Beispiel unter *www.grecotel.gr. 55 km nordwestlich*

MÉGA SPÍLEO [180 C1]

Das 940 m hoch gelegene Kloster an der Straße und nahe der Zahnradbahn von der Küste nach Kalávrita scheint mit dem dahinter 100 m hoch aufragenden Fels verwachsen. Bis zum siebten Stockwerk schmiegt es sich an ihn und bezieht eine Grotte mit in den Klosterkomplex ein. Im *Klostermuseum* sind ein Notenbuch aus dem 18. Jh., ein aus Goldfäden in elf Jahren Arbeit geschaffenes, etwa 400 Jahre altes Kreuz und eine illuminierte Bibelhandschrift auf Perga-

In die es überragende Felswand gebaut: das achtstöckige Kloster Méga Spíleo (Große Höhle)

ment aus dem 12. Jh. beachtenswert *(tgl. von Sonnenauf- bis -untergang | Eintritt Museum 2 Euro). 167 km nordöstlich*

PATRAS (PÁTRA) [180 B1]

Griechenlands drittgrößte Stadt (160 400 Ew.) nach Groß-Athen und Thessaloníki ist für viele motorisierte Urlauber dank ihres bedeutenden Fährhafens das Eingangstor zu Griechenland. Die Kulturhauptstadt Europas 2006 ist landschaftlich schön gelegen, doch sehr verkehrsreich und laut. Die Innenstadt von Patras mit ihren vielen Plätzen und modernen, an Italien orientierten Boutiquen, mit Cafés und Bars bietet viele Einkaufsmöglichkeiten. Gut essen können Sie tagsüber in der schon 1906 gegründeten *Taverne Nikoláras (tgl. ab 11 Uhr | Odós Agíou Nikoláou 50 | €)*. An der *Platía Ólgas* steht das *Archäologische Museum* der Stadt mit überwiegend römischen Exponaten. *(Di–So 8.30–15 Uhr | Eintritt frei).*

Einzige Sehenswürdigkeit der Unterstadt ist die erst 1973 erbaute *Kirche* des Schutzheiligen der Stadt, des Apostels Andreas. Er soll in der Stadt gelehrt und hier auch den Märtyrertod erlitten haben. In der Oberstadt wird das antike römische *Odeon (Di–So 8–19.30 Uhr | Eintritt frei)* für kulturelle Veranstaltungen genutzt. Einen schönen Blick auf Stadt und Hafen hat man von der *Burg* aus, die an der Stelle einer antiken Akrópolis errichtet wurde *(April–Okt. Di–So 8–19 Uhr, Nov.–März Di–So 8–17 Uhr | Eintritt frei).*

Einen Abstecher lohnt die große *Weinkellerei Achaía Clauss* am *Lófos Clauss* in der Nähe des Dorfs *Saraváli (tgl. 11–13 Uhr, Juni–Sept. auch 11–20 Uhr | Eintritt frei).*

Die *Touristinformation (tgl. 8–22 Uhr | Odós Othónos-Amalías 6 (Uferstraße östl. des Bahnhofs) | Tel. 26 10 46 17 41 | Fax 26 10 46 17 91 | www.infocenterpatra.gr)* ist eine der besten und freundlichsten ganz Griechenlands. *102 km nördlich*

RÍO [180 B1]

Río liegt an der Nahtstelle zwischen dem Golf von Patras und dem Golf von Korinth. Seit 2004 überspannt hier eine ästhetisch sehr gelungene, 2883 m lange Hängebrücke den Golf von Korinth. Außerdem pendeln hier bei Tag und Nacht Autofähren über die Meerenge. Am Fährhafen steht eine weitläufige venezianisch-türkische *Festung (April–Okt. Di–So 8.30–19 Uhr, Nov.–März Di–So 8.30–15 Uhr). 112 km nördlich*

SPARTA/ MYSTRÁS

[180 C4] **Sparta, die Hauptstadt Lakoniens, war in der Antike der große Gegenspieler Athens. Während sich in Athen eine lebensfrohe Demokratie entwickelte, blieb Sparta bis zum Ende seiner Selbstständigkeit ein von Adelsgeschlechtern regierter Militärstaat.** Vom berühmten Sparta blieben nur unbedeutende Trümmer aus römischer Zeit erhalten. Die Stadt wurde erst 1834 neu gegründet, nachdem ihre Bewohner im 13. Jh. ins 6 km entfernte Mystrás umgezogen waren. Dort hatten fränkische Kreuzritter 1249 auf einem steilen Hügel vor dem Taigéttos-Gebirge eine Burg angelegt, die die Byzantiner 1262 eroberten. Sie erbauten an dem Hügel die bedeutendste mittelalterliche Stadt des Peloponnes mit zahlreichen Kirchen und Klöstern. Bis sie 1460 den Türken übergeben wurde, war Mystrás Sitz von Despoten genannten byzantinischen Fürsten, die von hier aus über den Peloponnes herrschten. Von 1687 bis 1715 war Mystrás in venezianischen, dann wieder in türkischen Händen.

Heute ist Mystrás eine malerische Ruinenstadt, deren Besichtigung zu einem der Höhepunkte einer Griechenlandreise wird. Zwischen den Gemäuern mittelalterlicher Wohnhäuser und Paläste sind prächtige Sakralbauten mit schönen Fresken erhalten, grandios ist der Blick aufs Gebirge und auf die grüne Ebene, in deren Mitte das neu erstandene Sparta (14 800 Ew.) liegt.

SEHENSWERTES

ARCHÄOLOGISCHES MUSEUM

Der 1876 entstandene klassizistische Museumsbau liegt in einem hübschen Garten im Zentrum. Besonders schöne Exponate sind zwölf römische Mosaike und das antike Tonmodell einer Kriegsgaleere. *Di–So 8.30–15 Uhr | Eintritt 2 Euro | Sparta | Odós Evrótas (am Hotel Maniátis)*

MYSTRÁS ★

Zwischen dem oberen und dem unteren Eingang zu Mystrás liegen 300 steile Höhenmeter. Eine Besichtigung, die neben dem Kunstgenuss auch ein großes Landschaftserlebnis bietet, dauert mindestens vier Stunden (nehmen Sie Wasser mit!). Pfade und Sehenswürdigkeiten sind gut ausgeschildert.

Nur noch Reste der Gewölbebemalung sind erhalten: St. Sophía in Mystrás

Die *Kapelle St. George* ist eine der vielen Privatkapellen der Stadt. Schön ist ihr zierlicher Narthex. Das *Peribléptos-Kloster* steht am Hang und ist deswegen auf mehreren Ebenen erbaut. Die Kirche ist ein verwinkelter Bau mit gut erhaltenen Fresken aus der Zeit um 1350. Als *Phrangópoulos Mansion* wird die Ruine eines stattlichen Hauses bezeichnet, die eine Vorstellung vom Wohnen der Wohlhabenden im 15. Jh. vermittelt.

Das *Pantanássa-Kloster* wird von Nonnen bewohnt. Im blumenreichen

Innenhof findet sich ein Trinkwasserbrunnen. Durch die Geländeform bedingt, liegt die Apsis der Klosterkirche nicht wie sonst üblich im Osten, sondern im Süden. Die gut erhaltenen Fresken stammen im unteren Teil aus dem 17. und 18. Jh., im oberen Teil aus dem 15. Jh.

Als *Palaces* wird das Ensemble der mächtigen *Palastruine* bezeichnet, in denen die Fürsten von Mystrás residierten. *St. Sophía* aus dem 14. Jh. war Kloster- und Palastkirche zugleich. In türkischer Zeit diente sie als Moschee. *St. Theodóroi Hodeghétria* beeindruckt durch ihr schönes Mauerwerk und die große Kuppel. Innen deutlich zu erkennen sind die Fürstenloge und die Emporen an den Längsseiten, die den Frauen vorbehalten waren.

Die *Metrópolis* war die Bischofskirche der Stadt und schließt an den ehemaligen Bischofspalast an. Man betritt den 1291 geweihten Bau von einem arkadengesäumten Innenhof aus, an dem auch ein kleines *Museum* mit Funden aus Mystrás liegt. Die Fresken in der Kirche sind sehr gut erhalten. *Mai–Okt. tgl. 8–19.30 Uhr, Nov.–April tgl. 8.30–15 Uhr | Eintritt 5 Euro*

sider pp

OLIVEN- UND OLIVENÖL-MUSEUM

Die modern präsentierte Ausstellung in einem Elektrizitätswerk von 1928 zeigt vieles rund um die Olive. Sehr ausführliche Erklärungen, aber nur auf Griechisch und Englisch. Kleiner Museumsladen mit Olivenprodukten. *März–15. Okt. Mi–Mo 10–18 Uhr, 16. Okt.–Feb. Mi–Mo 10–17 Uhr | Odós Othónos-Amalías 129 | Eintritt 2 Euro*

SPARTA

Die kümmerlichen Überreste des alten Sparta kann man auf einem etwa einstündigen Spaziergang sehen. Geht man die Hauptstraße Stadíou vom Hotel Maniátis aus in Richtung Norden und biegt in die vierte Straße (Odós Thermopilón) nach links ein, liegen rechts unter Eukalyptusbäumen und Pinien nach etwa 250 m die Grundmauern eines kleinen *hellenistischen Tempels* aus dem 3. Jh. v. Chr. Früher hielt man sie für die Reste des *Leonidaíons,* des Ehrentempels für den spartanischen Feldherrn Leonidas, der die Truppen an den Thermopylen gegen die Perser befehligte.

Geht man auf der Odós Stadíou weiter nach Norden, kommt man zu einer modernen *Leónidas-Statue* und dahinter, am modernen Stadion vorbei, ins Gebiet der antiken *Akrópolis.* Von hier aus gesehen ist Sparta am schönsten. Antike Steine und Säulen liegen verstreut unter hoch gewachsenen Eukalyptus- und knorrigen Olivenbäumen. Sie sehen die Überreste der spätrömisch-byzantinischen Stadtmauer, einer frühchristlichen Basilika und eines römischen Theaters. Der kurze Weg auf die Akrópolis beginnt an der Nordwestecke des modernen Stadions. Am stimmungsvollsten ist er am frühen Morgen oder späten Nachmittag. *Frei zugänglich*

ESSEN & TRINKEN

DÍAS

Klimatisiertes Restaurant in Sparta an der Hauptstraße im Hotel Maniátis. Auch internationale Küche. *Tgl. 12–16 und 19–24 Uhr* | €€€

DIETHNÉS
Gartentaverne im Stadtzentrum von Mystrás mit großer Auswahl. *Odós K. Paleológou* | €

EINKAUFEN

In Mystrás lohnt ein Besuch der *Konditorei Angelikí Sgagkoú* am Dorfplatz. Sie stellt ein Gebäck her, das schon in byzantinischer Zeit beliebt war: *kaloúdi*, gebacken aus Teig, Honig, Mandeln und Walnüssen.

ÜBERNACHTEN

Ruhiger als im lauten Sparta wohnt man in Mystrás, wo es ein Hotel und Privatzimmer gibt.

BYZANTION
Gutes Hotel bei der kleinen Platía von Mystrás. *22 Zi.* | *Tel. 27 31 08 33 09* | *Fax 27 31 02 00 19* | €€

LÍDA
Bestes Hotel Spartas, relativ ruhig in der Nähe der Straße vom Stadtzentrum nach Mystrás gelegen. *40 Zi.* | *Sparta* | *Tel. 27 31 02 36 01* | *Fax 27 31 02 44 93* | *www.meletopouloshotels.com* | €€€

MENELAION
Stilvolles Haus in einem klassizistischen Gebäude des 19. Jhs., zentral in Mystrás gelegen. *48 Zi.* | *Odós K. Paleológou 21* | *Tel. 27 31 02 21 61* | *Fax 27 31 02 63 32* | *www.menelaion.com* | €€

ZIELE IN DER UMGEBUNG

CHÓRA [180 B4]
Das große Dorf (3500 Ew.) an der Westküste zwischen Kiparissía und Pílos liegt in einem in mykenischer Zeit bedeutenden Gebiet. Im *Archäologischen Museum* sind zahlreiche sehenswerte Funde ausgestellt *(Di–So 8.30–15 Uhr | Eintritt 2 Euro).*

4 km südlich des Dorfs liegen an der Straße nach Pílos die bedeutenden Ausgrabungen des *Palasts des Nestor*. Erheblich anschaulicher als

In dieser Wanne wurde vor 3300 Jahren gebadet: Bad im Palast des Nestor bei Chóra

in Mykene kann man hier erkennen, wie Fürstenpaläste in mykenischer Zeit gestaltet waren. Hier hat wahrscheinlich auch Nestor residiert, jener sagenhafte, weise mykenische Herrscher, der, wie Homer berichtet, noch in hohem Alter mit der ungewöhnlich großen Zahl von 90 Schiffen am Krieg um Troja teilgenommen hat *(Juli–Okt. tgl. 8–19.30 Uhr, Nov.–Juni tgl. 8.30–25 Uhr | Eintritt 3 Euro). 131 km westlich*

GÍTHIO **[181 D5]**

Die angenehm ursprünglich gebliebene lakonische Hafenstadt (4500 Ew.) ist für Reisende aus Richtung Sparta zugleich das Tor zur Máni. Auf dem der Stadt vorgelagerten, kleinen Inselchen *Marathonísi*, das über einen Straßendamm erreichbar ist, wurde ein maniotischer Wohnturm restauriert, der heute als *Historisch-ethnologisches Museum* der Máni dient. Zu sehen sind überwiegend Fotos *(tgl. 9.30–13 und 17–21 Uhr | Eintritt 2 Euro)*. Die spärlichen Überreste eines *römischen Theaters* können Sie hinter der Kaserne finden *(frei zugänglich)*.

Schöne, weitgehend unverbaute Sandstrände beginnen einige Kilometer außerhalb der Stadt. Als Hotel bietet sich das geschmackvoll renovierte, dreigeschossige *Aktaíon* an der Uferstraße an *(24 Zi. | Tel. 27 33 02 35 00 | Fax 27 33 02 22 94 | €€)*. Preiswert und gut isst man in den Tavernen und Ouzerien an der Platía am Hafen. *46 km südlich*

KALAMÁTA **[180 C4]**

Die Hauptstadt (49 000 Ew.) Messeniens wurde am 13. Sept. 1986 von einem schweren Erdbeben verwüstet, das 20 Menschenleben kostete und ein Viertel aller Häuser zerstörte. Inzwischen ist die Stadt fast vollständig wieder aufgebaut und präsentiert sich als moderne Metropole am Meer mit breiten Straßen und schönen Parks. Bei einem Bummel durch die ehemalige Altstadt können Sie die *Kirche Ágii Apóstoli* aus dem 11./12. Jh. besichtigen *(frei zugänglich)* und das *Kloster Kalógreon* besuchen, dessen Nonnen Seidenraupen züchten und an großen Webstühlen Seidenstoffe herstellen, die sie im kleinen Klosterladen verkaufen *(tgl. ab 10 Uhr | Odós Mystrá)*.

Einen schönen Blick über die Stadt aufs Meer bietet die ständig frei zugängliche *Burgruine* am höchsten Punkt der Altstadt. Für Eisenbahnfans lohnt zudem der kostenlose Besuch der großen *Freilichtausstellung* historischer Loks und Waggons im Stadtpark nahe dem Hafen. Gute *Fischrestaurants* finden Sie an der Uferstraße von Kalamáta, wo man sich auch abends in Musikclubs und Cafés trifft. An der gleichen Straße steht auch das empfehlenswerte *Hotel Óstria (65 Zi. meist mit Meerblick | Odós Navarínou 95 | Tel. 27 21 02 38 49 | Fax 27 21 09 08 10 | €€). 61 km westlich*

KORÓNI **[180 B5]**

Koróni ist eines der schönsten Küstenstädtchen des Peloponnes (1700 Ew.). Fischernetze liegen nicht nur im Hafen, sondern auch an den Gassen, die zur venezianischen *Burg* hinaufführen. Innerhalb der Burg stehen noch einige Wohnhäuser, ein *Nonnenkloster*, der Ortsfriedhof und die

Ruine einer *frühchristlichen Basilika*. Jenseits der Burg setzt sich die Küste im schönen, gelblich-rot schimmernden Sandstrand *Zága Beach* fort, den man vom Hafen aus in zehn Minuten zu Fuß erreicht. Das größte Hotel von Koróni, das *Hotel de la Plage (48 Zi. | Tel. 27 25 02 24 01 | Fax 27 25 02 25 08 | €€)* liegt 2 km außerhalb, 70 m oberhalb des Zága-Strandes. *108 km südwestlich*

MÁNI ★ **[180–181 C–D 5–6]**

Steile Küsten fast ohne Strände und Häfen sowie das unzugängliche, bis zu 2407 m hohe Taigéttos-Gebirge prägen die Máni, den mittleren der drei großen Finger des Peloponnes. Der Zugang war und ist nur auf zwei Wegen möglich, von Kalamáta und Githio her. Im Süden ist die Máni extrem trocken, im Norden grün, aber stark zerklüftet. Überall fallen in den Dörfern wehrhafte, bis zu 20 m hohe Türme auf; manche Dörfer scheinen nur aus ihnen zu bestehen. Diese trutzigen Familienburgen mit Schießscharten in den bis zu 1,5 m dicken Mauern sind das sichtbarste Zeichen einer Geschichte, die geprägt ist vom unerbittlichen Widerstand gegen fremde Eroberer sowie von selbstzerstörerischen Blutfehden untereinander. Sie wurden manchmal sogar innerhalb eines Dorfs von Wohnturm zu Wohnturm ausgetragen – und das noch bis Mitte des 19. Jhs.

Schmuck und schnuckelig: das Nonnenkloster auf der Burg von Koróni

Heute sind viele Dörfer der Máni nahezu menschenleer; manche Wohntürme verfallen, andere wurden zu stimmungsvollen Hotels oder Ferienhäusern umgestaltet. Es lohnt sich, darin einige Tage zu wohnen und von dort aus Streifzüge durch diese eigenwillige griechische Kultur- und Naturlandschaft zu unternehmen. Ein guter Ausgangspunkt dafür ist *Areópoli* (775 Ew.) – winzig und doch die einzige Stadt in der Máni. Hier hat man die Wahl zwischen drei verschiedenen Wohntürmen als Hotel: *Lóndas (4 Zi. | Tel. 27 33 05 13 60 | Fax 27 33 05 10 12 | www.londas.com | €€)*, *Kapetanákou (5 Zi. | Tel. 27 33 05 12 33 | Fax 27 33 05 14 01 | €€)* und *Tsimóva (4 Zi. | Tel. 27 33 05 13 01 | €€)*. Alle drei liegen nahe der Hauptkirche *Taxiárchis* aus dem Jahr 1798.

Insider Tipp

Areópoli liegt an der Grenze zwischen der sich bis zum Kap Ténaro erstreckenden Inneren Máni und der bis nahe Kalamáta reichenden Äußeren Máni. Der wildere Teil ist die extrem dünn bevölkerte Innere Máni. Besonders interessante Dörfer sind hier *Mína, Kíta* und *Álika* sowie das

Malerisches Mittelmeer: eine von vielen bezaubernden Buchten in der Máni

besonders turmreiche, auf einem Hügel nahe der Südspitze der Máni gelegene *Váthia*.

Ein Ausflugsziel ganz anderer Art in der Inneren Máni ist schließlich die *Tropfsteinhöhle von* ★ *Pírgos Diroú*, 11 km von Areópoli entfernt. Durch die Gänge und Säle fließt ein bis zu 300 m tiefer Fluß, den die Besucher fast eine Stunde lang auf kleinen Kähnen entlangfahren können *(Juni–Sept. tgl. 8.30–17.30 Uhr, Okt.–Mai tgl. 9–15 Uhr | Eintritt inkl. Bootsfahrt 13 Euro).*

Auch entlang der Straße durch die Äußere Máni, die von Areópolis nach Kalamáta führt, liegen etliche sehenswerte Dörfer mit zahlreichen Wehrtürmen. Dazu gehören insbesondere *Langáda* und *Kardamíli*. Beispiele für die vielen byzantinischen Kirchen der Máni aus dem 12.–14. Jh. stehen unmittelbar an der Hauptstraße von *Nomítsis* und am südlichen Ortsrand von *Plátsa*.

Der schönste Strand der Máni ist der feinsandige *Kalógria Beach* am nördlichen Ortsrand von *Stoúpa*. Tamarisken auf dem Sand bieten Schatten, das Ufer fällt kinderfreundlich flach ab. Kurz vor dem nördlichen Nachbarort Kardamíli stehen zwischen Straße und Meer die sehr harmonisch in die umliegenden Olivenhaine eingebetteten Gebäude eines der besten Hotels des Peloponnes, die des *Hotel Kalamítsi (26 Zi. | Tel. 27 21 07 31 31 | Fax 27 21 07 31 35 | www.kalamitsi-hotel.gr | €€€). Areópoli liegt 74 km südlich von Spárta; von Areopóli bis Váthia sind es 37 km*

Insider Tipp

MESSÍNI, ITHÓMI, MAVROMÁTI [180 B4]

Das antike Messene, nicht mit dem heutigen Ort Messíni bei Kalamáta zu verwechseln, besaß 8 km lange, besonders sorgfältig gearbeitete *Stadtmauern*, die in eindrucksvoller Höhe erhalten sind. Die Stadt lag am Fuß des weithin sichtbaren Bergs *Ithómi*, der bis ins 4. Jh. hinein die wichtigste Fluchtburg der Messener in ihren zahlreichen Kämpfen gegen Sparta war.

Ausgangspunkt für Besichtigungen ist das kleine Dorf *Mavromáti.* 2 km westlich liegt das bestens erhaltene *Arkadische Tor,* Stadttor des antiken Messéne. Hier ist die Stadtmauer teilweise bis zur Höhe des Wehrgangs intakt geblieben. 300 m unterhalb des Dorfs wurden die Grundmauern eines *Äskulap-Heiligtums* freigelegt. Auf dem Gipfel des 798 m hohen Berges Ithómi sind noch Teile der Stadtmauer zu sehen. *109 km westlich*

METHÓNI [180 B5]

Mit Festungen ist der Peloponnes reich gesegnet. Die von Methóni (1209) ist wegen ihrer Größe und ihrer Meerlage besonders eindrucksvoll. Sie nimmt eine ganze Halbinsel ein. *(Mai–Okt. Mo 8–15, Di–So 8–19 Uhr, Nov.–April Di–So 8.30–15 Uhr | Eintritt frei). 126 km südwestlich*

MONEMVASÍA [181 E5]

Ein Mystrás am Meer, freilich venezianisch und nicht byzantinisch geprägt, ist Monemvasía. Anders als dort stehen aber in Monemvasía noch bewohnte Häuser innerhalb der mittelalterlichen Mauern – und auch romantische Hotels in historischen Gebäuden. Monemvasía liegt an und auf einem 1700 m langen und 300 m breiten Fels unmittelbar vor der Küste des Peloponnes, mit dem die Insel schon seit dem Mittelalter durch eine Brücke verbunden war. Für die byzantinischen Fürsten von Mystrás war die stark befestigte Stadt bis 1464 ebenso bedeutend wie anschließend für die Venezianer, die sie bis 1540 und noch einmal von 1690 bis 1715 besaßen. Sie nannten die Stadt Malvasia und exportierten von hier die griechischen Weine nach Italien, die in Europa als Malvasier-Weine bekannt wurden.

Monemvasía (5000 Ew.) gliedert sich in eine bequem auch mit dem Fahrzeug erreichbare, gut erhaltene Unterstadt am Meer und eine auf dem Felsen gelegene Oberstadt, von der fast nur noch die Außenmauern erhalten sind. Man betritt die Unterstadt durch das alte, verwinkelte Stadttor und geht die gepflasterte Hauptgasse entlang zur Platía. Hier ist die mittelalterliche Kirche *Christós Elkómenos* als einzige der alten Kirchen Monemvasías für Besichtigungen geöffnet *(tgl. 9–13 und 17–20 Uhr).* Ansonsten zählen hier die historischen Bauwerke weniger als die Atmosphäre, die auch viele Vertreter der Athener Schickeria anlockt, so im Stadtviertel Kolonáki.

>LOW BUDGET

- In der *Touristeninformation* von Patras kann man sich Fahrräder für 2–3 Stunden kostenlos ausleihen. Eine Voranmeldung ist nicht nötig *(tgl. 8–22 Uhr | Odós Othónos-Amalías 6 (Uferstraße östl. des Bahnhofs) | www.infocenterpatra.gr).*
- Hamburger-Ketten sind nicht jedermanns Sache. In Nauplia aber gehört *Goody's,* die griechische Variante dieses Genres, zu den innenarchitektonisch ungewöhnlichsten Restaurants der Welt. Da schmeckt die Gýros-Variante *pit-a-pitta* sogar Fast-Food-Gegnern und macht sie preiswert satt *(Odós Sid. Merarchías 1, neben dem Postamt).*

Insi Tip

Wer kein eigenes Haus in Monemvassía besitzt, der wohnt in den stilvoll eingerichteten Zimmern und Apartments der *Hotels Áno Malvásia (26 Zi. | Tel. 27 32 06 13 23 | Fax 27 32 06 17 22 | €–€€)* und *Byzantíno (33 Zi. | Tel./Fax 27 32 06 12 54 | www.ellada.net/vyzantino | €€€)*, die über verschiedene historische Häuser der Altstadt verstreut sind. Die jeweilige Zentralrezeption liegt an der Hauptgasse. Einfachere Unterkünfte gibt es nur im modernen Badeort Monemvasía auf dem Festland, zum Beispiel in den *Rooms Pétrino (12 Zi. | am Hafen | Tel. 27 32 06 11 36 | €). 88 km südöstlich*

PÍLOS **[180 B5]**

Außerhalb Griechenlands ist die Kleinstadt (2100 Ew.) unter ihrem mittelalterlichen Namen Navarino bekannter: Hier versenkte 1827 eine Flotte von englischen, französischen und russischen Schiffen in vier Stunden heftigsten Kampfes 55 von 82 Schiffen einer türkischen Flotte und trug damit wesentlich zum Erfolg des griechischen Freiheitskampfes bei. Auf der Insel *Sfaktiría,* die die Bucht von Navaríno fast völlig gegen die offene See abriegelt, erinnern zahlreiche Denkmäler an die Schlacht. Ausflugsboote umrunden die Insel; für eigenständige Fahrten dorthin können Sie sich auch ohne Bootsführerschein ein Motorboot mit 30-PS-Motor mieten *114 km westlich*

TRÍPOLI

[180 C3] Trípoli (25 500 Ew.), die geschäftige Hauptstadt Arkadiens, liegt im Herzen des Peloponnes 660 m hoch am Rand der

Jahrhundertelang wichtiger Stützpunkt der Republik Venedig: die Festung von Methóni

Arkadischen Hochebene, in der vor allem Getreide angebaut wird. Die Stadt wurde erst im 14. Jh. gegründet und im griechischen Befreiungskrieg 1827 von den Türken völlig zerstört, sodass sie keinerlei historische Denkmäler besitzt. Wegen ihrer zentralen Lage ist sie aber ein guter Ausgangsort für verschiedene Ausflüge.

SEHENSWERTES

Am schönsten ist die Stadt an ihrem großen Hauptplatz, der *Platía Aréos*. Das abendliche Treiben vor der Kulisse hoher Berge ist hier die besondere Sehenswürdigkeit.

ARCHÄOLOGISCHES MUSEUM

Das Museum in der Innenstadt ist nur etwas für archäologisch sehr Interessierte: Es besitzt eine einzigartige Sammlung arkadischer Götterstelen. *Di–So 8.30–15 Uhr | Odós Evangelistrías | Eintritt 2 Euro*

ESSEN & TRINKEN

PARK CHALET

Gepflegtes Restaurant am Hauptplatz. Gute Weinauswahl, Riesenpizza, gute Steaks und verfeinerte griechische Gerichte (nur auf der griechischen Spezialkarte). *Platía Aréos* | €€

Zitrusfrüchte frisch vom Baum sind selbstverständlich: Markttag in Trípoli

PETIT TRIANON

Sehr gepflegtes, stilvolles Café und Restaurant. Große Auswahl, große Portionen. *Platía Aréos 4* | €€€

ÜBERNACHTEN

ARCÁDIA

Das beste Hotel von Trípoli. Die Zimmer auf der Rückseite sind die ruhigeren. *45 Zi. | Platía Kolokotrónis 1 | Tel. 27 10 22 55 51 | Fax 27 10 22 24 64* | €€

MAÍNALON

Modernisiertes Hotel aus dem Jahr 1936, außen schlicht, innen aber mit Flair. *31 Zi. | Platía Aréos | Tel. 27 10 23 03 00 | Fax 27 10 23 03 27 | www.mainalonhotel.gr* | €

AM ABEND

Romantiker sitzen zur Zeit des Sonnenuntergangs im *Café Touristikon* am unteren Ende des Hauptplatzes. Der Blick über den Platz auf das Gerichtsgebäude und die Berge unterm Abendhimmel ist einmalig. Die Jugend trifft sich im Garten der *Bar Kallísto* neben dem Gerichtsgebäude oder geht ins *Freilichtkino* auf dessen anderer Seite.

ZIELE IN DER UMGEBUNG

DIMITSÁNA [180 C3]

Das große, überraschend lebhafte Dorf (600 Ew.) auf und an einem Felsvorsprung über einem Flusstal ist eines der typischsten Dörfer des Peloponnes. 2 km außerhalb liegt über einem Tal das gut ausgeschilderte *Water Power Museum.* Hier sieht man u. a., wie bis ins 20. Jh. hinein mithilfe von Wasserkraft Häute gegerbt und Schwarzpulver hergestellt wurde. Videos erläutern die historischen Arbeitsvorgänge anschaulich *(März–15. Okt. Mi–Mo 10–18 Uhr, 16. Okt.–Feb. Mi–Mo 10–17 Uhr | Eintritt 1,50 Euro).*

Insider Tipp

1,5 km weiter ist das unter einem überhängenden Fels an einer Schlucht erbaute *Kloster Aimaloú* sehenswert *(Sonnenaufgang bis 13 Uhr und 16 Uhr bis Sonnenuntergang).* Atemberaubend schön liegt an einem steilen Felsen in einer wasser- und waldreichen Schlucht das *Kloster Pródromou (Von Sonnenauf- bis -untergang | an der Straße von Dimitsána nach Karítena gut ausgeschildert | vom Ende des Fahrwegs noch 15 Min. Fußweg). 59 km nordwestlich*

Insider Tipp

LANGÁDIA [180 C3]

Die 700 Bewohner dieses Dorfs zwischen Trípoli und Olympia sind zum täglichen Konditionstraining gezwungen. Ihre Häuser liegen verstreut an einem steilen Berghang in einem von Bergen umschlossenen Tal. Das öffentliche Leben spielt sich auf den Aussichtsterrassen an der Hauptstraße ab. Hier kann man in mehreren Tavernen gut essen sowie im zentralen *Hotel Kentrikón-Maniátis (20 Zi. | Tel. 27 95 04 35 40 | Fax 27 95 04 32 21 | €)* mit Panoramablick wohnen. *63 km nordwestlich von Trípoli*

TEGÉA [180 C3]

Mitten im Dorf liegen eindrucksvolle Reste eines großen *Athena-Tempels* aus dem 4. Jh. v. Chr. Ein kleines *Museum* daneben zeigt Grabungsfunde *(Di–So 8.30–15 Uhr).* Fährt man von hier 2 km in Richtung Paléo Episkopí, gelangt man zu einem *Park,* einem beliebten Picknickziel der Tripolitaner, mit zum Teil eindrucksvollen Ruinen eines hellenistischen Theaters aus dem 2. Jh. v. Chr., einer Säulenhalle, einer frühchristlichen Basilika und einer mittelalterlichen Siedlung aus dem 7.–13. Jh. *(frei zugänglich). 8 km südlich*

> GRIECHENLAND GANZ INTENSIV ERLEBEN

Nach Sparta und Olympia oder durch Schluchten und Wälder

Die Touren sind auf dem hinteren Umschlag und im Reiseatlas grün markiert

1 DIE KLASSISCHE RUNDREISE

Diese einwöchige Tour führt Sie zu den berühmtesten Stätten der griechischen Antike, zeigt Ihnen aber auch mittelalterliche Burgen und Orte, führt durch grandiose Landschaften und lässt Zeit für ein Bad im Meer. Die Beschreibung der Tour beginnt am Athener Flughafen, da sie meist mit dem Mietwagen unternommen wird. Wer mit dem eigenen Fahrzeug anreist, kann die Reise auch im Fährhafen Patras (sechster Tag) beginnen. Länge der Rundfahrt: ca. 1100 km.

Erster Tag: Mietwagenübernahme am Athener Flughafen, Fahrt über die mautpflichtige Autobahn in Richtung Korinth. Stopp am **Kanal von Korinth** *(S. 118)*, danach Korinth auf der Autobahn in Richtung Patras umfahren und die Abfahrt nach *Ancient (Archéa) Kórinthos* nehmen. Übernachtung in einer Pension. 100 km

> *www.marcopolo.de/griechenland-fest*

AUSFLÜGE & TOUREN

Zweiter Tag: Vormittags Besichtigung von **Alt-Korinth** *(S. 116)*, Fahrt hinauf nach *Akrokorinth;* dann Fahrt nach **Mykene** *(S. 125)*. Anschließend weiter, an **Tiryns** *(S. 127)* vorbei, in eine der schönsten Städte Griechenlands: **Nauplia** *(S. 118)*. Abendlicher Bummel durch die Stadt oder Besuch des Epidauros-Festivals. 70 km

Dritter Tag: Zunächst ein Abstecher nach **Epidauros** *(S. 122)*, anschließend Weiterfahrt über Nauplia und **Lérna** *(S. 124)* nach **Trípoli** *(S. 141)*. Auf dem Weg nach **Sparta** *(S. 133)* ein Abstecher nach **Tegéa** *(S. 143)*. 200 km

Vierter Tag: Der Vormittag gehört der mittelalterlichen Stadt **Mystrás** *(S. 133)*. Mittags geht es nach **Gíthio** *(S. 137)*, einem idealen Ort zum Genuss von frischem Fisch und Meeresfrüchten und dem Tor zur wilden **Máni** *(S. 138)*. Dort sollte man zunächst deren Hauptstadt **Areópoli** *(S. 138)* ansteuern, um sich ein Quartier für die Nacht zu Insider Tipp suchen. Je nach Interessenlage können Sie jetzt eine etwa 85 km lange Rundfahrt durch die südliche Máni anschließen oder sich auf den recht zeitaufwendigen Besuch der Tropfsteinhöhlen von **Pírgos Diroú** *(S. 139)* beschränken. 105 km

Fünfter Tag: Den Vormittag verbringen Sie in der Máni mit ihren Wehrdörfern und alten Kirchen. Über **Stoúpa** *(S. 139)* mit schönem Strand und **Kardamíli** *(S. 139)* gelangen Sie nach **Kalamáta** *(S. 137)*. Nächstes Ziel ist **Pílos** *(S. 141)*. Von dort geht es nach **Olympia** *(S. 127)*. 200 km

Sechster Tag: Für Olympia benötigen Sie den ganzen Vormittag. Danach geht es um das weniger sehenswerte **Patras** *(S. 133)* herum nach **Río** *(S. 133)*, von wo Sie entweder preiswert mit der Fähre oder etwas teurer über eine mautpflichtige Brücke aufs Festland gelangen können. Vorbei am schönen Städtchen **Náfpaktos** *(S. 110)* fahren Sie auf einer herrlichen Panoramastraße bis **Delphi** *(S. 102)*. Bei genügend Zeit lohnt ein Zwischenstopp in **Galaxídi**. 240 km

Siebter Tag: Für die Besichtigung von Delphi kann man gut einen ganzen Tag gebrauchen. Wer auf eine Nacht in Athen verzichten will, bleibt also und fährt erst am nächsten Tag zum Flughafen zurück. 195 km

Achter Tag: Bummel durch **Athen** *(S. 34)*, dann Heim- oder Weiterreise.

Gondelfahrt mit Gottvertrauen: Einige Metéora-Klöster waren früher nur so zu erreichen

2 DAS ANDERE GRIECHENLAND

Dieser Vorschlag für eine zweiwöchige Tour wendet sich vor allem an Urlauber, die in vom Tourismus noch wenig berührte Gebiete vorstoßen wollen, um Griechenlands Natursehenswürdigkeiten zu entdecken. Die Tour beginnt für Reisende mit eigenem Fahrzeug im Fährhafen Igoumenítsa; mit einem Mietwagen starten Sie am besten in Thessaloníki (neunter Tag). Länge der Rundfahrt: ca. 1650 km

Erster Tag: Über die Autobahn zur antiken Stätte von **Dodóna** *(S. 80)*, dann weiter nach **Ioánnina** *(S. 77)*. 75 km

Zweiter Tag: Fahrt in die Zagóri-Dörfer. **Monódendri** *(S. 82)* ist ein guter Tipp für die erste Nacht dort. Sie können einen Blick in die **Víkos-Schlucht** *(S. 83)* werfen und entscheiden, ob Sie sie am nächsten Tag durchwandern wollen. Mit Dodóna 90 km

Dritter Tag: Wenn Sie die Schlucht nicht durchwandern, machen Sie am besten eine Tour in die Dörfer **Kípi** *(S. 80)* und **Tsepélovo** *(S. 83)*, bevor Sie nach **Pápingo** *(S. 82)* hinauffahren, wo Sie sich in die Dolomiten versetzt fühlen werden. 105 km

Vierter Tag: Machen Sie eine Bergwanderung, oder genießen Sie die Ruhe und baden in einem nahen Fluss.

Fünfter Tag: Fruchtbare Hochebenen und steinige Flusstäler erleben Sie heute. Einen Stopp lohnt auf jeden Fall **Kónitsa** *(S. 81)*. Nachmittags treffen Sie in **Kastoriá** *(S. 48)* ein. 200 km

Sechster Tag: Heute geht es in einen der entlegensten Winkel Griechenlands, nach *Psarádes* an den **Préspa-Seen** *(S. 50)*. 70 km

Siebter Tag: Gönnen Sie sich einen Ruhetag, erleben Sie die Seen vom Boot und vom Land aus, und genießen Sie vielleicht einen Riesenkarpfen. Auf jeden Fall sollten sie auch das Dorf **Ágios Germanós** *(S. 50)* besuchen, falls Sie nicht ohnehin dort statt in Psarádes Quartier bezogen haben. 40 km

Insider Tipp

Achter Tag: Durch dichte Wälder und Wintersportgebiete fahren Sie über *Flórina* nach **Édessa** *(S. 60)* mit seinem schönen Wasserfall und dann vorbei an **Pélla** *(S. 63)* nach **Thessaloníki** *(S. 54)*. 200 km

Neunter Tag: Nutzen Sie den Tag, um Thessaloníki kennenzulernen, oder unternehmen Sie einen Ausflug auf die Halbinsel **Kassándra** *(S. 61)* mit ihren vielen schönen Stränden. Kassándra-Rundfahrt ca. 200 km.

Zehnter Tag: Heute erleben Sie den **Olymp** *(S. 62)* von einer ungewöhnlichen Seite, denn Sie wählen ab *Kateríni* die schmale, kurvenreiche Straße, die westlich am Olymp vorbeiführt in Richtung Lárissa. Sie passieren *Elassóna* und biegen dann hinter *Damássi* rechts ab nach **Tríkala** *(S. 95)*. Kurz darauf sind Sie an den **Metéora-Klöstern** *(S. 91)*. 265 km

Elfter Tag: Dieser Tag gehört den Klöstern und der Erholung. 25 km

Zwölfter Tag: Über *Tríkala* und *Kárditsa* steuern Sie **Lamía** *(S. 108)* an und biegen in die noch fast unerschlossene Bergregion von Evritanien ab. Tagesziel ist **Karpenísi** *(S. 112)*. 240 km

Dreizehnter Tag: Erkunden Sie die Umgebung, per Auto oder zu Fuß!

Vierzehnter Tag: Über *Agrínion* geht es nach *Amfilóchia* und von dort über *Vónitsa* nach **Préveza** *(S. 89)*. 210 km

Fünfzehnter Tag: Schauen Sie sich das beeindruckende **Nekromanteíon** *(S. 86)* und **Párga** *(S. 84)* an, bevor Sie nach *Igoumenítsa* zurückkehren. 130 km

EIN TAG IN UND UM NAUPLIA

Action pur und einmalige Erlebnisse.
Gehen Sie auf Tour mit unserem Szene-Scout

WACHMACHER

9:00

Kurz bevor der Tag mit Action startet, frühstückt man besser auf die urgriechische Art: mit Kaffee und ein, zwei Souvlaki-Spießchen. Derartig gestärkt, haut einen so leicht nichts mehr um, und der Blick geht nach oben zur 45 m hohen Brücke über den Kanal von Korinth. Von hier aus springen Mutige gleich in die Tiefe! **WO?** *Kanal von Korinth, Stände auf der Westseite der Kanalbrücke*

10:00

JUMP!

Ab auf die Kanalbrücke und an einem Bungeeseil wieder abwärts. Am meisten Spaß macht es, wenn man nach vorne wegspringt, denn das verlängert das Vergnügen in der Luft. Nach dem freien Fall sorgen Adrenalin und Endorphine für Euphorie. Ein echter Thrill! **WO?** *Zulu Bungy | alte Kanalbrücke, Ostseite | Tel. 69 32 70 25 35 | www.zulubungy.com | Preis: 60 Euro*

WETTKAMPFFIEBER

12:00

Ein halbe Autostunde später steht ein kleiner Wettkampf auf dem Programm. Wer ist der Schnellere? Rein in die Turnschuhe und den Liebsten oder die Liebste zum Sprint herausfordern. Auf die Plätze, fertig, los – im antiken Stadion *Neméa* darf man nicht nur gucken, sondern selbst seine Bahnen drehen. **WO?** *Neméa | tgl. 8–19.30 Uhr*

13:30

CHILLOUT

Wer hungrig ist, hat es gut, denn das nächste Ziel ist die Taverne *O Parádissos.* Wie wär's mit einem sahnigen Yoghurt mit Honig und Nüssen oder doch lieber leckeren Lammkoteletts? Nach dem Essen heißt das Zauberwort Chillen. Am direkt neben der Taverne gelegenen Quellteich von Kefalári lässt man die Füße im klaren Wasser baumeln und genießt die Natur. **WO?** *Direkt am Quellteich, Kefalári | Tel. 27 51 08 62 13*

24 h

AUFSTIEG

15:30

Power getankt? Dann sind im 12 km entfernten Nauplia 999 Treppenstufen nicht zu viel, oder? Denn so viele sind es vom Altstadtzentrum bis hinauf zur Festung Palamídi. Der Lohn der Mühe: ein fantastischer Blick über die Stadt. **WO?** *Festung Palamídi, Nauplia | tgl. 8–19 Uhr*

19:00

SPIEL MIT DEM SCHATTEN

Das traditionelle Schattenspiel, *Karagióssis*, steht bei den Griechen wieder hoch im Kurs. Ilías Móros ist einer der letzten Künstler, der die Figuren herstellen kann. Wer ihn in seinem Atelier besucht, darf ihm über die Schulter schauen oder sogar selbst mit Hand anlegen. **WO?** *Odós Staikopoúlou 40, Nauplia*

CRAZY KNEIPE

20:30

Wer in die Bar *Láthos* geht, sollte Überraschungen lieben. Wirt Tássos ist nicht nur ein kleiner Spaßvogel, sondern vor allem ein begeisteter Bastler. So kann es passieren, dass plötzlich Tische wackeln, Putten unter der Decke kreisen oder einen ein sprechender Fisch anquatscht. Natürlich alles per Knopfdruck von Tássos gesteuert. Da hilft nur noch ein Ouzo! **WO?** *Vas. Konstantínou 1, Nauplia*

22:00

MIT PROMIS DINIEREN

Die Spezialitäten im Restaurant *Epí Skinís* sind die superleckeren Vorspeisen, die jedes Gourmetherz höher schlagen lassen. Unbedingt probieren! Übrigens: Das Restaurant ist das Stammlokal der griechischen Schauspielszene. Augen offen halten! **WO?** *Leofóros Amalías 19 A, Nauplia | Tel. 27 52 02 13 31*

PARTY ON

24:00

Im *Club Galea*, der neuen In-Location, startet die Party ab Mitternacht. Zu Hip-Hop, R'n'B und Reggae wird die Nacht unter freiem Himmel bis zum Sonnenaufgang zelebriert. An den Turntables geben sich gerne bekannte DJs aus Athen die Ehre. **WO?** *Am Strand von Néa Kíos, Nauplia*

> BERGE UND MEER LOCKEN

Die besten Plätze für Ihren Lieblingssport und die wichtigsten Adressen und Websites

> Griechenland mit seiner enormen Küstenlänge und den vielen guten Stränden hat besonders Wassersportlern viel zu bieten. Vor allem junge Griechen zieht es zum Sport aber auch in die Berge, wo man reiten und Kajak fahren, bergsteigen und wandern kann.

Die meisten griechischen Sportanbieter setzen mehr auf Improvisation als auf perfekte Organisation und sind abseits der großen Strandhotels mehr auf griechische als auf ausländische Gäste eingestellt. Das bringt zwar manchmal Sprachschwierigkeiten mit sich, garantiert aber Urlaub unter Einheimischen.

BERGTOUREN

Von den meisten Zweitausendern Griechenlands aus kann man das Meer sehen. Das macht Bergtouren und Gipfelbesteigungen so attraktiv. Der griechische Bergsteigerverein E.O.S. unterhält Büros in vielen

SPORT & AKTIVITÄTEN

Städten und Bergregionen und betreibt auch zahlreiche Schutzhütten *(Hellenic Federation of Mountaineering and Climbing | Odós Milióni 3 | Athen | Tel. 21 03 64 59 04 | Fax 21 03 64 46 87)*. Im Internet finden Sie unter *www.oreivatein.com* zahlreiche Informationen.

GOLF

Es gibt auf dem griechischen Festland zwei Golfplätze: einen gut gepflegten in Glifáda bei Athen *(Tel. 21 08 94 68 20 | Fax 23 75 07 12 29 | www.athens-golf.com)* und einen in Pórto Carrás auf der Halbinsel Sithonía/Chalkidikí *(Tel. 23 75 07 13 81 | Fax 23 75 07 12 29 | www.portocarras.com)*.

KANU & KAJAK

Kanus und Kajaks werden für die Flüsse Néstos in Xanthí und Aoós in Kónitsa vermietet. *Forestland |*

Leof. Stratoú 2, Xanthí, Tel. 25 41 08 35 35, Fax 25 41 08 35 33 | www.forestland.gr. Límni | am Aoós | Kónitsa | Tel. 26 55 02 39 35 | www.epirus.com/limni

MOTORBOOTE

Für Motorboote bis zu 30 PS braucht man in Griechenland keinen Bootsführerschein. Für 40–60 Euro pro Tag plus Benzin werden sie in einigen Badeorten vermietet, insbesondere in Ouranópoli auf der Chalkdikí und in Pílos auf dem Peloponnes.

Mit dem Mountainbike direkt ans Meer

MOUNTAINBIKES

Mit seinen vielen Bergen und Tälern, kleinen Nebenstraßen und unbefestigten Pisten ist Griechenland für Mountainbiker eigentlich ein ideales Revier. Es gibt jedoch nur wenige professionelle Vermietstationen auf dem Festland, sodass man für größere Touren sein eigenes Bike mitbringen muss. Vermieter finden Sie u. a. in *Párga, Délphi, Stoúpa* und *Políchrono.*

OUTDOOR ADVENTURES

Mehrere griechische Veranstalter bieten organisierte Outdooraktivitäten wie Rafting, Trekking und Klettern an. Ihre Programme erscheinen meist auf Griechisch. Ausländer sind aber als Gäste willkommen. *Scoutway | Odós Ptoleméon 1 | Athen | Tel. 21 07 29 91 11 | Fax 01 07 29 91 15 | www.scoutway.gr. Trekking Hellas | Odós Filéllinon 7 | Athen | Tel. 21 03 31 03 23 | Fax 21 03 23 45 48 | www.trekking.gr*

Insider Tipp

REITEN

Reitsport ist in Griechenland nicht populär. So gibt es nur wenige gute Reitzentren, meist von Ausländern geführt. Die besten finden Sie bei Argalastí sowie bei Katigiórgis auf der Pílion-Halbinsel, außerdem bei Kalamáta auf dem Peloponnes. *Fárma Kéntavros, Níkos Stoukogiánnis | Argalastí | Tel. 24 23 05 41 31. Horse Riding Club | Eric & Olga | Katigiórgis | Tel. 24 23 07 10 76 (auch Trekkingtouren). Peripetia | Chráni/Kalamáta | Tel. 27 22 03 18 52 | www.peripetia.de.*

TAUCHEN

In vielen griechischen Gewässern ist das Tauchen verboten, weil Archäologen befürchten, Taucher könnten heimlich antike Schätze bergen. Gute Tauchgründe und -stationen gibt es vor allem an der westgriechischen Küste, auf dem Peloponnes und um die Finger der Chalkidikí.

TENNIS

Viele größere Hotels verfügen über Tennisplätze, die auch Nichthotelgästen offen stehen.

WANDERN

Griechenland ist dank seiner weithin unberührten Natur und seiner vielen alten Hirtenpfade ein einzigartiges Wanderreiseziel. Markierte Wanderwege gibt es jedoch nur selten. Positive Ausnahmen bilden die Chalkidikí, Párga im Epirus und die Region um Dimitsána auf dem Peloponnes. Weitgehend gut markiert sind auch die Europäischen Fernwanderwege E4 und E6. Informationen im Internet bei *www.oreivatein.com.*

Gute Wanderkarten gibt es kaum, am besten sind die GPS-kompatiblen Spezialkarten im Maßstab 1:50000 des griechischen Verlages Road Editions, die Sie auch beim deutschen Buchhandel bekommen. Verlagsprogramm im Internet: *www.road.gr.*

Geführte ein- und zweiwöchige Wanderreisen bieten mehrere Veranstalter an; Auskunft erhalten Sie in Reisebüros.

WINDSURFEN

Gut ausgestattete Wassersportstationen, die neben Windsurfen auch Fallschirmsegeln und Fun Rides anbieten, finden Sie meist vor den großen Hotels. Auch für Könner attraktive Windsurfreviere sind Finikoúnda auf dem Peloponnes und die per Brücke mit dem Festland verbundene Insel Léfkas.

Windsurfen auf Poseidons Wohnsitz

WINTERSPORT

Es gibt in Griechenland 17 Wintersportregionen. Die schönsten und sonnenreichsten sind die des Chelmós bei Kalávrita (Insider Tipp) und des Menalón bei Trípoli auf dem Peloponnes, des Parnass bei Aráchova, des Pílion bei Vólos, des Falakró bei Dráma und des Olymps.

YACHTCHARTER

Segel- und Motoryachten werden vor allem in Piräus und Athen verchartert. Es gibt aber auch Vercharterer in Préveza und auf den festlandsnahen Inseln Korfu, Spétse und Zákinthos. Ein Verzeichnis bekommen Sie bei der Griechischen Zentrale für Fremdenverkehr.

> ABENTEUER FÜR DIE JÜNGSTEN

Die besten Ideen für Aktivitäten der ganzen Familie, bei denen der Spaß der Kleinen ganz groß sein wird

> Griechenland ist für Familien ein problemloses Reiseziel. Die Kleinen sind immer und überall willkommen. Man macht allerdings nicht viel Aufhebens um sie, sondern lässt sie einfach an fast allem teilhaben, was die Erwachsenen tun – bis weit nach Mitternacht.

Babynahrung, Windeln und frische Milch bekommen Sie in größeren Supermärkten in großer Auswahl. Kinderstühle bieten die meisten Restaurants und Hotels auf Chalkidikí. Autositze für Kinder haben nicht alle Autovermieter – und wenn, sind es oft nicht die sichersten Modelle.

Problematisch können in Griechenland auch ärztliche Rezepte sein: Häufig werden schon bei kleinen Infektionen Antibiotika verordnet. Wer bei Erkältungen lieber auf Hausmittel setzt, sollte sie von zu Hause mitbringen. Ins Reisegepäck gehören auf jeden Fall Badeschuhe oder Sandalen für die Kinder, denn

MIT KINDERN REISEN

Sandstrände werden im Sommer oft unerträglich heiß.

Kinderermäßigungen werden in Linienbussen, auf Schiffen und Ausflugsbooten sowie bei vielen Veranstaltungen bis zum Alter von 12 oder 14 Jahren gewährt.

ATHEN & ATTIKA

MUSEUMSHAFEN TROCADÉRO [179 D6]

Im wenig besuchten Museumshafen kann man sich auf dem 1912 erbauten Schlachtschiff „Averof" nahezu völlig frei bewegen, geht durch Mannschaftsquartiere und sieht den Admiralssalon, steigt zur Brücke hinauf und blickt in den Maschinenraum. Der Besuch ist auch pazifistischen Familien anzuraten, denn Kriegsbegeisterung kommt hier bestimmt nicht auf. *Straßenbahn (Tram) vom Athener Síndagma-Platz Richtung Néo Faliró bis zur Haltestelle Trocadéro | Mo–Fr 9–13, Sa/So*

11–15 Uhr, außerdem Juni–Okt. Mo, Mi, Fr 17–19, Nov.–Mai Mo, Mi, Fr 15–17 Uhr | Eintritt 1 Euro

MAKEDONIEN & THRAKIEN

Insider Tipp

BOOTSCHARTER [174 A5]

Der Mann der schwäbischen Reisebüroinhaberin Petra Friedrich ist Fischer. Er betreibt in Ormós Panagías (Sithonía) zwei hölzerne Kaíkis mit einfachen Kabinen, in denen 10–15 Passagiere Platz finden. Man kann die Boote chartern und sich zu unbewohnten Inseln und an abgeschiedene Strände bringen lassen. Kosten: 380–500 Euro/Tag. *Friedrich Travel | am Hafen | Tel. 23 75 03 14 80 | www.friedrich-travel.com*

TSAF TSUF [173 E3]

Miniaturzüge auf Gummirädern fahren durch viele Urlaubsorte. Der witzigste ist sicherlich der „Tsaf Tsuf" von Thessaloníki. Vom Weißen Turm aus fährt er 20 Minuten am Meer entlang, alle drei offenen Waggons werden kräftig mit griechischen Kinderliedern beschallt. Der Zug ist auch auf einer witzigen Homepage im Internet zu finden *(www.tsaftsuf.gr). Weißer Turm | Mo–Fr 17.30–22, Sa/So 11–22 Uhr | Kinder unter 14 J. 2 Euro, Erwachsene 3 Euro*

WATERLAND [173 E3]

Eines der größten Spaßbäder Griechenlands liegt nahe der Schnellstraße von Thessaloníki auf die Chalkidikí. Auf 15 ha bietet das *Waterland* Riesenrutschen und Wellenbecken, einen künstlichen Flusslauf für Schlauchbootfahrten, einen Minizoo und eine Fahrschule mit Elektroautos. *Juni–Sept. tgl. ab 10 Uhr, je nach Wetter bis 18 oder 20 Uhr | Kinder bis 3 J. Eintritt frei, Kinder zwischen 4 und 14 J. 10 Euro, ab 2 Stunden vor Schließung 8,50 Euro, Erwachsene 13,50 bzw. 10 Euro | von der Schnellstraße bis Ausfahrt Néa Rysíon, dort Richtung Vassiliká (ausgeschildert) | kostenloser Zubringerbus von der Platía Aristotélous in Thessaloníki | Fahrplanauskunft und Infos über aktuelle Schlusszeiten Tel. 23 92 07 20 25 | www.waterland.gr*

EPIRUS

BAD IM BACH [176 B2]

Auch im nordgriechischen Hochgebirge brauchen Sie auf ein kühles Bad nicht zu verzichten. Bei Papíngo machen glatte Felsen in einer kleinen Schlucht einen rauschenden Bach zum idealen (ungefährlichen) Badegewässer. So kommen Sie hin: *von Megálo Papíngo nach Mikró Papíngo fahren und von der Brücke aus, die den Bach überquert, dem Bachlauf ca. 2 Min. bachaufwärts folgen.*

THESSALIEN

MIT DER DAMPFBAHN DURCH DEN PÍLION [178 B2]

Zwischen Áno Lechoniá und Miliés verkehrt im Sommer jeden Samstag und Sonntag ab 11 Uhr eine Schmalspurbahn mit rasanten 25 km/h. Nach einer halben Stunde Fahrt wird eine Kaffeepause eingelegt, dann bringt die alte Lok die drei Waggons wieder in Schwung und läuft nach weiteren 40 Minuten in den Bahnhof von Miliés ein. Die Lok wird abgekuppelt, rangiert und dann vorsichtig auf einer altertümlichen Drehscheibe gewendet. Nach dreieinhalb Stunden im schönen Dorf geht es um 16 Uhr wieder in Richtung Vólos zurück. *Nur Rückfahrtickets: 14 Euro, Kinder 9 Euro | www.aroundpelion.com*

MITTELGRIECHENLAND

HÄNGEBRÜCKE UND ZAUBERBAUM [178 C3]

Auf der zweitgrößten Insel Griechenlands, Euböa, gibt es zwischen Prokópi und Mandoúdi direkt an der Hauptstraße einen zauberhaften Platanenwald. Gegenüber der *Taverne Alexíou* führt eine schwankende hölzerne Hängebrücke über einen Bach. Man überquert sie und folgt dem anschließenden Feldweg etwa 300 m weit nach rechts. Dann hält man sich an der Gabelung links und steht nach wenigen Schritten vor einer der mächtigsten Platanen Griechenlands. Sie ist 28 m hoch und misst auch im Kronenumfang 28 m. In ihrem hohlen Stamm, der über 6 m Durchmesser hat, kann man herrlich spielen.

PELOPONNES

OZEANDAMPFER SEHEN [178 B6]

Die meisten Urlauber schauen nur von der Straßenbrücke aus auf die Schiffe im Kanal von Korinth hinunter. Für Kinder ist es sehr viel spannender, die großen Pötte zum Greifen nah an sich vorüberfahren zu sehen. Am östlichen Kanalausgang ist das möglich (Straße nach Istmía nehmen). Da scheint sogar die Brücke, über die man vielleicht eben noch gegangen ist, im Kanalbett zu versinken. Sind die Schiffe vorbei, kommt sie tropfnass wieder zum Vorschein. Und das Ganze kann man hervorragend bei einem leckeren Eis genießen, das das *Café Isthmía* am Kanalufer serviert. Insider Tipp

Sommerliches Vergnügen: mit der Schmalspurbahn nach Miliés rumpeln

> VON ANREISE BIS ZOLL

Urlaub von Anfang bis Ende: die wichtigsten Adressen und Informationen für Ihre Griechenlandreise

ANREISE

Linienflüge gehen aus Österreich und der Schweiz nach Athen und Thessaloníki, von Deutschland auch nach Kavála. Charter- und Billigflieger aus Deutschland und der Schweiz landen auf den Flughäfen Athen, Thessaloníki, Áraxos und Préveza, aus Deutschland auch in Kalamáta, aus Österreich auch in Vólos.

Flughafenbusse verkehren nur in Athen und Thessaloníki, sonst stehen überall Taxis bereit. Die Flugzeit von Frankfurt/M. nach Athen beträgt etwa 2 Std. 45 Min.

Große Autofähren verbinden ganzjährig die italienischen Häfen Venedig, Ancona, Bari, Brindisi und Triest mit Igoumenítsa und Patras. Zwischen Brindisi und Igoumenítsa verkehrt im Sommer auch ein schneller Katamaran (Überfahrt 3 Std.), der allerdings keine Autos transportiert. Mit normalen Autofähren dauert die Überfahrt von Ancona bis Patras je nach Schiff 19–21 Stunden, ab Bari 15–16 Stunden. Auskunft in Reisebüros und bei Automobilclubs, im Internet: *www.superfast.com* | *www.fragline.gr* | *www.minoan.gr* | *www.anek.gr* | *www.marlines.com* | *www.ventouris.gr*

Direkte Bahnverbindungen zwischen Griechenland und Mitteleuropa gibt es nicht. Ein Autoreisezug verkehrt zwischen Mitte Juni und

PRAKTISCHE HINWEISE

Anfang Sept. auf der Strecke Villach/Kärnten–Thessaloníki. Auskunft: *Optima Tours | Karlstr. 56 | 80333 München | Tel. 089/54 88 01 11 | Fax 54 88 01 55 | www.optimatours.de*

Europabusse verbinden viele Städte in den deutschsprachigen Ländern ganzjährig mit Thessaloníki und Athen sowie mit Bari und Brindisi in Italien. Auskunft: *Deutsche Touring | Am Römerhof 17 | 60486 Frankfurt | Tel. 069/790 30 | Fax 707 85 11 | www.deutsche-touring.com*

AUSKUNFT VOR DER REISE

GRIECHISCHE ZENTRALE FÜR FREMDENVERKEHR

– *Neue Mainzer Str. 22 | 60311 Frankfurt/M. | Tel. 069/257 82 70 | Fax 25 78 27 29 | info@gzf-eot.de*
– *Wittenbergplatz 3A | 10789 Berlin | Tel. 030/217 62 62 | Fax 217 79 65*
– *Neuer Wall 18 | 20354 Hamburg | Tel. 040/45 44 98 | Fax 45 44 04*
– *Pacellistr. 2 | 80333 München, | Tel. 089/22 20 35 | Fax 29 70 58*
– *Opernring 8 | 1015 Wien | Tel. 01/512 53 17 | Fax 513 91 89 | grect@vienna.at*
– *Löwenstr. 25 | 8001 Zürich, Tel. 012 21 01 05 | Fax 012 12 05 16 | eot @bluewin.ch*

AUTO

Zur Einreise genügen der nationale Führer- und KFZ-Schein. Die internationale grüne Versicherungskarte mitzuführen ist empfehlenswert.

Die zulässige Höchstgeschwindigkeit beträgt in geschlossenen Ortschaften 50 km/h, auf Landstraßen 90 km/h und auf Autobahnen 120 km/h. Motorräder dürfen höchstens 90 km/h schnell fahren. Es gibt viele Radarkontrollen und hohe Geldstrafen bei Geschwindigkeitsüberschreitungen! Auch das Falschparken ist teuer, es kostet mindestens 50 Euro. Promillegrenze 0,5, für Motorradfahrer 0,1. Es gilt Anschnallpflicht auf den Vordersitzen und Helmpflicht für Motorradfahrer.

ADAC-Notruf ganzjährig in Athen 21 09 60 12 66. Die Pannenhilfe des

WAS KOSTET WIE VIEL?

KAFFEE	**1,60 EURO** für einen Mokka
TAXI	**36 CENT** pro Kilometer in der Stadt
WEIN	**2,60 EURO** für ein Glas Tafelwein
FISCH	**40–60 EURO** für 1 kg im Restaurant
BENZIN	**1,10 EURO** für 1 l Normalbenzin
GÝROS	**2 EURO** für 1 Portion mit *pitta* (Fladenbrot)

griechischen Automobilclubs *ELPA* ist landesweit unter *Tel. 104 00* erreichbar. Das Abschleppen müssen auch ADAC-Mitglieder zunächst bar bezahlen!

BAHN

Die griechischen Staatseisenbahnen (OSE) unterhalten ein umfangreiches Netz. Moderne Intercityzüge verbinden Athen mit Thessaloníki (Fahrzeit 4,25 Std.), mit Olympia (Fahrzeit 5,5 Std.) und mit Patras (Fahrzeit 3 Std. 35 Min.) sowie Thessaloníki mit Alexandroúpoli (Fahrzeit 4 Std. 55 Min.). Ein Zug mit Schlafwagen ist nachts zwischen Athen und Thessaloníki bzw. in umgekehrter Richtung unterwegs. Per Bahn erreichbar sind außerdem Chalkís auf der Insel Euböa, Kalambáka (und damit die Metéora-Klöster), Kozáni sowie auf dem Peloponnes Kalamáta, Nauplia und Trípoli. Die Züge führen Abteile der 1. und 2. Klasse. Die Fahrpreise sind niedriger als die für Linienbusse. Gedruckte Fahrpläne sind nur auf Griechisch erhältlich. Fahrpläne im Internet: *www.ose.gr*.

BUS

Linienbusse sind das wichtigste öffentliche Verkehrsmittel in Griechenland. Fernbusse verbinden alle griechischen Städte mit Athen und viele mit Thessaloníki. Regionalbusse fahren von den Bezirkshauptstädten in alle Dörfer im Umkreis. Für die Fernbusse können Plätze im Voraus an den Busbahnhöfen reserviert werden. Gedruckte Fahrpläne gibt es kaum, man informiert sich durch die Fahrplantafeln in den Busbahnhöfen. Für viele Regionen finden Sie die aktuellen Linienbusverbindungen auch im Internet: *www.ktel.org*.

In vielen griechischen Städten verkehren auch Lokalbusse. In Thessa-

> BLOGS & PODCASTS

Gute Tagebücher und Files im Internet

> *www.germanblogs.de* – Zahlreiche Blogs zum Thema Griechenland, unter anderem im Blog *Klaus Bötigs Reisetagebuch,* dem Blog des Autors dieses Bandes. Mit Links zu allen Tipps

> *www.travelblog.org* – Gute englischsprachige Blogs zum griechischen Festland

> *www.in-greece.de* – Im Aufbau befindlicher Griechenlandblog mit Entwicklungspotenzial, bei Redaktionsschluss aber erst mit drei Bloggern und keinem Beitrag zu Thessaloniki und Chalkidikí. Dafür Kurzbeiträge im Chalkidikí-Forum

> *www.youtube.com* – Unschlagbares Angebot an Griechenlandbeiträgen. Als Suchbegriff nicht nur „Griechenland" eingeben, sondern auch „Greece" und die Namen von Städten und Regionen!

> *www.myspace.com* – Zahllose Audio- und Videocasts zum Thema, darunter auch weit über 1000 Beiträge auf Deutsch

Für den Inhalt der Blogs & Podcasts übernimmt die MARCO POLO Redaktion keine Verantwortung.

loníki können die Fahrkarten dafür an einem Automaten im Bus gelöst werden, überall sonst müssen Sie die Fahrkarten vor dem Besteigen des Busses am Busbahnhof oder an einem Kiosk kaufen. Nicht bei jeder Bushaltestelle gibt es einen Kiosk. Am besten berechnen Sie im Voraus, wie viele Tickets Sie während Ihres Aufenthalts benötigen, und kaufen gleich alle bei sich bietender Gelegenheit.

CAMPING

Wildes Zelten ist verboten. Eine Liste der vielen offiziellen Campingplätze ist kostenlos bei der Griechischen Zentrale für Fremdenverkehr erhältlich. Die meisten griechischen Campingplätze sind nur zwischen Mai und September geöffnet.

DIPLOMATISCHE VERTRETUNGEN

DEUTSCHE BOTSCHAFT

Odós Karaóli ke Dimitríou 3 | Athen | Tel. 21 07 28 51 11 | Fax 21 07 25 12 05

ÖSTERREICHISCHE BOTSCHAFT

Leofóros Vas. Sofías 4 | Athen | Tel. 21 07 25 72 70 | Fax 21 07 25 72 92

SCHWEIZER BOTSCHAFT

Odós Jassíou 2 | Athen | Tel. 21 07 23 03 64 | Fax 21 07 24 92 09

DISKOTHEKEN

Griechische Diskotheken öffnen meist erst gegen 22 Uhr. Eintritt wird nur selten verlangt, dafür sind die Getränke teuer (z.B. kostet ein kleines Bier meist 5 Euro, ein Longdrink 8–10 Euro).

EINREISE

Zur Einreise genügt für Schweizer und EU-Bürger ein gültiger Personalausweis. Kinder unter 16 Jahren müssen im Pass eines mitreisenden Elternteils eingetragen sein oder benötigen einen Kinderausweis (ab 10 Jahren mit Lichtbild).

EINTRITTSPREISE

Die Eintrittspreise für Museen und archäologische Stätten betragen im Durchschnitt 2–4 Euro; gehört zu einer Ausgrabung auch ein Museum, muss eventuell zweimal Eintritt bezahlt werden. Bedeutende Ausgrabungen und Museen kosten 6–12 Euro Eintritt. Schüler und Studenten aus EU-Ländern (mit nationalem Schüler- oder internationalem Studentenausweis) haben freien Eintritt, Senioren ab 65 Jahren ermäßigten. Zwischen Nov. und März ist der Eintritt sonntags für jedermann frei.

FKK

FKK ist in Griechenland nur an Stränden erlaubt, die offiziell als FKK-Gelände freigegeben wurden. Davon gibt es nur sehr wenige.

FOTOGRAFIEREN & FILMEN

Filmvorräte und Ersatzbatterien sollten Sie mitnehmen, da sie in Griechenland teuer sind und die Auswahl gering ist. Es gibt viele Fotogeschäfte, die binnen weniger als einer Stunde Farbfilme entwickeln und gute Abzüge liefern. Digitalfotos kann man in Internetcafés und Fotogeschäften auf CD brennen lassen.

In Kirchen und Museen ist das Fotografieren mit Blitz oder Stativ meist streng verboten.

GELD & PREISE

Bargeld erhalten Sie am günstigsten per EC-/Maestro-Karte aus den zahlreichen Bargeldautomaten der Banken. Weit höher sind die Gebühren, wenn Sie dafür eine Kreditkarte nutzen. Banken und Postämter lösen Reiseschecks ein und tauschen Devisen. Öffnungszeiten der Banken Mo–Do 8–14 Uhr, Fr 8–13.30 Uhr, in größeren Städten und in Touristenzentren manchmal auch länger.

Das griechische Preisniveau entspricht dem deutschen. Benzin, Hotels der unteren und mittleren Kategorien sowie öffentliche Verkehrsmittel sind sehr viel billiger, Lebensmittel teurer.

GESUNDHEIT

Die ärztliche Grundversorgung ist gewährleistet. Bei ernsthaften Verletzungen oder Erkrankungen empfiehlt sich jedoch die vorzeitige Heimreise.

Zwischen den deutschsprachigen Ländern und Griechenland besteht ein Sozialversicherungsabkommen. Mit der von Ihrer gesetzlichen Krankenkasse ausgestellten *European Health Insurance Card (EHIC)* können Sie sich bei allen Vertragsärzten der griechischen Krankenkasse IKA sowie in staatlichen Krankenhäusern und Gesundheitszentren kostenlos behandeln lassen. Freie Arztwahl hat man, wenn man bar bezahlt. Für Mitglieder gesetzlicher Krankenkassen ist daher der Abschluss einer privaten Auslandskrankenversicherung ratsam.

Apotheken gibt es in allen größeren Orten; viele Medikamente gibt es rezeptfrei und sehr viel billiger als bei uns.

INLANDSFLÜGE

Private Fluggesellschaften bieten Flüge zwischen Athen und Thessaloníki an. Die staatliche Fluggesellschaft Olympic Airlines verbindet Athen mit vielen griechischen Städten, die einen Flughafen besitzen. Auf dem Festland sind das Alexandroúpoli, Ioánnina, Kastoriá, Kavála, Kozáni, Préveza und Thessaloníki. Ab Thessaloníki sind Alexandroúpoli, Ioánnina und Préveza per Flug erreichbar.

AEGEAN AIRLINES

– Am Hauptbahnhof 10 | 60329 Frankfurt | Tel. 069/23 85 63 53 | Fax 238 56 30 | www.aegeanair.com

OLYMPIC AIRLINES

– Gutleutstr. 82 | 60329 Frankfurt | Tel. 069/97 06 70 | Fax 97 06 72 04 | www.olympic-airlines.de

– Bösendorferstr. 4 | 1010 Wien | Tel. 01/504 41 65 | Fax 504 61 65 45

– 4 Tour de l'Île | 1204 Genf | Tel. 02 23 19 64 70 | Fax 02 23 11 96 24

INTERNET

www.gnto.gr – Portal der Griechischen Zentrale für Fremdenverkehr

www.griechische-botschaft.de – Portal der griechischen Botschaft in Berlin

www.culture.gr – Portal des griechischen Kultusministeriums mit vielen Infos zu Ausgrabungen und Museen

www.gtp.gr – Suchmaschine für Hotels, Flug- und Fährverbindungen

www.ktel.org – viele Linienbusverbindungen in Griechenland

www.ose.gr – Auskunft über alle griechischen Zugverbindungen

www.greekfestivals.gr – aktuelle Programme einiger großer griechischer Kultur- und Theaterfestivals

www.atraveo.de – Plattform für Ferienhäuser und -wohnungen von Veranstaltern und Privatleuten mit Fotos, Google-Earth-Lokalisierung, Forum

www.guestinn.com – Unterkünfte in entlegeneren Regionen und die griechische Variante von „Urlaub auf dem Bauernhof"

www.meteo.gr – detaillierte Wetterinformationen für ganz Griechenland

INTERNETCAFÉS

Internetcafés oder -terminals in Cafés und Bars gibt es inzwischen in jeder griechischen Klein- und Großstadt sowie in fast allen Badeorten. Meist zahlt man pro Stunde 3–5 Euro. Manche arbeiten mit Münzautomaten im 5-Minuten-Takt, in anderen muss man Zeitkarten kaufen, in wieder anderen wird mit Blick auf die Wanduhr abgerechnet.

JUGENDHERBERGEN

Eine Liste der zumeist sehr einfachen Jugendherbergen bekommen Sie bei der Griechischen Zentrale für Fremdenverkehr.

KLIMA & REISEZEIT

Wer viel Sonne sucht und im Meer baden möchte, fährt am besten zwischen Mai und September nach Griechenland. Der Mai ist die schönste Reisezeit, da dann viele Blumen und Bäume blühen. Im August ist es meist so heiß, dass Besichtigungen keinen Spaß machen; außerdem machen in diesem Monat fast alle Griechen und viele Italiener und Franzosen Urlaub, sodass die Unterkünfte knapp und dementsprechend teuer sind. Nur die Gebirge sind in dieser Zeit ein angenehmes Reiseziel. Für den Peloponnes und die Gegend um Athen ist auch der Oktober noch ein guter Reisemonat. Zwischen Novem-

WETTER IN ATHEN

	Jan.	Feb.	März	April	Mai	Juni	Juli	Aug.	Sept.	Okt.	Nov.	Dez.
Tagestemperaturen in °C	14	14	16	20	25	30	33	33	29	23	19	15
Nachttemperaturen in °C	7	7	8	11	16	20	23	23	19	15	12	9
Sonnenschein Std./Tag	4	6	6	8	10	12	13	12	10	7	5	5
Niederschlag Tage/Monat	8	4	6	4	4	1	1	1	2	5	7	8
Wassertemperaturen in °C	14	14	14	15	18	22	24	24	23	21	19	16

ber und April kann es häufig regnen und zwischen November und März auch recht kühl sein. Für diejenigen, die grandiose Landschaften lieben und auch einen verregneten oder verschneiten Tag nicht fürchten, sind der Peloponnes, der Pílion, Attika und die Region nördlich des Korinthischen Golfs auch ein sehr empfehlenswertes Winterreiseziel. Man hat die Museen und archäologischen Stätten fast für sich; der Blick von Höhen und Pässen reicht in klarer Luft oft bis zu 150 km weit.

MIETFAHRZEUGE

Mietautos gibt es in allen größeren Städten und Urlaubsorten. Ein Kleinwagen kostet ab 30 Euro pro Tag inklusive Vollkaskoversicherung und aller gefahrener Kilometer. Man kann sie schon von zu Hause aus buchen, was durchaus preisgünstiger sein kann als eine Buchung vor Ort.

Motorräder, Vespas und Mopeds werden in Athen und Thessaloníki sowie in allen Urlaubszentren vermietet; Fahrräder und Mountainbikes sind nicht überall zu bekommen.

MÜCKEN

Ein Schutzmittel und gegebenenfalls ein Medikament gegen Mückenstiche sollte man auf jeden Fall im Reisegepäck mitführen.

NOTRUF

Landesweit für Polizei, Krankenwagen, Feuerwehr: 112.

Erwarten Sie nicht, dass Ihr Gesprächspartner sich mit Ihnen in einer Fremdsprache verständigen kann. Lassen Sie daher besser einen Einheimischen anrufen!

POST

Postämter gibt es in allen Städten und größeren Dörfern. Sie sind Mo–Fr mindestens 7.30–14 Uhr geöffnet.

SCHIFFSFAHRPLÄNE

Wenn Sie für Ihren Urlaub auch einen Abstecher zu griechischen Inseln in Erwägung ziehen, finden Sie im Internet alle gewünschten Verbindungen jeweils ganz aktuell unter *www.gtp.gr*.

SPRACHE

Die Griechen sind stolz auf ihre eigene Schrift, die von keinem anderen Volk der Erde geschrieben wird (die Slawen benutzen das nur teilweise ähnliche kyrillische Alphabet). Für Aufschriften und Ortsschilder wird inzwischen häufig zusätzlich unsere lateinische Schrift verwendet. Trotzdem ist es sehr hilfreich, die griechischen Buchstaben zu kennen.

Die richtige Betonung ist für das Verstandenwerden außerordentlich wichtig. Betont wird immer der Vokal, der den Akzent trägt. Außerdem sollte man wissen, dass alle griechischen Vokale kurz und offen ausgesprochen werden – ein geschlossenes O beispielsweise wie im deutschen Wort *Ofen* gibt es nicht. Man spricht das O immer wie in *offen* aus. Das Gleiche gilt fürs E: Nicht wie in *eben*, sondern wie in *Ebbe*.

Im Text dieses Reiseführers wird in einigen Fällen die traditionelle deutsche Schreibweise griechischer Ortsnamen verwendet, zum Beispiel bei Athen oder Korinth. Wo es nötig war, haben wir die im Reiseatlas verwendete Schreibweise in Klammern hinzugefügt.

PRAKTISCHE HINWEISE

TAXI

Taxis sind überall reichlich vorhanden und nicht teuer. In den Städten fahren sie mit Taxameter; in den *agoraíon* genannten Taxis in den Dörfern liegen Tariftabellen aus. Geringe Zuschläge, die das Taxameter nicht anzeigt, dürfen für Fahrten von Flughäfen, Häfen und Bahnhöfen sowie für Gepäckstücke, die mehr als 10 kg wiegen und außerdem für Fahrten in der Oster- und Weihnachtszeit erhoben werden. Zwischen 0 und 5 Uhr verdoppelt sich der Fahrpreis für Touren innerhalb von Städten.

TELEFON

Das griechische Festnetz wird von der Firma OTE betrieben. Sie unterhält in allen Städten Büros, von denen aus Sie telefonieren können. OTE-Kartentelefone stehen außerdem zahlreich in allen Dörfern und Städten. Telefonkarten zum Preis von 4 Euro sind in den OTE-Büros sowie an vielen Kiosken und in Supermärkten erhältlich. Telefonate aus Hotels sind häufig unverschämt teuer!

Handys werden von Griechen exzessiv genutzt; gute Flächendeckung. Griechische Handynummern beginnen mit einer Sechs. Beim Roaming spart, wer das günstigste Netz wählt. Mit einer Prepaid-Karte des Gastlandes entfallen die Gebühren für eingehende Anrufe. Prepaid-Karten wie die von GlobalSim *(www.globalsim.net)* oder Globilo *(www.globilo.de)* sind zwar teurer, ersparen aber auch alle Roaming-Gebühren. Und: Sie bekommen schon zu Hause Ihre neue Nummer. Immer günstig sind SMS. Hohe Kosten verursacht die Mailbox: noch im Heimatland abschalten!

Vorwahlen: *Griechenland 0030, Deutschland 0049, Österreich 0043, Schweiz 0041;* anschließend Vorwahl des gewünschten Ortsnetzes (für D, A, CH ohne die Null).

TOILETTEN

Außer in sehr guten Hotels und Restaurants darf benutztes Toilettenpapier auf keinen Fall ins Klobecken, sondern nur in Eimer oder Papierkörbe geworfen werden (große Verstopfungsgefahr!).

TRINKGELD

Gibt man wie bei uns; Beträge unter 0,50 Euro wirken beleidigend.

ZEIT

In Griechenland ist es ganzjährig eine Stunde später als bei uns.

ZEITUNGEN & HÖRFUNK

Ausländische Tageszeitungen und Illustrierte sind in Städten und Urlaubsorten meist mit einem Tag Verspätung erhältlich. Im Land selbst erscheint wöchentlich die deutschsprachige „Griechenland-Zeitung“. Wenn Sie das Hörfunkprogramm der Deutschen Welle in Griechenland hören möchten, erfragen Sie die aktuelle Frequenz in Köln: *Tel. 0221/ 389 32 08 | Fax 389 32 20.*

ZOLL

Waren zum persönlichen Gebrauch können von EU-Bürgern innerhalb der EU bis zu gewissen Glaubwürdigkeitsgrenzen zollfrei ein- und ausgeführt werden. Für Reisende aus der Schweiz gelten andere Grenzen: z. B. 200 Zigaretten oder 400 g Tabak, 2 l Wein und 1 l Spirituosen.

> MILÁS ELLINIKÁ?

„Sprichst du Griechisch?" Dieser Sprachführer hilft Ihnen, die wichtigsten Wörter und Sätze auf Griechisch zu sagen

Aussprache und Alphabet mit Umschrift

Zur Erleichterung der Aussprache sind alle griechischen Wörter mit einer einfachen Aussprache (in der mittleren Spalte) versehen. Folgende Zeichen sind Sonderzeichen:

’ die nachfolgende Silbe wird betont

ð wie englisches „th" in „the", mit der Zungenspitze hinter den Zähnen

θ wie englisches „th" in „think", mit der Zungenspitze zwischen den Zähnen

Α	α	a	Η	η	i	Ν	ν	n	Τ	τ	t
Β	β	v, w	Θ	θ	th	Ξ	ξ	ks, x	Υ	υ	i, y
Γ	γ	g, i	Ι	ι	i, j	Ο	ο	o	Φ	φ	f
Δ	δ	d	Κ	κ	k	Π	π	p	Χ	χ	ch
Ε	ε	e	Λ	λ	l	Ρ	ρ	r	Ψ	ψ	ps
Ζ	ζ	s, z	Μ	μ	m	Σ	σ, ς	s, ss	Ω	ώ	o

AUF EINEN BLICK

Ja./Nein.	nä./’ochi.	Ναι./’Οχι.
Vielleicht.	’issos.	’Ισως.
Bitte.	paraka ’lo.	Παρακαλώ.
Danke.	äfchari’sto.	Ευχαριστώ.
Entschuldigung!	si’gnomi!	Συγνώμη!
Wie bitte?	o’ristä?	Ορίστε;
Ich verstehe Sie nicht.	ðä sass katala’wäno.	Δε σας καταλαβαίνω.
Können Sie mir bitte helfen?	bo’ritä na mä woi’θisätä paraka’lo?	Μπορείτε να με βοηθήσετε, παρακαλώ;
Guten Morgen!	kali’mära!	Καλημέρα!
Guten Tag!	kali’mära!/’chärätä!	Καλημέρα/Χαίρετε!
Guten Abend!	kali’spära!	Καλησπέρα!
Hallo! Grüß dich!	’jassu!	Γειά σου!
Mein Name ist …	mä ’länä …	Με λένε …
Ich bin aus …	’imä a’po …	Είμαι από …
… Deutschland.	… järma’nia	… για τη Γερμανία;
… Österreich.	… Afs’tria.	… Αυστρία.
… der Schweiz.	… Elwe’tia.	… Ελβετία.
Auf Wiedersehen!	a’dio!	Αντίο!
Tschüss!	’jassu!	Γειά σου!
Wo sind bitte die Toiletten?	pu ’inä paraka’lo i tua’lätäs?	Πού είναι παρακαλώ οι τουαλέτες;

> www.marcopolo.de/griechenland-fest

SPRACHFÜHRER GRIECHISCH

Hilfe!	wo'iθja!	Βοήθεια!
Achtung!/Vorsicht!	prosso'chi!	προσοχή!
Rufen Sie bitte schnell …	ka'lästä, paraka'lo, 'grigora …	Καλέστε, παρακαλώ, γρήγορα …
… einen Krankenwagen.	'äna asθäno'foro.	… ένα ασθενοφόρο.
… die Polizei.	tin astino'mia.	… την αστυνομία.
… die Feuerwehr.	tim piroswästi'ki ipirä'sia.	… την πυροσ βεστικη υπηρεσ ια.

UNTERWEGS

Bitte, wo ist …?	paraka'lo, 'pu 'inä …?	Παρακαλώ, πού είναι …;
Bahnhof	o staθ'mos	ο σταθμός
Hafen	to li'mani	το λιμάνι
Haltestelle	i 'stasi	η στάση
Bus	to läofo'rio	το λεωφορείο
Fähre	to färibot	το φεριμπότ
Zug	to 'träno	το τρένο
Welche Linie fährt nach …?	'pja gra'mi pi'jäni pros …?	Ποια γραμμή πηγαίνει προς …;
Wo kann ich den Fahrschein kaufen?	'pu bo'ro nago'raso isi'tirio?	Πού μπορώ ν'αγοράσω εισιτήριο;
links/rechts	aristä'ra/ðäks'ja	Αριστερά/Δεξιά
geradeaus	ef'θia	Ευθεία
Wie weit ist es zum/zur …?	'posso makri'a 'inä ja …?	Πόσο μακριά είναι για …;
nah/weit	ko'nda/makri'a	Κοντά/Μακριά
Ich möchte … mieten.	'θälo na ni'kjasso …	Θέλω να νοικιάσω …
… ein Auto …	'äna afto 'kinito	... ένα αυτοκς́νητο
… ein Fahrrad …	'äna po'ðilato	... ένα ποδήλατο
… ein Boot …	'mia 'warka	... μια βάρκα
Ich habe eine Panne.	'äpaθa zim'ja.	'Επαθα ζημειά
Würden Sie mir bitte einen Abschlepp-wagen schicken?	θa bo'russatä na mu 'stilätä 'äna 'ochima ri'mulkissis?	Θα μπορούσατε να μου στείλετε ένα όχημα ρυμούλκησης;
Wo ist hier in der Nähe eine Werkstatt?	'pu i'parchi ä'ðo kon'da 'äna sinär'jio?	Πού υπάρχει εδώ κοντά ένα συνεργείο;
Wo ist bitte die nächste Tankstelle?	'pu 'inä, sass paraka'lo, to e'pomäno wensi-'naðiko?	Πού είναι, σας παρακαλώ, το επόμενο βενζίνάδικο;
Normalbenzin	ap'li wän'sini	απλή βενζίνη.

Super/Diesel	'supär/'disäl	Σούπερ./Ντήζελ.
bleifrei/verbleit	a'moliwði/mä'moliwðo	αμόλυβδη/με μόλυβδο.

SEHENSWERTES

Wann ist das Museum geöffnet?	'potä 'inä äni'chto to mu'sio?	Πότε είναι ανοιχτό το μουσείο;
Wann beginnt die Führung?	'potä ar'chisi i ksä'najisi?	Πότε αρχίζει η ξενάγηση;
Altstadt	to istori'ko 'kändro	το ιστορικό κέντρο
Ausstellung	i 'äkθäsi	η έκθεση
Eintrittskarte	to isi'tirio	το εισιτήριο
Gottesdienst	i litur'jia	η λειτουργία
Kirche	i' äkli'sia	η εκκλησία
Palast	to pa'lati	το παλάτι
Rathaus	to ðimar'chio	το δημαρχείο
offen/geschlossen	ani'chto/kli'sto	ανοιχτο/κλειστό
Eingang/Ausgang	i 'isoðos/i 'äksoðos	η είσοδος/η έξοδος

DATUMS- & ZEITANGABEN

Montag/Dienstag	ðä'ftära/'triti	Δευτέρα/Τρίτη
Mittwoch/Donnerstag	tä'tarti/'pämpti	Τετάρτη/Πέμπτη
Freitag	paraskä'wi	Παρασκευή
Samstag/Sonntag	'sawato/kiria'ki	Σάββατο/Κυριακή
Heute/Morgen	'simära/'awrio	Σήμερα/Αύριο
täglich	'kaθä 'mära	κάθε μέρα
Wie viel Uhr ist es?	ti 'ora 'inä?	Τι ώρα είναι;
Es ist …	i 'ora 'inä …	Η ώρα είναι …
… 3 Uhr.	… tris.	… τρεις.
… Viertel nach 3.	… tris kä 'tätarto.	… τρεις και τέταρτο.
… halb 4.	… tris kä mi'si.	… τρεις και μισή.
… Viertel vor 4.	… 'täsäris pa'ra 'tätarto.	… τέσσερις παρά τέταρτο.

ESSEN & TRINKEN

Bitte die Speisekarte!	paraka'lo tonka'talogo faji'ton!	Παρακαλώ τον κατάλογο φαγητών!
Ich nehme …	θa 'paro …	Θα πάρω …
Bitte ein Glas …	paraka'lo, 'äna po'tiri …	Παρακαλω, ένα ποτήρι …
Besteck	ta machäro'piruna	τα μαχαιροπίρουνα
Messer/Gabel	ma'chäri/pi'runi	Μαχαίρι/Πηρούνι
Löffel/Teelöffel	ku'tali/kuta'lakki	Κουτάλι/Κουταλάκι
scharf	kaftä'ros	καυτερός
vegetarisch	chortofagi'kos	χορτοφαγικος
Trinkgeld	to filo'ðorima	το φιλοδώρημα
Bezahlen, bitte.	paraka'lo, na pli'rosso.	Παρακαλώ, να πληρώσω.

> *www.marcopolo.de/griechenland-fest*

SPRACHFÜHRER

EINKAUFEN

Ich möchte …	’θälo …	θέλω …
Das gefällt mir nicht.	af’to ðän mu a’rässi.	Αυτό δεν μου αρέσει.
Haben Sie …?	’ächätä …	’Εχετε …;
Wie viel kostet es?	’posso ko’stisi?	Πόσο κοστίζει;
Nehmen Sie	’pärnätä	Παίρνετε
Kreditkarten?	pistoti’käs ’kartäs?	πιστωτικές κάρτες;
Wo finde ich …	pu θa wro …?	Πού θα βρω …;
… die Apotheke?	… to farma’kio?	… το φαρμακείο
… die Bäckerei?	… to artopo’lio?	… το αρτοπωλείο
… den Markt?	… i ago’ra?	η αγορά;

ÜBERNACHTEN

Ich habe bei Ihnen	’äðo sä sas ’äklissa	Εδώ σε σας έκλεισα
ein Zimmer reserviert.	’äna ðo’matjo.	ένα δωμάτιο.
Haben Sie noch	’ächätä a’kommi ðo’matja	Έχετε ακόμη δωμάτια
Zimmer frei?	ä’läfθära?	ελεύθερα;
Was kostet das	’posso ko’stisi to	Πόσο κοστίζει το
Zimmer mit	ðo’matjo mä	δωμάτιο με
Frühstück?	proi’no?	πρωινό;

PRAKTISCHE INFORMATIONEN

Können Sie mir einen	bo’ritä na mu siss’tissätä	Μπορείτε να μου
guten Arzt empfehlen?	’änan ka’lo ja’tro?	συστήσετε έναν καλό
		γιατρό;
Ich habe hier	ä’ðo ’ächo	Εδώ έχω
Schmerzen.	’ponnus.	πόνους.
Briefmarke	to grama’tosimo	το γράμματόσημο
Postkarte	to tachiðro’mio i ’karta	το ταχυδρομείο η κάρτα
Wo ist hier bitte	’pu i’parchi ä’ðo	Πού υπάρχει εδώ
eine Bank?	’trapäsa?	τράπεζα;
Geldautomat	to mi’chanima	το μηχάνημα
	af’tomatis sinala’jis	αυτόματης συναλλαγής

ZAHLEN

1	’äna	ένα	10	’ðäka	δέκα
2	’ðio	δύο	11	’ändäka	έντεκα
3	’tria	τρία	12	’ðoðäka	δώδεκα
4	’tässära	τέσσερα	20	’ikossi	είκοσι
5	’pändä	πέντε	50	pä’ninda	πενήντα
6	’äksi	έξι	100	äka’to	εκατό
7	ä’fta	εφτά	1000	’chilia	χίλια
8	o’chto	οχτώ	1/2	to ’äna ’ðäftäro	(το) ένα δεύτερο
9	ä’näa	εννέα	1/4	to ’äna ’tätarto	(το) ένα τέταρτο

> Die Seiteneinteilung für den Reiseatlas finden Sie auf dem hinteren Umschlag dieses Reiseführers.

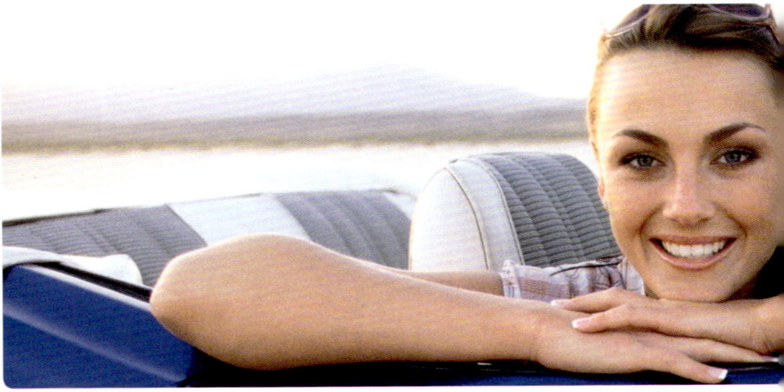

REISEATLAS GRIECHENLAND

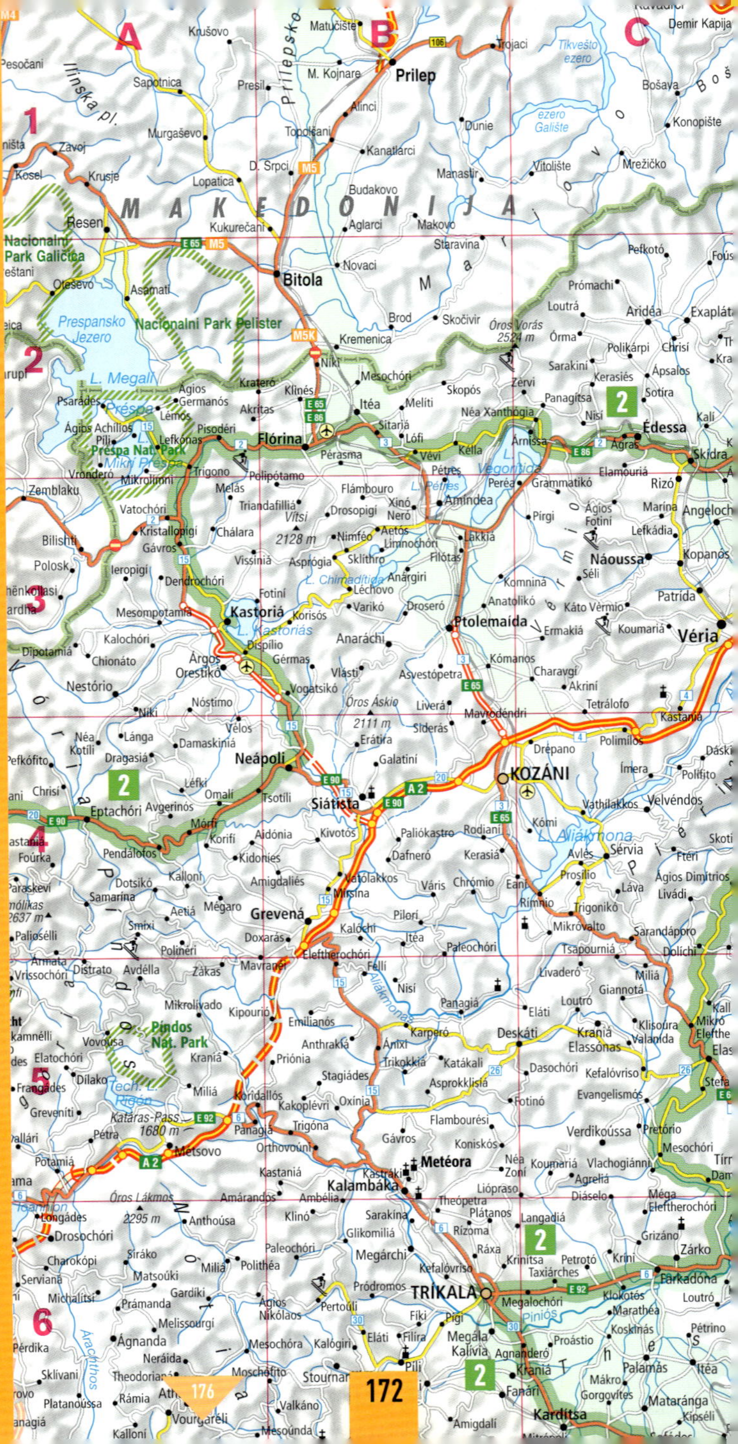
A
B
C
1
2
3
4
5
6
M A K E D O N I J A
Kruševo
Matučište
Prilep
Trojaci
Demir Kapija
Tikveško ezero
Pesočani
Ilinska pl.
Sapotnica
Presil
Prilepsko
M. Kojnare
Alinci
Bošava
Konopište
ezero Galište
Dunie
Murgaševo
Topolčani
Kanatlarci
Zavoj
Kosel
Krusje
D. Srpci
Lopatica
Manastir
Vitolište
Mrežičko
Budakovo
Resen
Kukurečani
Aglarci
Makovo
Nacionalni Park Galičica
Staravina
Pefkotó
Bitola
Novaci
Otesevo
Asamati
Prómachi
Prespansko Jezero
Nacionalni Park Pelister
Brod
Skočivir
Óros Vorás 2524 m
Loutrá
Aridéa
Exaplátanos
Kremenica
Órma
Polikárpi
Chrisí
Niki
Sarakiní
Kerasiés
Ápsalos
L. Megali
Kráteró
Mesochóri
Zérvi
Sotíra
Psarádes
Préspa
Ágios Germanós
Klinés
Skopós
Panagítsa
Lémos
Akrítas
Itéa
Melíti
Néa Xanthogia
Nisí
Édessa
Ágios Achíllios
Píli
Préspa Nat. Park
Mikri Préspa
Lefkónas
Pisodéri
Flórina
Sitariá
Lófi
Árnissa
Ágras
Skídra
Pérasma
Vévi
Kélla
Vegoritida
Vrondero
Mikrolímni
Trígono
Pollipótamo
Flámbouro
Pétres
L. Pétres
Peréa
Grammatikó
Elamouriá
Rizó
Zemblaku
Melás
Triandafillia
Xinó Neró
Amíndea
Marína
Angelochóri
Vatochóri
Vítsi
Drosopigí
Pírgi
Ágios Fotiní
Lefkádia
Bilishti
Kristallopigí
Chálara
2128 m
Nimféo
Aetós
Limnochóri
Lakkiá
Gávros
Polosk
Vissiniá
Asprógia
Sklíthro
Filótas
Náoussa
Kopanós
Ieropigí
Dendrochóri
L. Chimadítida
Anárgiri
Séli
Komniná
Fotiní
Léchovo
Patrída
Anatolikó
Káto Vérmio
Mesopotamía
Kastoriá
Korisós
Variikó
Droseró
Ptolemaída
Ermakiá
Koumariá
Véria
Kalochóri
L. Kastoriás
Dispílio
Anaráchi
Dipotamiá
Chionáto
Árgos Orestikó
Gérmas
Vlásti
Kómanos
Charavgí
Asvestópetra
Akriní
Nestório
Vogatsikó
Tetrálofo
Nóstimo
Óros Áskio 2111 m
Liverá
Mavrodéndri
Kastania
Níki
Vélos
Siderás
Erátira
Drépano
Polímilos
Dáski
Néa Kotíli
Lánga
Damaskiniá
Pefkófito
Dragasiá
Neápoli
Galatiní
Ímera
KOZÁNI
Polífito
Léfki
Omalí
Chrisí
Tsotíli
Siátista
Vathílakkos
Velvéndos
Eptachóri
Avgerinós
Mórfi
Aidónia
Kivotós
Paliókastro
Rodianí
Kómi
L. Aliákmona
Skoti
Fterí
Pendálofos
Korifí
Kidoniés
Dafneró
Kerasiá
Avlés
Sérvia
Ágios Dimítrios
Fourká
Kalloní
Vatolakkos
Prosílio
Láva
Livádi
Paraskeví
Dotsikó
Amigdaliés
Mirsína
Chrómio
Eani
Samarína
Aetiá
Mégaro
Váris
Rímnio
Trigonikó
2637 m
Grevená
Pilorí
Mikróvalto
Sarandáporo
Palioséli
Smíxi
Kalochí
Itéa
Polinéri
Doxarás
Tsapourniá
Dolíchi
Armata
Distrato
Avdélla
Eleftherochóri
Paleochóri
Vrissochóri
Zákas
Mavranei
Felí
Livaderó
Miliá
Nisí
Giannotá
Mikrolívado
Aliákmonas
Panagiá
Eláti
Loutró
Kipourió
Emilianós
Klisoúra
Mikró Eleftherochóri
Kamnélli
Pindos Nat. Park
Anthrakiá
Karperó
Deskáti
Kraniá Elassónas
Valanída
Vovoúsa
Áníxi
Elassóna
Elatochóri
Kraniá
Prióna
Trikokkiá
Katákali
Dasochóri
Kefalóvriso
Stagiádes
Dílako
Frangádes
Tech. L. Rígon
Miliá
Asprokklisiá
Evangelismós
Koridallós
Oxínia
Greveníti
Fotinó
Kakoplévri
Kataras-Pass 1680 m
Panagiá
Trigóna
Flamburési
Verdikoússa
Petra
Metsovo
Orthovoúni
Gávros
Prétorio
Koniskós
Mesochóri
Potamiá
Meteóra
Néa Zoní
Koumariá
Vlachogiánni
Kastaniá
Kastráki
Agreliá
Kalambáka
Liópraso
Óros Lákmos
2295 m
Amárandos
Ambélia
Diáselo
Théopetra
Méga Eleftherochóri
Longádes
Anthoúsa
Klinó
Sarakína
Plátanos
Langadiá
Drosochóri
Glikomiliá
Rizóma
Grizáno
Siráko
Paleochóri
Megárchi
Ráxa
Zárko
Charokópi
Miliá
Políthea
Krinítsa
Petrotó
Kríni
Matsoúki
Kefalóvriso
Taxiárches
Farkadóna
Serviana
Gardíki
Michalítsi
Agios Nikólaos
Pertoúli
Pródromos
TRÍKALA
Megalochóri
Klokotós
Loutró
Prámanda
Piniós
Marathéa
Melissourgí
Fíki
Pigí
Koskinás
Pétrino
Pérdika
Ágnanda
Mesochóra
Kalógiri
Eláti
Fílira
Megála Kalívia
Proástio
Neráida
Agnandero
Palamás
Itéa
Sklívani
Achelóos
Theodoriána
Moschófito
Pili
Kraniá
Mákro
Gorgovítes
Ráimia
Platanoússa
Stourna
Fanári
Mataránga
Vourgaréli
Valkáno
Kípséli
Kalloní
Mesoúnda
Amigdalí
Kardítsa
E 65
E 86
E 90
E 92
A 2
M5
M5K
106

176

D
E
F
1
2
3
4
5
6
Gredeška Pl.
Novo Selo
Bansko
Zlatarevo
Pârvomaj
Petrič
Marikostinovo
Goleshovo
Óros Órvilos
2212 m
Ángistro
Promachónas
Katáfito
Konsturino
Miravci
Dedeli
Óros Kerkíni
2031 m
Áno Poróia
Achladochóri
Karidochóri
Áno Vrondoú
Smokvica
Dojransko ezero
Límni Doïráni
Kastandoússa
Virónia
Livadiá
Megalochóri
Strimónas
Kímisi
Sidirókastro
Novi Dojran
Bogdanci
Rodópoli
Kerkíni
Límnochóri
L. Kerkínis
St. Dojran
Doïráni
Megorci
Iráklia
Óros Meníkio
1963 m
Kendrikó
Drosáto
Váthi
Lithótopos
Eleónas
Moní Tímiou Prodrómou
Skrá
Idomeni
Evzoni
Metamórfosi
Plagiá
Ágios Márkos
Karperí
Skotoússa
SÉRRES
Fanós
Mikró Dásos
Megaló Sterna
Efkarpiá
Pontokerasiá
Axiós
Térpillos
Neochóri
Néa Skopós
Livadochóri
Skoutári
Metallikó
Ísoma
Kalókastro
Psichikó
Polikastro
Axioúpoli
Spíleo Lófou
Kilkís
Koronoúda
Theodósia
Dimítritsi
Kárpi
Chorígi
Kristóni
Melánthi
Lachanás
Vérgi
Anthí
Achinós
Goumenítsa
Rízia
Axiochóri
Kokártza
Gallikós
Xiloúpoli
Nikóklia
Thermá
Omaló
Filiriá
Evropós
Mavronéri
Kerterés
Vertískos
Nigríta
Íviro
Vissós
Athirá
Mikrókambos
Gallikós
Mavrorráchi
Óssa
Óros Vertískos
1103 m
Langádi
Dáfni
Giannitsá
Próchoma
Xirochóri
Néa Sánda
Ástros
Krona
Nerá
Sochós
Mavroúda
Aidonochóri
Drimós
Langadás
Aretí
Askós
Stefaniná
Aréthousa
Pélla
Koufália
Vathílakkos
Oreókastro
Lití
Pélla
Mikró Monastíri
Chalkidó
Ádendro
Sídos
Diavatá
Lagína
Análipsi
Nymfópetra
Megáli Vólvi
Mikri Vólvi
Filadélfi
Vrísi
L. Koróneia
Ágios Vasílios
Péfka
Skolári
L. Vólvi
Apollonía
Schinás
Chalástra
Exochí
Langadíkia
Rendína
Alexándria
Néa Málgara
Néa Apollonía
Módi
Niséli
Tríkala
THESSALONÍKI
Ardaméri
Zanglivéri
Angathiá
Klidí
Kólpos Thessaloníkis
Peristerá
Krímni
Varvára
Stanós
Stágira
Livádi
Ríza
Paleochóra
Egínio
Angelochóri
Peréa
Souroti
Vasiliká
Galátista
Ágios Pródromos
Arnéa
Paleochóri
Kolindrós
Methóni
Néa Michanióna
Trílofo
Tagarádes
Óros Cholomóndas
1163 m
Sfendámi
Makrígialos
Epanomí
Káto Scholári
Chalkidikí
Vávdos
Taxiárchis
Alónia
Mesiméri
Riákia
Trílofos
Spíleo Petrálona
Kríni
Polígiros
Vrástama
Pláka
Chání
Exochí
Néa Iráklia
Eleochória
Símandra
Patelidás
Ormília
Aronás
Korinós
Néa Kallikrátia
Néa Tríglia
Gerakiní
Moní Evangelismós tis Theotókou
KATERÍNI
Néa Éfesos
Paralía
Sozópoli
Ólynthos
Ágios Mámas
Vatopédi
Ágios Nikítas
Néa Plágia
Metamórfosi
Andariótissa
Thermaïkós Kólpos
Néa Moudaniá
Kalívia Varikoú
Néa Potidéa
Dío
Potidéa
Díon
Limáni Litochórou
Litóchoro
Kólpos Kassándras
Néa Fókea
Parthenónas
Prióna
1100 m
Pláka Litochórou
Áfitos
Néos Marmarás
Olympos Nat. Park
Leptokariá
Kassándra
Kallithéa
Pórto Carras
Sáni
Spármou
Paralía Skotínas
Kassándreia
Síviri
Kriopigí
Polichrono
Skotína
Platamónas
Mende
Posídi
Pefkochóri
Mála
Kallipéfki
Kastrí
Kalándra
Agía Paraskeví
Pirgetós
Paliouri
Rapsáni
Paleópirgos
Skióni
Loutrá
Gónni
Móli
Stómio
Mírina
Tempi
Ambelákia
Karítsa
Piniós
Elátia
Spiliá
Óros Óssa
1978 m
Koutsopiá
Eleónas
Sikourío
Anatolí
Melívia
Marmaríni
Velíka
Agiá
Agiókambos
Dimítra
Giannoúli
Elefthério
Potamiá
Polidéndri
Platíkambos
Priniás
Gláfki
Kastrí
Sklíthro
Kamári
Níkea
Chalkí
Keramídi
Kalamáki
Achíllio
Véneto
Skópelos
Skiathos
20 km
Moschochóri
L. Kárlas
Kanália
Stefanovíkio
Kerasiá
Pouri
Choreftó
Míra
Ágios Ioánnis
Makrinítsa
Anakassía
Skotoússa
Velestíno
Néa Ionía
Dimíni
Tsangarada
Chersónissos Magnissías
177
E 75
M1
A 1
E 79
E 86
A 2
E 90
E 65
M6
604
110
112
198
65
63
12
16
67
6
3

A
B
C
1
2
3
4
5
6
B Ă L G A R I J A
R o d
Osenovo
1238 m
Sărnica
Devin
Beden
86
Čepelare
Prespa
2000 m
Zagraz
Gospodintsi
19
Skrebatno
Dospat
Borino
Široko Laka
Progled
Daridkov
Petkov
Ognenovo
Satovča
Mugla
Ustovo
Smoljan
Goce Delčev
Dăbnica
Chavdarica
Buynovo
Srednogorci
Koprivlen
Mesta
Smiljan
Madan
Sadovo
Arda
Rudozem
Chepintsi
Lefkógia
Potamí
Elatiá
Skalotí
Thermiá
Zlatog
Káto Nevrokópi
Pappádes
Sidirónero
Dipótama
1827 m
Dimári
Thérme
Katafito
Vólakas
Ochiró
Néstos
1008 m
1297 m
Kotíli
Melívia
Áno Vrondoú
Óros Falakró
2230 m
Livaderó
Páchni
Echínos
Granítis
Paranésti
Oréo
Gláfki
57
Pírgi
Makriplági
Áno Kariófito
Míki
Vathílakkos
Taxiárches
Psilí Ráchi
Mirtoússa
Dafnónas
Smínthi
Angítis
Xiropótamos
14
Gérakas
Óros Meníkio
1963 m
Mikrópoli
Terpsithéa
Lekáni
Stavroúpoli
Xánthi
Moní Tímiou Prodrómou
Charitoméni
Prosotsáni
Dráma
Nikifóros
Kechrókambos
Emanouíl Papás
Agrianí
Megalókambos
Adrianí
Likóstomo
Skopós
Farángi Néstos
Skopiá
Alistráti
Doxáto
Platamónas
Parádisos
Évmiro
Vafeika
Dafnoúdi
Kalambáki
Ágios Athanásios
Elafochóri
Toxótes
Geniséa
Néa Zíchni
Fotolívos
Krionéri
Xeriás
Ólvio
Mélissa
12
Makrichóri
Psichikó
Krinídes
Phílippi
Zigós
Paliá Kavála
Gravoúna
Évlalo
Ávdira
Pethelinós
Dimítra
A 2
Mírini
Próti
Óros Pangéo
1956 m
Nikisiani
Chrissoúpoli
Mángana
Ávdira
Strimónas
Draviskos
Néa Karvali
Eratinó
Skála
3
Ívira
Mavrothálassa
Rodolívos
Kipía
Eleftheroúpoli
KAVÁLLA
Néstos
59
Chaideftó
Dasochóri
Amfípoli
Domátia
Néa Iraklítsa
Kólpos
Mesolakkiá
Eleftherés
Keramoti
Amphípolis
Galipsós
Foliá
Néa Péramos
Kavállas
Thasopoúla
Néa Kerdília
Akropótamos
E 90
Liménas
A 2
Orfáni
Akrogiáli
2
Kariani
Loutrá Eleftherón
Órmos Prínou
Rachóni
Panagiá
Chrisí Ammoudiá
Asprovalta
Prínos
Potamiá
Chrisí Aktí
Skála Kaliráchis
Mariés
Stavrós
Kólpos Orfanoú
Kalirachi
Óros Ipsálio
1205 m
Kínira
Olimbiáda
Skála Maríon
Theológos
Stágira
Limenária
Pefkári
Thássos
Potós
Aliki
4
Stágira
Strimonikós Kólpos
Astrís
Stratóni
Panagía
Paleochóri
Kólpos Ierissoú
16
Megáli Panagía
Gomáti
Ierissós
Néa Róda
Tripiti
Áthos
Pirgadíkia
Ouranoúpoli
Amoliani
Evangelismós Theotókou
Moní Ágios Pandelímonos
Ágios Nikólaos
Kólpos Agíou Órous
Moní Megístis Lávras
Órmos Panagías
5
Dáfni
Vourvouroú
Óros Áthos
2033 m
Óros Sithonía
817 m
Sithonía
Parthenónas
Egé
Néos Marmarás
Sárti
Pórto Carrás
Likíthos
Sikiá
Skála Sikiás
Toróni
Kalamítsi
Paliouri
Pórto Koufós
2
6
Thessaloníki
Vólos
Ágios Efstrátios

179

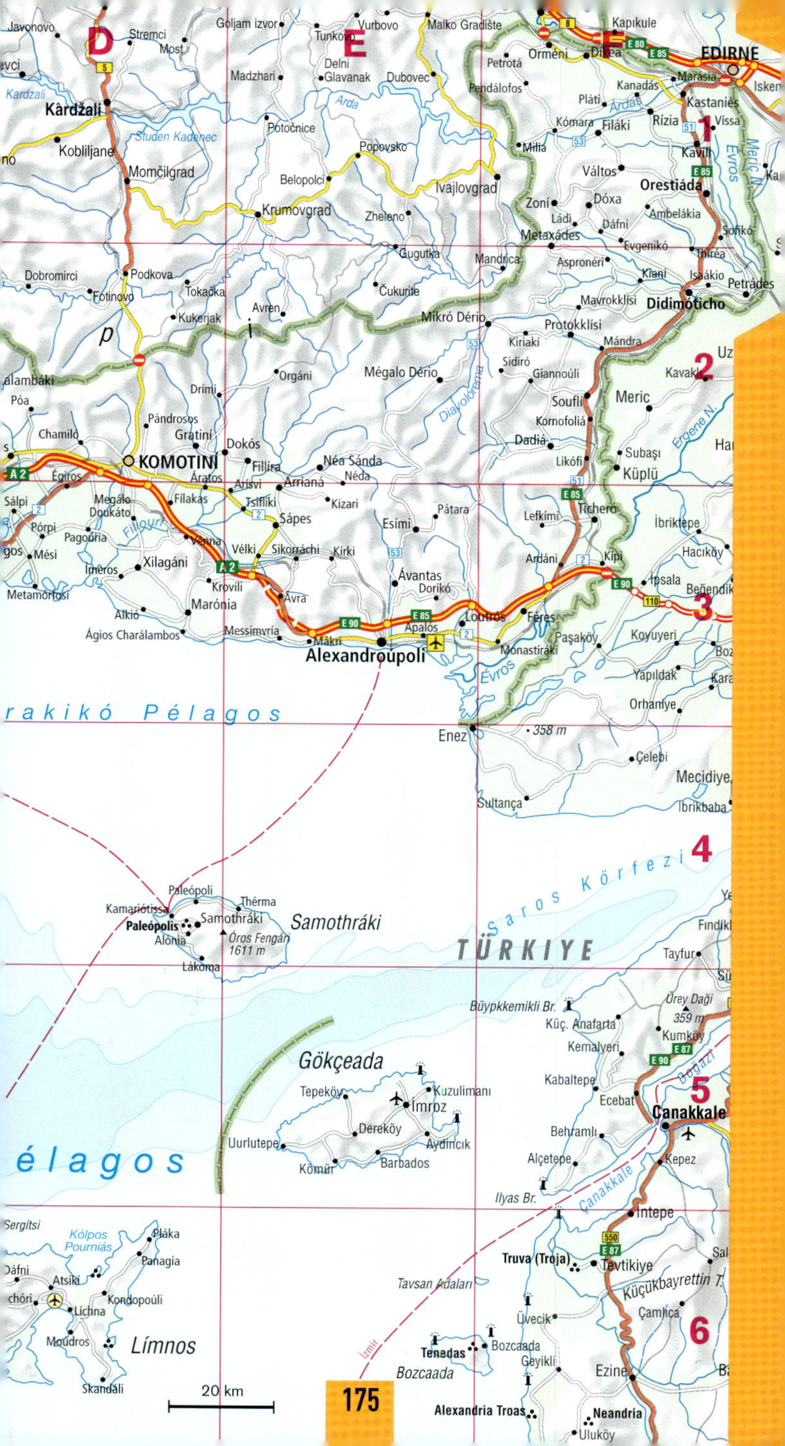
D
E
F
Javonovo
Stremci
Most
Goljam izvor
Tunkovo
Vurbovo
Malko Gradište
Kapıkule
Orméni
Díkea
EDIRNE
Petrotá
Marásia
Kardzali
Kàrdžali
Madzhari
Delni Glavanak
Dubovec
Arda
Pendálofos
Kanadás
Kastaniés
Plátí
Árdas
Kómara
Filáki
Rízia
Víssa
Studen Kadenec
Potočnice
Kobliljane
Popovsko
Milia
Kavili
Évros
Meriç N.
Momčilgrad
Belopolci
Ivajlovgrad
Váltos
Orestiáda
Krumovgrad
Zheleno
Zoní
Dóxa
Ládi
Dáfni
Ambelákia
Metaxádes
Sofikó
Evgenikó
Gugutka
Thiréa
Mandrica
Aspronéri
Dobromirci
Podkova
Kianí
Isaákio
Petrádes
Tokačka
Fotinovo
Čukurite
Avren
Mavrokklísi
Didimóticho
Kukerjak
Mikró Dério
Protokklísi
Kiriakí
Mándra
Sidiró
Orgáni
Mégalo Dério
Giannoúli
Kavaklı
Meriç
Drími
Souflí
Póa
Diavolorema
Kornofoliá
Pándrosos
Chamiló
Gratiní
Dadiá
Subaşı
Ergene N.
Dokós
Likófi
Küplü
KOMOTINÍ
Néa Sánda
Fillíra
Néda
Égiros
Árатos
Arísvi
Arrianá
Sálpi
Megálo Doukáto
Fílakas
Tsifliki
Kízari
Pátara
Tichero
Pórpi
Sápes
Lefkími
İbriktepe
Pagoúria
Esími
Fillouri
Vénna
Mési
Vélki
Sikorráchi
Kírki
Ardáni
Kípi
Hacıköy
Xilagáni
Ímeros
Ávantas
İpsala
Beğendik
Krovíli
Dorikó
Metamórfosi
Marónia
Ávra
Loutrós
Féres
Alkió
Apalós
Ágios Charálambos
Messimvría
Mákri
Alexandroúpoli
Monastiráki
Paşaköy
Koyuyeri
Évros
Yapıldak
Orhaniye
rakikó Pélagos
Enez
358 m
Çelebi
Mecidiye
Sultança
İbrikbaba
Saros Körfezi
Paleópoli
Thérma
Kamariótissa
Paleópolis
Samothráki
Alónia
Óros Fengári 1611 m
Lákoma
TÜRKIYE
Findikli
Tayfur
Büypkkemikli Br.
Ürey Daği 359 m
Küç. Anafarta
Kumköy
Kemalyeri
Gökçeada
Kabaltepe
Boğazı
Tepeköy
Kuzulimanı
Ecebat
İmroz
Çanakkale
Dereköy
Behramlı
Uurlutepe
Aydıncık
Alçetepe
Kepez
élagos
Kömür
Barbados
Çanakkale
Ilyas Br.
İntepe
Sergitsi
Kólpos Pourniás
Pláka
Panagía
Truva (Troja)
Tevtikiye
Dáfni
Atsikí
Tavsan Adaları
Küçükbayrettin T.
Kondopoúli
Líchna
Üvecik
Çamlıca
Moúdros
Límnos
Tenedas
Bozcaada
Geyikli
İzmir
Bozcaada
Ezine
Skandáli
20 km
Alexandria Troas
Neandria
Uluköy
1
2
3
4
5
6

A
B
C
1
2
3
4
5
6
172
180
SHQIPËRIA
Kosina
Përmeti
Petrani
Barmashi
Shalës
Radanj
Leskoviku
Poliçani
Suha
Stavroskiádi
Bourazani
Kefalóvriso
Pogonianí
Delvináki
Jergucati
Dhrovjani
Theollogu
Tsamandás
Liá
Aetópetra
Lísta
Cifliku
Konispoli
Plésio
Ágios Nikólaos
Dáfni
Raveni
Sagiáda
Filiátes
Kestríni
Kastrí
Igoumenítsa
Grekochóri
Parapótamos
Neochóri
Sívota
Kávos
Pérdika
Arilläs
Mazarakiá
Kartéri
Margaríti
Eleftheri
Párga
Nekromanteion
Thémelo
Kanalláki
Ammoudiá
Mesopótamo
Chimadió
Vráchos
Ríza
Archángelos
Kanáli
Mítikas
Préveza
Áktio
Páxos
Gáios
Antípaxos
Iónio
Pélagos
Nótio Stenó Kerkiras
Plikáti
Pefkófito
Vourmbiani
Chrisí
Pirsógianni
Kastaniá
Fourka
Agia Paraskeví
Óros Smólikas 2637 m
Eléfthero
Melisopétra
Kónitsa
Paliosélli
Vikos-Aoos Nat. Park
Mázi
Pápingo
Geroplátanos
Víssani
Kalpáki
Ktísmata
Aristi
Víkos
Víkos-Schlucht
Óros Timfi 2497 m
Monodéndri
Tsepélovo
Skamnélli
Negádes
Kípi
Eláti
Stratinista
Parakálamos
Areti
Zítsa
Klimatiá
Kría
Pérama
Eleoúsa
Kóntsika
Ioánnina
Vrosína
Polílofo
Kokkiniá
Zálongo
Radovízi
Polígiros
Avaritsa
Saloniki
Dramesí
Dodóna
Paramithiá
Sevastó
Xirólofos
Tsangári
Zotikó
Élafos
Kopáni
Lepádi
Romanós
Glikí
Kípseli
Morfio
Melianá
Assos
Kerasóna
Papadátes
Vrisoúla
Thesprotikó
Despotikó
Filippiáda
Loúros
Kassópi
Kamarína
Strongilí
Vígla
Ágios Nikólaos
Nikópolis
Ágios Thomás
Ormos Nikópolis
Dragasiá
Neápoli
Lefkí
Omalí
Tsotili
Siátista
Eptachóri
Avgerinós
Mórfi
Korifí
Aidónia
Kivotós
Kidoniés
Pendálofos
Dotsikó
Samarína
Kalloní
Amigdaliés
Aetiá
Mégaro
Grevená
Smíxi
Doxarás
Armata
Distrato
Avdélla
Poliméri
Vrissochóri
Zákas
Mavranéi
Mikrolívado
Kipourío
Emilianós
Pindos Nat. Park
Vovoúsa
Elatochóri
Dílako
Frangádes
Greveníti
Kraniá
Miliá
Prióniá
Anthrakiá
Kavallári
Pétra
Kataras-Pass 1680 m
Métsovo
Koridallós
Panagiá
Kakoplévri
Trigóna
Orthovoúni
Potamiá
Tech. L. Pigón
Óros Lákmos 2295 m
Amárandos
Kastaniá
Ambélia
Klinó
Anthoúsa
L. Ioannion
Longádes
Drosochóri
Katsikás
Pediní
Charokópi
Sirako
Matsoúki
Miliá
Polithéa
Paleochóri
Bizáni
Serviana
Michalitsi
Gardíki
Prámanda
Ágios Nikólaos
Melissourgi
Pérdika
Ágnanda
Mesochóra
Kalogiriá
Sklívani
Neráida
Theodorianá
Moschófito
Stournari
Térovo
Platanoússa
Rámia
Athamánio
Valkáno
Vourgaréli
Panagiá
Kalloní
Mesoúnda
Kastaniá
Petrotó
Rodavgi
Dístrato
Kástri
Ammótopos
Tech. L. Pournari
Áno Kalentíni
Astrochóri
Pigés
Márathos
Kambí
Élatos
Megalóchari
Mesópirgos
Gramenítsa
Zigós
Meláтes
Vlachérna
Panagiá
Skoulikariá
Kédra
Chalkiádes
Kirkizátes
Árta
Pétas
Dimári
Néa Argíro
Plísii
Megárchi
Pétra
Vrouvianá
Psathótopi
Kombóti
Perdikáki
Kastráki
Anéza
Neochóri
Sikiés
Elеochóri
Embesós
Korónissia
Menídi
Agía Triáda
Miliá
Sivista
Chrisova
Amvrakikós Kólpos
Katáfourko
Anixiátiko
Tech. L.
Loutró
Ambeláki
Tríklino
Kremasta
Vónitsa
Boúkka
Petróna
Ágios Nikólaos
Korpí
Sardínia
Varetáda
Loutrá
Lefkáda
L. Voulkaria
Amfilochía
Podogorá
Vainário
Néa Plagiá
Sténon
Trífos
Kechriniá
Tech. L. Kastrakiou
Ligiá
Páleros
Voústrio
Katoúna
Bambalió
Stavrós
Lazaráta
Ormos Palérou
Akarnaniká
L. Amvrakia
Sargiáda
Léfkas
Nidrí
Lepenoú
Spoláita
Sitomena
Ágios Pétros
Sívros
Vathí
Mítikas
Fitiés
Strátos
Eleófito
Gialós Beach
Spartochóri
Episkopí
Vlizaniá
Agrínio
Schinos
Pórto Katsíki
Vasilikí
Póros
Meganísi
Kálamos
Kálamos
Panetolio
Arkoúdi
Kastós
Kastós
Astakós
Angelókastro
L. Lisimachia
L. Trichonida
Farángi Klissoúra
Mataránga
20 km
Átokos
Pedálofo
Ellinikа
Fiskárdo
Stavrós
Fríkes
Panagía Faneroméni
Karítsa
Valtío
Etolikó
Kefalloniá
Itháki
Neochóri
Agriliá
Ássos
Kólpos Mírtou
Vathí
Acheloos
Oiniádes
Divaráta
Písо Aetós
MESSOLÓNGI
Athéras
Zóla
Agia Efimia
Sámi
Stenó Ithákis
Pátra
Evinochóri
Toúrlida
Kólpos Patraikós
E 90
E 853
E 92
E 951
E 55
E 952
A 2
A 5
20
22
6
18
21
5
30
42
38
15

KOZÁNI
D
E
F
173
KATERÍNI
Néa Iráklia
Néa Kallikrátia
Thermaïkós Kólpos
1
2
3
4
5
6
Koríños
Ritíni
Elatochóri
Aronás
Ímera
Polífito
Vathilakkos
Velvéndos
Miliá
Fotiná
Néa Éfesos
Kondariótissa
Skotiná
Dío
Díon
Kalívia Varikoú
Limáni Litochórou
Litóchoro
Pláka Litochórou
Prionia 1100 m
Olympos 2917 m
Olympos Nat. Park
Leptokariá
Paralía Skotínas
Platamónas
Moní Spármou
Vrondoú
Pétra
Ágios Dimítrios
Livádi
Fterí
Rodiani
Kómi
Kerasiá
Servia
Avles
Prosílio
Chrómio
Eani
Rímnio
Trigonikó
Lava
Mikrovalto
Sarandáporo
Dolichí
Pithio
Kalívia
Paleochóri
Tsapournia
Livadero
Miliá
Giannotá
Panagiá
Eláti
Loutró
Deskáti
Kraniá Elassónas
Klisoúra
Valanida
Mikró Eleftherochóri
Kallithéa
Elassóna
Sikaminiá
Kallipéfki
Pirgetós
Rapsáni
Skotína
Kastrí
Paleópirgos
Katákali
Dasochóri
Kefalóvriso
Asprokklisiá
Fotinó
Evangelismós
Stefanóvouno
Gónni
Tempi
Argiropoúli
Móli
Stómio
Ambelákia
Karítsa
Elátia
Spiliá
Óros Óssa 1978 m
Koutsopiá
Flambourési
Verdikoússa
Pretório
Rodiá
Piniós
Koniskós
Metéora
Néa Zoní
Koumariá
Vlachogiánni
Mesochóri
Tírnavos
Ambelónas
Sikoúrio
Anatolí
Melívia
Velíka
Agreliá
Liópraso
Diáselo
Damási
Marmaríni
Agiá
Theópetra
Plátanos
Méga Eleftherochóri
Fálana
Dimitra
Agiókambos
Rízoma
Langadiá
Amigdaliá
Giannoúli
Elefthério
Potamiá
Polidéndri
Ráxa
Krinitsa
Petrotó
Grizáno
Zárko
LÁRISSA
Platíkambos
Priniás
Kefalóvriso
Taxiárches
Kríni
Mándra
Gláfki
Kastrí
Sklíthro
TRÍKALA
Megalochóri
Farkadóna
Kiláda
Kamári
Klokotós
Kástro
Chálki
Keramídi
Pigí
Piniós
Marathéa
Loutró
Kalamáki
Megála Kalívia
Proástio
Koskinás
Kranónas
Agii Anárgiri
Níkea
Achíllio
L. Kárlas
Kanália
Agnanderó
Pétrino
Doxarás
Zápio
Moschochóri
Thessalia
Stefanovíkio
Kerasiá
Kraniá
Palamás
Itéa
Kipárissos
Míra
Makriní
Fanári
Mákro
Gorgovítes
Mataránga
Ibéria
Skotoússa
Velestíno
Néa Ionía
Dímini
Amigdalí
Karditsa
Kipséli
Paschalitsa
Kríni
Vamvakoú
Vasiliká
Aerinó
Sesklo
VÓLOS
Morfovoúni
Mitrópoli
Sofádes
Vasilís
Ágios Geórgios
Stavrós
Ambeliá
Periflepto
Demétrias-Pagasai
Néa Pagásai
Tech. L. Plastíra
Gefíria
Eréttria
Pyrasos
Néa Anchíalos
Neochóri
Kastaniá
Ámbelos
Kallifóni
Kappadokikó
Fílía
Fársala
Dimitriáda
Moúcha
Grammatikó
Néa Monastíri
Narthákí
Filáki
Mavrolotos
Korfaláki
Pagasitikós Kólpos
Amárandos
Apidiá
Kédros
Sofiáda
Kallithéa
Anthótopos
Efxinoúpoli
Chorostási
Kamária
Neraída
Molócha
Anávra
Leondári
Petrotó
Alía
Almirós
Amaliápoli
Ágrafa
Loutrá Smókovou
Pournári
Voúzi
Skopiá
Kastráki
Néos
Klistó
Loutropigí
Domokós
Léfka
Kofí
Vrácha
Makrirráchi
Polidéndri
Kokkotí
Soúrpi
Dáfni
Chóchlia
Rendína
Pitsiotá
Perivóli
Xiniáda
Metallio
Melitéa
Anávra
Vrínena
Pteleós
Koromiliá
Makrolívado
Víniani
Rovolíári
Giannitsoú
Kalamáki
Longítsi
Gavrianí
Mili
Tsoúka
Dívri
Karpeníssi
Vítoli
Makrakómi
Kastrí
Stírfaka
Ligariá
Neraída
Anídro
Pelasgía
Glífa
Timfristós
Sperchiáda
Lianokládi
LAMÍA
Stilída
Achinós
Avláki
Stavrós
Maliakós Kólpos
Anthíli
Diavlos Oreón
Miríki
Megálo Chorió
Dílofo
Ipáti
Gardíki
Pírgos
Gorgopótamos
Íti Nat. Park
Liháda
Gregolímano
Miliá
Plátanos
Perivóli
Dío Vouná
Irákleia
Thermopíles
Skárfia
Kaména Voúrla
Kárítsa
Krikello
Anatolí
Ágios Konstandínos
Proussós
Domnísta
Dáfni
Mavrolitharí
Pavliani
Íti
Bralos
Skopiá
Vardoússia Óri
Artotína
Mousounítsa
Kaloskopí
Driméa
Xilikí
Mendenítsa
Kariá
Agnádi
Arachova
Ágios Dimitrios
Tech. L. Evinos
Sikiá
Koniákos
Graviá
Kallídromo
Panagítsa
Zélio
Perísta
Dichóri
Polídrosos
Amfiklia
Elátia
Atalánti
Chómouri
Pentagii
Víniani
Ano Chóra
Elatoú
Diakópi
Prosílio
Drosochóri
Tithoréa
Kalapódi
Éxarchos
Thérmo
Pokísta
Tech. L. Mórnou
Anthochóri
Stránoma
Lidoríki
ÁMFISSA
Karoútes
Parnassós Nat. Park
Delphí
Daúlia
Akóndio
Diónisos
Analipsi
Gávros
Ávoros
Léfka
Pedápoli
Chrissó
Arachova
Chairónia
Efpálio
Kámbos
Stília
Malandrino
Delfí
Distomo
Sikiá
Pigí
Amigdaliá
Itéa
Desfína
Stírio
Lívadia
Náfpaktos
Platanítis
Áspro Spítia
Ósios Loúkas
Psathópyrgos
Ágios Nikólaos
Eratíni
Galaxídi
Andíkira
Kiriáki
Elikónas
Koróneia
Antírrio
Longós
Sikiá
Prósakos
Agía Ánna
Río
177
181
E 65
E 75
E 92
E 952
A 1
A 2
A 8A

LÁRISSA
173
B
C
Thessaloníki
Amigdaliá
Mándra
Kiláda
Elefthério
Polidéndri
Potamiá
Priniás
Kastrí
Sklíthro
Kamári
Keramídi
Kalamáki
Néa
Níkea
Chálki
Kástro
Kranónas
Agií Anárgiri
Doxarás
Záppio
Moschochóri
Achíllio
L. Kárlas
Kanália
Véneto
Stefanovíkio
Kerasiá
Pouri
Choreftó
Zagorá
Míra
Kipárissos
Ágios Ioánnis
Makrinítsa
Portariá
Tsangaráda
Chersónissos Magnissías
Ibéria
Kríni
Skotoússa
Velestíno
Néa Ionía
Dimíni
VÓLOS
Agriá
Chaniá
Ágios Lavréndios
Paschalítsa
Vasilís
Vamvakoú
Vasiliká
Aerinó
Sesklo
Vyzítsa
Lambinoú
Stavrós
Ambeliá
Eréttria
Perívlepto
Demétrias-Pagasaí
Néa Pagásses
Miliés
Ágios Dimítrios
Fársala
Pyrasos
Néa Anchíalos
Kalá Nerá
Aféties
Sikí
Néa Monastíri
Narthákí
Filáki
Dimitriáda
Mavrólofos
Korfaláki
Pagassitikós Kólpos
Argalastí
Xinóvrisi
Mourtiás
Skíathos
Kallithéa
Anthótopos
Efxinoúpoli
Chorostási
Páou
Promíri
Paléo Tríkeri
Milína
Katigiórgis
Petrotó
Almirós
Aliá
Amaliápoli
Pournári
Voúzi
Skopiá
Kastráki
Domokós
Léfka
Nies
Tríkeri
Agía Kyriakí
Marathiá
Platania
Kaliós
Metallío
Polidéndri
Kofi
Soúrpi
Diavlos Trikeriou
E 65
A 1
E 75
Xiniáda
Anávra
Kokkotí
Vrínena
Pteleós
Pigádi
Melitéa
Makrolívado
Kalamáki
Longítsi
Gavrianí
Ágios Dimítrios
Achílio
Kanatádika
Pefkí
Agriovótano
Stírfaka
Dívri
Neráida
Míli
Glífa
Oreí
Istiéa
Galatsóna
Agdínes
Ligariá
Aviáki
Anidro
Pelasgía
Agiókambos
Miliés
Kotsikiá
E952
Lianokládi
Stílida
Achinós
Diavlos Oreón
Edipsós
Voutás
Kokkinomiliá
Angáli
LAMÍA
Stavrós
Maliakós Kólpos
Anthíli
Gialtra
Lichada
Ília
Maroúli
Drimóna
Agía Ánna
Ipáti
Gorgopótamos
Íti Nat. Park
Dío Vouná
Iráklia
Thermopíles
Skárfia
Kaména Voúrla
Gregolímano
Loutrá Edipsoú
Roviés
Strofiliá
Kimási
Mourtiá
Farákla
Mandoúdi
Ágios Konstandínos
Chrónia
Límni
Pílí
Pavlianí
Íti
Brálos
Mendenítsa
Kariá
Arkítsa
Vórios Evoïkós Kólpos
Moní Galatáki
Prokópi
Dafnoússa
Kaloskopí
Driméa
Xiliki
Agnádi
Livanátes
Sikiá
Graviá
Panagítsa
Zélio
Skála
Theológos
Néa Pagóntas
Dáfni
Polídrosos
Amfíklia
Elátia
Atalándi
Víniari
E 65
Prosílio
Drosochóri
Kalapódi
Exarchos
Koláka
Malesína
Nerotriviá
Tithoréa
Anthochóri
Martíno
Lárimna
ÁMFISSA
Karoútes
Parnassós Nat. Park
Daúlia
Akóndio
Diónisos
Pírgos
Kástro
Ágios Ioánnis
Skroponéri
Néa
Drosiá
Delphi
Chrissó
Delfí
Aráchova
Chaironia
Orchomenós
Akréfnio
Paralímni
Loukísia
Pedápoli
Malandrino
Distomo
Livádia
Ágios Dimítrios
Desfína
Stírio
Ósios Loukás
Ritsóna
Itéa
Áspro Spítia
Ilikí
Mouríki
Galaxídi
Andíkira
Ágios Nikólaos
Kiriakí
Elikónas
Korónia
Aliartos
Ágios Pándes
Sikiá
Prósakos
Mavrommáti
Tanágra
Agía Ánna
Áskri
Thíva
Thespiés
Neochoráki
Zaltsa
Thísvi
Dómvena
Lefktra
Melissochóri
Dafnoúla
Dáfni
Paralía Sarándi
Kalimáki
Erythrés
Pýli
Alykí
Kóplos Korinthiakós
Egira
Ágios Vasílios
Inói
Stefáni
Lykoporiá
Egósthena
Kólpos Alkionídon (Pórto Germeno)
Psátha
Paleochóri
Kokkíni
Akráta
Egés
Xilokastro
Alepochóri
Magoúla
Evrostína
Asprókambos
Elefsína
Zemenó
Lalióti
Perachóra
Ireón
Schínos
Egiroúses
Sinevró
Kiáto
Trikala
Nerántza
Spárta
Mégara
Tarsós
A 8A
Loutráki
A 8
Batsí
Soúli
Vracháti
Mánna
KÓRINTHOS
Kinéta
Páchi
Stenó
Salamína
Késari
Isthmía
Goúra
Stimága
Archéa Kórinthos
Ágios Theódori
Fándio
PIRE
Mosiá
Kastráki
Soulinári
Solomós
Dióriga Korinthou
Stýmphalos
Kaliáni
Kechriés
Salamína
Peristéria
Spathovoúni
Almyrí
Máti
Platáni
Neméa
Chiliomódi
Katakáli
E 65
Skotiní
Gimnó
Dervenákia
Sofikó
Kórfos
Vlachérna
Kandíla
A 7
Ágios Ioánnis
Vaia
Angístri
Agina
Mykínes
Agelókastro
Anitséo
Exochí
Mykínes
Angístri
Levídi
Artemísio
Fichtia
Heraion
Límnes
Néa Epídavros
Pérdika
Mantinéa
181
Néo Iréo
Dímena
Paléa Epídavros
Kaiméni
Ágios Nikólaos
Árgos
Agía
Póros

D
E
F
174
20 km
Psathoúra
Mírina
Chíos
Kavála
Ágios Efstrátios
Ágios Efstrátios
1
Gioúra
Kirá Panagiá
Pipéri
Díavlos Pelagonissou
Alónissos
Peristéra
Alónnisos
Skópelos
Skópelos
Skandzoúra
2
S p o r á d e s
r i e s
Atsítsa
Katoúnes
Skíros
Aspoús
Loutró
Skíros
Linariá
Skiropoúla
Sarakinó
3
Sarakíniko
Limnióna
Évia
Kerasiá
Agía Sofía
Lamarí
Atáli
Kími
Paralía Kímis
Makrikápa
Taxiárches
Órmos Kímis
Platána
Stení
Vrísi
Oktoniá
Místros
Séta
Orológio
Avlonári
Theológos
Trachíli
Chánia
Achladerí
Ágios Loúkas
Gimnó
Neochóri
Vasilikó
Amárinthos
Alivéri
Lépoura
Agií Apostóli
Egéo Pélagos
4
Erétria
44
Kriezá
Nótios Evoïkós Kólpos
Kóskina
Skála Oropoú
Prásino
Ag. Apóstoli
Zárakes
Amphiareion
Boúfalo
Almiropótamos
Kálamos
Panagía
Malakása
Kapandríti
Agía Marína
Eleochóri
Varimbómbi
Reoúzi
Néa Stíra
Marathónas
Stíra
Aktéo
Gianntísi
E 75
Marathón
Drakóspito
Kalianós
A 1
83
Néa Mákri
Vatísi
Ágios Dimítrios
Kifissiá
Paradíssi
Óchi
Máti
Marmári
1398 m
Kómito
Rafína
Metóchi
Pikérmi
Petalií
Káristos
Platanistós
54
Spáta
Boúros
Loútsa
Kalivári
Ándros
Kólpos Petalión
Stenó Kafiréa
Chíos, Sámos
Mytilíni
5
Markópoulo
Epanó Fellós
Koropí
89
Gávrio
Porto Rafti
Batsí
Kalívia Thorikoú
Ándros
Kaki Thálassa
Paleópoli
Keratéa
Lagoníssi
Órmos
Anávissos
Saronída
Thorikó
Korthi
6
Arsída
Makronísi
Lávrio
Palaia Fókea
Stenó Kéas
Loútra, Livádi
Ermoúpoli
Páros, Íos
Tínos, Mýkonos
Soúnio
Pátmos
Patróklos
Kap Soúnio
Korissía
Moní Kastrianís
Kéa
Gíaros

MESSOLÓNGI
176
A
B
C
Calidon
Náfpaktos
Gavrolimni
Evinochóri
Kryonéri
Antírrio
Platanítis
Psathópyrgos
Trizónia
Ágios Nikólaos
Eratiní
Ágios Pándes
Lóngos
Río
A 8A
Kólpos Patraikós
PÁTRA
A 9
Argyrá
Káto Salmeniko
Églo
Eliki
Óros Panachaikó 1924 m
Diakoftó
Egira
Akráta
Áno Diakofto
Kalógria
Káto Achaia
Vrachnéika
Saraváli
Soúli
Pyrgáki
Áraxos
Chalandrítsa
Petsáki
Mégа Spíleo
Egés
Zachlorou
Sinevró
Manoláda
Kangádi
Chaikáli
Chióna
Kalousi
Fláboura
Várda
Neochóri
Alepochóri
Káto Vlasía
Kértezi
Kalávryta
Lechená
Nisí
Ágios Nikólaos
Kalétzi
Kallifóni
Zaroúchla
Kyllíni
Mélissa
Pórtes
Sigoúni
Archéa Feneós
Chlemoútsi
Andravída
Trágano
Dáfni
Drosiá
Lámbia (Dívri)
Pláka
Priólithos
Klitoría
Kástro
Tech. L. Pineloú
Tripótama
Aroanía
Loutrá Kyllínis
Gastoúni
Roupáki
Simópoulo
Agía Triáda
Likouriá
Savália
Peristéri
Velimáchi
Kontovázena
Dáfni
Dáras
Amaliáda
Mouzáki
Panópoulos
Límni
Koúmanis
Kouroúta
Chanákia
Ambelónas
Chelidóni
Lálas
Ráches
Trópea
Valtesiníko
Vlachérna
Plátanos
Katákolo
PÍRGOS
Archea Olympia
Olympía
Loúvro
Toumbítsi
Langádia
Vytína
Levídi
Epitálio
Kréstena
Loutrá
Karkalou
Alonistena
Dimitsána
Tripiti
Ráptis
Kápsia
Káto Samikó
Kallithéa
Stemnítsa
Daviá
Chánia
Zacháro
Thisóa
Chrisovítsi
TRÍPOLI
Likóchia
Andrítsena
Karítena
Kólpos Kyparissiakós
Néa Figália
Bassae
Áno Kariés
Pláka
Arachamítes
Tegéa
Petrálona
Pétra
Megalópoli
Thóló
Platánia
A 7
Avlónas
Sidirókastro
Psári
Káto Mélpia
Paparis
Pelopónnissos
Diavolítsi
Leontári
Kaló Nero
Kopanáki
Dório
Paradísia
Kollínes
Kyparissía
Vryses
Loutro
Kyparissi
Agrili
Aetós
Meligalás
Armenií
Messíni
Tsoukaléika
Pellána
Raptópoulo
Ákovos
Dyrrachi
Kastório
Pláti
Mavromáti
Valyra
Filiatrá
Christiáni
Éva
Mórena
Amfía
Artemisía
Agía Kiriakí
Gargaliáni
Aristoménis
Mánesis
Thouría
Mystrás
Marathópoli
Chóra
Dióδia
Anáktora Néstoros
Vlachópoulo
Messíni
KALAMÁTA
Vérga
Anavrití
Romanós
Koryfási
Rizómilos
Kazárma
Avía
Sotiriánika
Gialova
Chandrinós
Petalídi
Chráni
Kitriés
Kámbos
Xiroká
Pýlos
Prosílio
Tzéria
Paleonéri
Milítsa
Ágios Andréas
Kallithéa
Néa Koróni
Kardamýli
Saidóna
Kastanía
Methóni
Finikoúnda
Charokopió
Stoúpa
Ágios Nikólaos
Koróni
Vasilítsi
Plátsa
Langáda
Sapienza
Kólpos Messiniakós
Ágios Níkon
Schíza
Liméni
Areópoli
Spíleo Diroú
Pírgos Diroú
Tsópakas
Iónio Pélagos
Mézapos
Kíta
Kipoúla
Geroliménas
20 km
1
2
3
4
5
6

D
E
F
177
1
2
3
4
5
6
Andíkira
Sikiá
Ágios Nikólaos
Rósakos
Kiriáki
Elikónas
Koróneia
Aliártos
Mavrommáti
Ágia Ánna
Áskri
Thespiés
Thíva
Zaltsa
Thísvi
Dómvena
Lefktra
Melissochóri
Neochoráki
Dáfnoula
Schimatári
Ág. Thomás
Avlídas
Paralía Avlídas
Dílesi
Skála
Erétria
Notios
Amphiareion
Malakása
Avlóna
Skoúrta
Pýli
Dáfni
Erythrés
Kalimáki
Alykí
Paralía Sarándi
Kólpos Korinthiakós
Kólpos Alkionídon
(Pórto Germeno)
Ágios Vasílios
Egósthena
Psátha
Alepochóri
Asprókambos
Inói
Stefáni
Agía Triáda
Varimbómbi
Párnitha Nat. Park
Paleochóri
Kokkíni
Magoúla
Acharnés
Xilokastro
Zemenó
Lalióti
Kiáto
Perachóra
Iréon
Schínos
Egirouses
Spárta
Mégara
Elefsína
ATHÍNA
Soúli
Neránza
Vracháti
Loutráki
Batsí
Pérama
Akropolis
KÓRINTHOS
Isthmia
Kinéta
Páchi
Steno
Salamína
Eándio
PIREÁS
Kastráki
Stimága
Archéa Kórinthos
Ágios Theódori
Dióriga Korínthou
Salamína
Peristéria
Glifáda
Soulinári
Solomós
Kechriés
Spathovoúni
Almyrí
Katakáli
Neméa
Chiliomódi
Vouliagméni
Lagonísi
Fléves
Dervenákia
Sofikó
Ágios Ioánnis
Kórfos
Váia
Aféa
Mykínes
Angístri
Ágina
Fíchtia
Límnes
Agelókastro
Anitséo
Stérna
Heraíon
Arachnéo
Díména
Néa Epídavros
Ágina
Pérdika
Karyá
Néo Iréo
Paléa Epídavros
Chíos
Pátmos
Árgos
Midéa
Ligourió
Galáti
Agía Triáda
Tíryntha
Koliáki
Kaiméni Chóra
Ágios Nikólaos
Tírintha
Epídaurus
Kólpos Epidávrou
Elliniko
Néa Kíos
Arkadikó
Méthana
Míli
Náfplio
Adámi
Trachiá
Vathí
Lérna
Asíni
Kándia
Neochóri
Karatzás
Kallóni
Póros
Velanidiá
Kivéri
Toló
Kanapítsa
Póros
Platía
Íria
Galatás
Xiropígado
Paralía Íria
Dídima
Iliókastro
Saronída
Eleochóri
Psilí
Kato Dolianá
Thermísia
Dragoúni
Paralía Ástros
Kiláda
Ástros
Kólpos Ídras
Paralía Ágios Andréou
Kranídi
Ermióni
Pétros
Ágios Ioánnis
Ágios Andréas
Ídra
Argolikós Kólpos
Portochéli
Ídra
Kariés
Kastánitsa
Kósta
Dokos
Vamvakoú
Spétses
Ágios Anárgiri
Tríkeri
Spétses
Stavronísi
Tíros
Ágios Vasílios
Spetsopoúla
Leonídio
Sampatikí
Vassarás
Agriáni
Órmos Ág. Georgíou
Milos, Thíra
Kosmás
Poúlithra
Óros Párnonas
Kallithéa
Mírtóo
Peletá
Goritsá
Mári
Geráki
Kremastí
Mitrópoli
Pélagos
Vrontamás
Alepochóri
Ágios Dimítrios
Chárakas
Dafní
Goúves
Velopoúla
Chaniá, Réthimno, Iráklio
Apidiá
Niáta
Krokées
Vlachiótis
Skála
Glikóvrysi
Richiá
Élos
Moláí
Liménas Géraka
Trínisa
Sikéa
Ariána
Karávi
Gýthio
Eléa
Ágios Ioánnis
Mavrovoúni
Asopós
Veliés
Plítra
Monemvassiá
Demonía
Kólpos Epidávrou Limirás
Elíka
Nómia
Archángelos
Ágios Fokás
Pantánassa
Lakonikós Kólpos
Agii Apóstoli
Viglafiá
Áno Kastaniá
Elafónissos
Neápoli
Elafónissos
Velanídia
Porthmós Elafonissou
Kýthira
Platiá Ámmos
Agía Pelagía
A 1
A 8
A 8A
A 6
A 7
E 65

KARTENLEGENDE

Symbol	Legende
	Autobahn mit Anschlussstelle Motorway with junction
	Autobahn in Bau Motorway under construction
	Autobahn in Planung Motorway projected
	Autobahnähnliche Schnell-straße mit Anschlussstelle Dual carriage-way with motorway characteristics with junction
	Fernstraße Highway
	Hauptstraße Main road
	Sonstige Straße Other Road
	Ungeteerte Straße Non-asphalted road
A 2 30 E 65	Straßennummern Road numbers
	Eisenbahn mit Tunnel Railway with tunnel
	Schifffahrtslinie Shipping route
	Staatsgrenze mit Übergang National border with border crossing
	Nationalpark National park

Symbol	Legende
	Ausflüge & Touren Excursions & tours
	Internationaler Flughafen International airport
	Regionalflughafen Regional airport
	Burg, Schloss Palace, castle
	Kirche Church
	Kloster Monastery
	Ruinenstätte Ruins
	Leuchtturm Lighthouse
★	Sehenswürdigkeit Point of interest
	Höhle Cave
	Skigebiet Skiing region
	Besonders schöner Ausblick Important panoramic view
Ólympos ▲ *2917 m*	Bergspitze mit Höhenangabe Mountain summit with height

REGISTER

Im Register sind alle in diesem Band erwähnten Orte und Ausflugsziele verzeichnet. Halbfette Seitenzahlen verweisen auf den Haupteintrag, kursive auf ein Foto.

> *www.marcopolo.de/griechenland-fest*

> SCHREIBEN SIE UNS!

Liebe Leserin, lieber Leser,

wir setzen alles daran, Ihnen möglichst aktuelle Informationen mit auf die Reise zu geben. Dennoch schleichen sich manchmal Fehler ein – trotz gründlicher Recherche unserer Autoren/innen. Sie haben sicherlich Verständnis, dass der Verlag dafür keine Haftung übernehmen kann.

Wir freuen uns aber, wenn Sie uns schreiben.

Senden Sie Ihre Post an die
MARCO POLO Redaktion,
MAIRDUMONT, Postfach 31 51,
73751 Ostfildern,
info@marcopolo.de

IMPRESSUM

Titelbild: Apollo-Tempel (Alamy: T. Harris Just Greece Photo Library)
Fotos: Alamy: T. Harris Just Greece Photo Library (1); K. Bötig (149 M.l., 157, 187); C. Dehnicke (72); Christos Drazos (17 o.); R. Hackenberg (3 l., 3 M., 3 r., 5, 20, 36, 40, 43, 48/49, 51, 52, 54, 55, 59, 60, 64, 66, 69, 74, 78, 79, 81, 82/83, 87, 89, 97, 99, 100/101, 108, 110, 113, 116, 129, 131, 136, 142, 149 o. l., 154/155, 170/171); Lukas Hapsis (148 M.r.); R. Harscher (18/19, 27, 53, 70/71, 90/91, 92, 114/115, 141, 144/145); HB Verlag: Fabig (112), Modrow (150/151), Schröder (24, 32/33, 152); Huber: Gräfenhain (10/11, 28/29, 46/47), Huber (102), Giovanni Simeone (U. 1., 84, 107), Stauffenberg (13); iStockphoto.com: aceshot (148 M.l.), baumre (16 u.), 314 (16 M.), edfuentesg (14 u.), jkenneth (149 u.), lunarchy (15 o.), NickS (16 o.), pjohnson1 (148 u.), titoandrade (148 o.), zoranm (149 M.r.); Imaret (15 u.); Laif: Huber (41), Kirchner (26/27); Laif/Le Figaro Magazine: (Bessaoud) (9); H. Leue (23); Mauritius: Bibikow (63), Harscher (U. r.), Imagebroker.net (120), Thonig (2 M., 4 r., 94), Visa Image (30); Oswaldpress (146); W. Rußwurm (2 l.); J. Seidel (14 o.); SMCA/Paraphernalia Art (17 u.); T. Stankiewicz (U. M., 6/7, 31, 33, 38, 45, 57, 77, 104, 123, 125, 128, 138); T. P. Widmann (26, 32, 34/35); E. Wrba (4 l., 8, 73, 119, 126, 132, 134, 139, 153)

10., aktualisierte Auflage 2008

Verlegerin: Stephanie Mair-Huydts; Chefredaktion: Michaela Lienemann, Marion Zorn
Autor: Klaus Bötig; Redaktion: Arnd M. Schuppius
Programmbetreuung: Leonie Dlugosch, Nadia Al Kureischi; Bildredaktion: Gabriele Forst, Helge Rösch
Szene/24h: wunder media, München
Kartografie Reiseatlas: © MAIRDUMONT, Ostfildern
Innengestaltung: Zum goldenen Hirschen, Hamburg; Titel/S. 1–3: Factor Product, München
Sprachführer: in Zusammenarbeit mit Ernst Klett Sprachen GmbH, Stuttgart, Redaktion PONS Wörterbücher

Printed in Germany. Gedruckt auf 100% chlorfrei gebleichtem Papier

FÜR IHRE NÄCHSTE REISE

gibt es folgende MARCO POLO Titel:

DEUTSCHLAND
Allgäu
Amrum/Föhr
Bayerischer Wald
Berlin
Bodensee
Chiemgau/Berchtesgadener Land
Dresden/Sächsische Schweiz
Düsseldorf
Eifel
Erzgebirge/Vogtland
Franken
Frankfurt
Hamburg
Harz
Heidelberg
Köln
Lausitz/Spreewald/Zittauer Gebirge
Leipzig
Lüneburger Heide/Wendland
Mark Brandenburg
Mecklenburgische Seenplatte
Mosel
München
Nordseeküste Schleswig-Holstein
Oberbayern
Ostfriesische Inseln
Ostfriesland/Nordseeküste/Niedersachsen/Helgoland
Ostseeküste Mecklenburg-Vorpommern
Ostseeküste Schleswig-Holstein
Pfalz
Potsdam
Rheingau/Wiesbaden
Rügen/Hiddensee/Stralsund
Ruhrgebiet
Schwäbische Alb
Schwarzwald
Stuttgart
Sylt
Thüringen
Usedom
Weimar

ÖSTERREICH | SCHWEIZ
Berner Oberland/Bern
Kärnten
Österreich
Salzburger Land
Schweiz
Tessin
Tirol
Wien
Zürich

FRANKREICH
Bretagne
Burgund
Côte d'Azur/Monaco
Elsass
Frankreich
Französische Atlantikküste
Korsika
Languedoc Roussillon
Loire-Tal
Normandie
Paris
Provence

ITALIEN | MALTA
Apulien
Capri
Dolomiten
Elba/Toskanischer Archipel
Emilia-Romagna
Florenz
Gardasee
Golf von Neapel
Ischia
Italien
Italienische Adria
Italien Nord
Italien Süd
Kalabrien
Ligurien/Cinque Terre
Mailand/Lombardei
Malta/Gozo
Oberital. Seen
Piemont/Turin
Rom
Sardinien
Sizilien/Liparische Inseln
Südtirol
Toskana
Umbrien
Venedig
Venetien/Friaul

SPANIEN | PORTUGAL
Algarve
Andalusien
Barcelona
Baskenland/Bilbao
Costa Blanca
Costa Brava
Costa del Sol/Granada
Fuerteventura
Gran Canaria
Ibiza/Formentera
Jakobsweg/Spanien
La Gomera/El Hierro
Lanzarote
La Palma
Lissabon
Madeira
Madrid
Mallorca
Menorca
Portugal
Spanien
Teneriffa

NORDEUROPA
Bornholm
Dänemark
Finnland
Island
Kopenhagen
Norwegen
Schweden
Südschweden/Stockholm

WESTEUROPA | BENELUX
Amsterdam
Brüssel
Dublin
England
Flandern
Irland
Kanalinseln
London
Luxemburg
Niederlande
Niederländische Küste
Schottland
Südengland

OSTEUROPA
Baltikum
Budapest
Estland
Kaliningrader Gebiet
Lettland
Litauen/Kurische Nehrung
Masurische Seen
Moskau
Plattensee
Polen
Polnische Ostseeküste/Danzig
Prag
Riesengebirge
Rumänien
Russland
Slowakei
St. Petersburg
Tschechien
Ungarn
Warschau

SÜDOSTEUROPA
Bulgarien
Bulgarische Schwarzmeerküste
Kroatische Küste/Dalmatien
Kroatische Küste/Istrien/Kvarner
Montenegro
Slowenien

GRIECHENLAND | TÜRKEI
Athen
Chalkidiki
Griechenland Festland
Griechische Inseln/Ägäis
Istanbul
Korfu
Kos
Kreta
Peloponnes
Rhodos
Samos
Santorin
Türkei
Türkische Südküste
Türkische Westküste
Zakinthos
Zypern

NORDAMERIKA
Alaska
Chicago und die Großen Seen
Florida
Hawaii
Kalifornien
Kanada
Kanada Ost
Kanada West
Las Vegas
Los Angeles
New York
San Francisco
USA
USA Neuengland/Long Island
USA Ost
USA Südstaaten/New Orleans
USA Südwest
USA West
Washington D.C.

MITTEL- UND SÜDAMERIKA
Argentinien
Brasilien
Chile
Costa Rica
Dominikanische Republik
Jamaika
Karibik/Große Antillen
Karibik/Kleine Antillen
Kuba
Mexiko
Peru/Bolivien
Venezuela
Yucatán

AFRIKA | VORDERER ORIENT
Ägypten
Djerba/Südtunesien
Dubai/Vereinigte Arabische Emirate
Israel
Jerusalem
Jordanien
Kapstadt/Wine Lands/Garden Route
Kenia
Marokko
Namibia
Qatar/Bahrain/Kuwait
Rotes Meer/Sinai
Südafrika
Tunesien

ASIEN
Bali/Lombok
Bangkok
China
Hongkong/Macau
Indien
Japan
Ko Samui/Ko Phangan
Malaysia
Nepal
Peking
Philippinen
Phuket
Rajasthan
Shanghai
Singapur
Sri Lanka
Thailand
Tokio
Vietnam

INDISCHER OZEAN | PAZIFIK
Australien
Malediven
Mauritius
Neuseeland
Seychellen
Südsee

> UNSER INSIDER

MARCO POLO Autor Klaus Bötig im Interview

Klaus Bötig, Jahrgang 1948, lebt in Bremen. Seit 1980 ist er jährlich etwa sechs Monate auf Recherchereisen durch Griechenland.

Was reizt Sie an Griechenland?

Ich liebe Griechenland, weil es so unerhört vielfältig ist und sich in kein europäisches System zwingen lässt. Hier ist noch ein Hauch von osmanischem Reich lebendig. Die Landschaft ist grandios. Fast immer hat man Hochgebirge und Meer zugleich vor Augen, Land und Wasser durchdringen sich wie nirgendwo anders. Städte und Dörfer haben trotz vieler moderner Bausünden noch viel historische Substanz, die Bauten aus Antike und Mittelalter sind zahllos. Flora und Fauna faszinieren mich genau wie die Menschen, die unendlich vielen Strände und Wandermöglichkeiten.

Und was mögen Sie dort nicht so?

Auch in Griechenland ist nicht alles Gold, was glänzt. Als besonders negativ empfinde ich die planlose Zersiedelung der Landschaft und das mangelnde Umweltbewusstsein sowie den Neid der Menschen untereinander, der mir größer erscheint als bei uns.

Sprechen Sie Griechisch?

Nach 35 Jahren in Griechenland lernt selbst der Sprachfaulste die Landessprache – und lernt trotzdem noch jeden Tag hinzu. Gelernt habe ich sie wie ein Kind: durch Zuhören und Ausprobieren, indem man Fehler macht und Praxis bekommt.

Was machen Sie beruflich?

Ich lebe oft in, ziemlich für und überwiegend von Griechenland. Außer Reiseführern schreibe ich auch für Fachzeitschriften, Magazine, Tageszeitungen und Bordjournale – und blogge bei www.germanblogs.de im Reiseblog „Klaus Bötigs Reisetagebuch“. Das alles als Freiberufler – mein Leben lang.

Was tun Sie in Ihrer Freizeit?

Ich trenne nicht zwischen Arbeit und Freizeit. Ich lebe. Mein Leben ist eine Einheit – und natürlich auch mein Hobby. So ist jeder Tag in Griechenland vom Aufstehen bis zum Schlafengehen auch ein Arbeitstag – anders würde mir das Leben gar keinen Spaß machen. Baden kann ich auch in der Badewanne, und die Sonne erlebe ich lieber von einem Schattenplatz aus.

Mögen Sie die griechische Küche?

In Griechenland ja, in Deutschland nein. Besonders gut finde ich die Küche in Makedonien und im Epirus. Meine Leibgerichte sind gefüllte Zucchiniblüten, griechische Krautwickerl, in Weinsauce gekochter Oktopus und in Weinblättern gebackene Sardinen. Von Lamm lasse ich die Finger – das können französische, italienische und sogar britische Wirte sehr viel besser zubereiten.

> BLOSS NICHT!

Auch in Griechenland gibt es Dinge, die Sie lieber lassen sollten

Die richtigen Schuhe vergessen

Auch für kleine Wanderungen sollten Sie unbedingt feste Schuhe, zumindest aber Turnschuhe tragen. Die Wege sind oft steinig und rutschig. Außerdem gibt es Schlangen, die zwar normalerweise vor den Menschen flüchten – aber man weiß ja nie. Für den Strand empfehlen sich im Sommer Badeschuhe, denn der Sand wird oft brennend heiß.

Nach Konkurrenten fragen

Griechen sind ziemlich ehrlich. Aber fragen Sie nie in einer Taverne nach einer anderen – man wird Ihnen erzählen, es gebe sie nicht, der Wirt sei gestorben oder die Polizei habe sie geschlossen.

Zur falschen Zeit oder am falschen Ort telefonieren

Griechen ruft man nie zwischen 14 und 18 Uhr an! Bevor Sie von Reisebüros und Hotels aus Ferngespräche führen, sollten Sie sich nach dem Preis erkundigen. Mehr als 45 Prozent Aufschlag auf den OTE-Tarif sind Wucher!

Zu spärlich bekleidet sein

Am Strand und in den Badeorten sind Griechen nackte Haut gewohnt. In Kirchen und Klöstern sind aber bedeckte Schultern und Knie erwünscht. In Dörfern wird man von den Einheimischen eher respektiert, wenn man nicht gerade in Badekleidung durch die Gassen schlendert.

Altes und Antikes mitnehmen

Antiquitäten, alte Webarbeiten und Stickereien sowie alte Ikonen dürfen nur mit Genehmigung ausgeführt werden. Wer an antiken Stätten Steine mitnimmt, macht sich strafbar.

Drauflosknipsen

Die meisten Griechen lassen sich gern fotografieren. Fotografen, die sich wie Jäger benehmen, mögen sie aber nicht. Bevor man den Auslöser drückt, sollte man also mit einem Lächeln das Einverständnis seines Gegenübers einholen.

Die Mittagsruhe stören

Auch Mönchen und Nonnen ist die Mittagsruhe heilig. Zwischen 13 und 17 Uhr sind Besucher in den meisten Klöstern nicht willkommen.

Blindlings Fisch bestellen

Frischer Fisch ist teuer und wird nach Gewicht berechnet. Sie sollten sich beim Bestellen im Restaurant immer den Kilopreis nennen lassen und beim Auswiegen unbedingt dabei sein. Sonst könnten Sie beim Bezahlen eine unangenehme Überraschung erleben.

Brandgefahr unterschätzen

Die Waldbrandgefahr ist allerorts groß. Die verheerenden Brände im Sommer 2007 beweisen das. Jedermann ist um besondere Vorsicht gebeten.